JN016746

金融論

市場と経済政策の有効性

【新版】

Money and Banking

Financial Markets and Economic Policy

福田慎一

有斐閣

新版はしがき

　本書は，『金融論——市場と経済政策の有効性』の新版である。2013年に出版された旧版からの大幅な改訂となる。旧版が出版されて以降，金融の分野では，さまざまな変革が起こった。新版では，大きな変革が進行する金融の分野で，経済学の観点から「金融論」をどのように考え直す必要があるのかという点を踏まえた改訂がなされている。新版でとくに新たに取り扱うことにしたのが，以下の3つの変革である。

　第1の変革が，フィンテックとよばれるIT（情報技術）を駆使した新しい金融サービスの登場である。ITを駆使した新しい金融サービスの登場によって，近年，身近な金融取引の仕組みが大きく変わり始めている。その結果，経済の高度化に伴って金融ビジネスはますますその重要性を増す一方で，それを担う主体が銀行など伝統的な金融機関ではなくなりつつある。

　銀行業は，長い間，他の産業に比べてイノベーション（技術革新）が非常に限られた産業であった。預金を受け入れて貸し出しを行い，その利鞘で利益を上げるという商業銀行のビジネスモデルは，『ベニスの商人』のシャイロックが行っていた金貸し業と本質的に大きく異なるものではなかった。その一方，イノベーションが少ない分，他業種からの参入は難しく，その結果，担い手は商業銀行であるのが当たり前という時代が続いてきた。それがフィンテックの進展によって，他業種からの参入が容易となり，伝統的な銀行のビジネス分野を侵食し始めている。フィンテックは，資金調達，与信判断，資産管理などさまざまな金融の分野で，そのビジネスの裾野を着実に広げている。

　第2の変革が，銀行など金融機関を巡るグローバルな規制の強化である。国際金融市場では，2008〜09年に世界的な金融危機が発生し，大手の金融機関が破綻するなど大きな混乱が発生した。その一方，危機に陥った金融機関を救済するために，多くの国々で公的資金が使われた。金融取引は人体にたとえると血液循環のようなものであり，銀行など金融機関の破綻が経済全体に及ぼす影響は甚大である。その結果，政府は，それによる負の連鎖を断ち切るために，民間の金融機関であっても，公的資金を使って救済せざるをえなくなる。しか

し，多くの公的資金の原資は税金であり，政府としてはこのような国民負担を伴う公的資金の投入は極力避けなければならない。

このため，世界的な金融危機のあと，危機を事前に防げなかったという反省から，金融機関に対してさまざまな規制が導入された。バーゼルIIIとよばれる銀行の自己資本比率規制に関する国際統一基準は，その代表的なものである。従来の規制よりも「自己資本」の定義を厳格化することで危機の再発を防ぎ，国際金融システムのリスク耐性を高める試みであった。大きすぎてつぶせない金融機関については「システム上重要な金融機関」として，さらなる資本の積み立てを求める規制も課している。十二分な自己資本を確保することで，金融機関が経営危機に陥ることがないようにセイフティーネットが世界的に強化されつつある。その一方，規制の強化によって，既存の金融機関は，ビジネスをグローバルに展開するうえでこれまで以上の制約に直面するようになっている。

第3の変革が，日本銀行（日銀）による異次元の金融緩和政策の導入である。2013年に日銀の新総裁となった黒田東彦氏は，その最初の金融政策決定会合で，2%の「物価安定の目標」を2年程度の期間で実現するため，「量的・質的金融緩和」を導入した。この異次元の金融緩和政策は，当初は，市場の期待を大きく変化させ，株高や円安を加速させた。また，市場の変化を受けて，デフレ経済からの脱却に向けた景気回復が始まった。しかし，量的・質的金融緩和が開始されてから約6年半余りが過ぎた今日でも，2%のインフレ率達成に向けた道のりは依然として厳しいままなのが実情である。

伝統的な金融政策が無効となる流動性のワナのもとで，金融政策はそうでなくても難しいかじ取りに直面している。とくに，異次元の金融緩和の長期化で，日銀が購入できる国債残高は限界に近づいており，金融政策で残されたオプションは限られてきているのが実情である。また，マイナス金利政策など行き過ぎた利下げは，金融市場の安定や経済の持続的な成長にむしろ逆効果であるとの指摘もなされるようになっている。今後は，極端な金融緩和を見直し，経済を正常化させるための「出口戦略」も必要になってくると考えられ，日銀はこれまで以上に難しい政策課題に直面することになる。

新版の目的は，これら金融の分野で進行しつつある大きな変革を，一般の読者向けにできるだけわかりやすく解説することにある。金融を巡る環境やその

考え方が大きく変容するなかで，これまでは看過されがちだった問題を，経済学的視点に制度的な視点を加えて説明するように心がけた。新版の内容は，筆者が東京大学において毎年行ってきた「金融」の講義や，日銀の若手職員向けに毎夏行ってきた理論研修での講義がベースとなっている。また，金融庁・金融審議会の「金融制度スタディ・グループ」，「決済法制及び金融サービス仲介法制に関するワーキング・グループ」，「市場ワーキング・グループ」などに参加し，政策担当者，法律学者，および実務家の方々との意見交換の機会を得たことも，新版をまとめるうえで非常に有益であった。

　本書の刊行にあたっては，多くの方々にお世話になった。さまざまな方々から多様なご意見をうかがう機会に恵まれたことは，これまでと異なる視点から金融論に取り組むうえで大変役に立った。また，本章の基礎となる研究は，公益財団法人全国銀行学術研究振興財団から助成を受けた。最後になるが，有斐閣書籍編集第2部の長谷川絵里さんには，新版の出版に向けたプラン作りから編集作業全般に至るまで大変お世話になった。当初は余裕をもって改訂作業を進めるつもりであったが，結果的には編集作業は期日に追われる形となってしまった。そのようなかでも，無事に出版へとこぎつけていただいたことを，ここに記して感謝の意を表したい。

　2020年1月

福　田　慎　一

は し が き

　今日，金融取引は，われわれが経済活動を行っていくうえで欠くべからざるものである。たとえば，貨幣は，日々の取引を媒介する主要な手段であり，その流通が滞れば経済活動はたちまちストップしてしまう。また，銀行は，口座振替や振り込みなど決済手段として重要な役割を果たしているだけでなく，余剰資金を資金不足主体に貸し出すことで経済の持続的な成長を後押ししている。しかし，これら金融取引の背後にあるメカニズムはしばしば複雑で，個々のレベルでみた場合には限定的と考えられるリスクであっても，多くの金融取引が同一方向での拡大や縮小をすれば，想定以上の市場価格の変動や信用の拡大・収縮が引き起こされ，金融システム全体を不安定化させる可能性がある。

　古典派の経済学では，伝統的に，市場は自律回復機能をもっており，その機能によって自律的に望ましい「均衡」を達成すると考えられてきた。市場メカニズムを完全と考えるこのような古典派の経済学では，資金がどのようなルートを通じて流れていくのかという問題はさほど重要でなく，その意味で金融の果たす役割も限られる。しかし，現実の市場では，情報の非対称性や契約の不完備性など，さまざまな不完全性が存在している。その結果，近年，深刻な金融危機がさまざまな形で顕在化し，市場経済の自律的な回復機能はしばしば崩壊してきた。1990年代末の日本の金融危機や，2008年秋に発生したリーマン・ショックとその後の世界金融危機は，その最たるものであった。このような金融危機に対して，従来型の処方箋は不十分であり，そのたびごとに新しい金融論の枠組みが強く求められてきたことは事実である。

　ただ，金融取引がいかなる付加価値を経済にもたらすかは，一見わかりにくい面が少なくない。これは，モノ作りを行う製造業や食料を生産する農業などとは異なり，金融業という産業が単独で付加価値を生み出すことは通常ないからである。このため，これまでにも，危機に陥った金融機関に対して公的資金を投入することに反対意見が高まったり，金融機関の高額報酬に対して世の中の批判が集中したりすることは少なくなかった。ただ，金融取引は，人体にたとえると血液のようなもので，その流れがストップすれば経済活動もストップしてしまう。今日，経済活動の相互依存性は飛躍的に高まっており，経済主体間の取引が金融を媒介としてスムーズに行われるための機能はきわめて重要となっている。金融論

の大きな課題の1つは，不完全な市場メカニズムにおいて，資金の流れをいかにスムーズにかつ効率的にするかにあると考えられる。

　本書の目的は，このような金融が果たすさまざまな機能を，できるだけ最近の研究成果も取り入れながら，一般の読者向けにわかりやすく解説することにある。本書の各章は，筆者が東京大学において，経済学部および法学部の3，4年生を対象に15年余りにわたって行ってきた「金融」の講義ノートがベースとなっている。毎年の講義では，標準的な経済理論（マクロ経済学，ミクロ経済学）を応用することによって，金融市場における価格メカニズムの役割，金融機関の存在理由とその機能，資産価格の決定メカニズム，日本の金融制度の変遷，マクロ経済変動や経済成長と金融システム，金融政策の機能と限界などを主要なテーマとして，市場経済における金融の役割に関する諸問題を明らかにすることが目的とされてきた。しかし，最近の15年余りの間だけに限っても，金融を巡る環境やその考え方は大きく変容しており，講義の内容もそのたびごとに大きな変更を重ねてきた。このため，本書においても，最近の金融論の新しい流れをできるだけ取り入れ，従来の経済学や金融論では看過されがちだった諸問題を，経済学的視点を中心としつつも，制度的な視点も加えて説明を展開することが心がけられている。

　本書の刊行に至るまでの長いプロセスにあたっては，経済学の勉強を始めた学部生の時代から今に至るまでさまざまな方々にお世話になった。あまりにも多くの方々にお世話になったので，紙面の制約上ここでその方々の個々のお名前を挙げてお礼を申し上げることはできない。ただ，そのなかでも，濱田宏一先生には，学部生のときから金融論に限らず経済学全般に関してさまざまなご指導をいただいた。また，堀内昭義先生には大学院生のときから金融論の新しい考え方を，寺西重郎先生には一橋大学在職時から歴史・制度の視野で金融論を考える重要性を，さまざまな形でご教示いただいた。さらに，学界以外でも，日本銀行，財務省，金融庁，アジア開発銀行研究所などで金融関連の政策の立案・提言にあたられた方々や，金融実務に携われた民間金融機関等の方々から，さまざまな場所でさまざまな角度からご意見をうかがう機会に恵まれたことは，金融論に取り組む研究者にとってはこの上ない幸運であった。経済学の分野のなかでも，金融論は，学界における考え方と，政策担当者や実務家の考え方との間で，しばしば大きなギャップが生まれる分野の1つである。筆者の能力の限界から，それらギャップをどれだけ埋めることができたかは大いに不安であるが，本書ではできる限りの努

力を心がけたつもりである。最後になるが，有斐閣書籍編集第2部の藤田裕子さんと長谷川絵里さんには，本書のプラン作りから編集作業全般に至るまで大変お世話になった。ここに記してお礼を申し上げる。

　　2013年2月

福　田　慎　一

目　　次

Column ■ ■ □

第1章
金融の役割

Summary

　金融取引は，黒字主体（最終的な貸し手）から赤字主体（最終的な借り手）への資金の移転がさまざまなルートを通じて行われる際に発生する。金融取引は人体にたとえると血液循環のようなものであり，それが正常に機能することは経済が持続的な成長をするうえでの必要条件である。本章では，このような金融が果たすさまざまな機能を解明するための議論の導入として，金融機関の仲介機能と金融機関の決済機能の概要をそれぞれ説明する。

1 市場と金融取引

1.1 なぜ金融取引は行われるか?

今日の経済活動において，金融取引は欠くべからざるものである。ただ，金融取引がいかなる付加価値を経済にもたらすかは，一見わかりにくい面が少なくない。これは，モノ作りを行う製造業や食料を生産する農業などとは異なり，通常，金融業という産業が単独で付加価値を生み出すことはないからである。たとえば，ロビンソン・クルーソーが無人島で経験したような自給自足経済では，モノ作りは行われるが，そこでは金融取引は必要とされない。

しかし，今日，経済活動の相互依存性は飛躍的に高まっており，経済主体間の取引がよりスムーズに行われるための機能はきわめて重要となっている。金融業は，同時点あるいは異時点間のスムーズかつ効率的な取引を可能にすることによって，経済全体の付加価値を高めているといえる。金融取引は，人体にたとえると血液循環のようなものであり，そこで問題が生ずるとたちまち経済活動は停滞してしまう。金融取引が正常に機能することは，経済が持続的な成長をするうえでの必要条件の1つである。

金融取引が必要となる本源的な理由は，家計や企業といった各経済主体の所得と支出の時間的なパターンが一致していないことから生まれる。たとえば，家計は毎期，所得のすべてを消費に回すわけではなく，将来の支出に備えて貯蓄することが多い。この場合，家計は金融市場に資金を供給する「黒字主体」となる。一方，将来の生産に備えて設備投資を行う必要がある企業では，一時的に資金が不足するため，資金を調達しなければならない。この場合，企業は，それを自己資金でまかなうことができない限り，資金を金融市場で需要する「赤字主体」となる。

1.2 不完全な市場メカニズム

市場メカニズムが完全で，税金による歪みがなければ，資金がどのようなルートを通じて黒字主体から赤字主体へと流れていくのかという問題は経済学ではさほど重要でなく，その意味でそのような世界では金融の役割も限られる。しかし，現実の市場では，取引費用，情報の非対称性，契約の不完備性など，さまざまな不完全性が存在している。このため，実際の経済活動を行ううえで

は，異なるルートを通じた資金の流れは，異なる資源配分を経済にもたらす。金融が果たす機能は，そのような不完全な市場メカニズムにおいて，資金の流れをできるだけスムーズにかつ効率的にすることにあると考えられる。

　本書の目的は，このような金融が果たすさまざまな機能を解明することにある。本章では，そのための議論の導入として，金融機関の仲介機能と金融機関の決済機能の概要をそれぞれ説明する。金融機関の仲介機能には，リスク分散や情報生産機能が含まれる。また，金融機関の決済機能には，決済手段の提供や期間変換といった機能が含まれる。これらの機能が正常に機能することが，金融取引が健全に行われるためには必要である。金融取引は，このような黒字主体と赤字主体の資金の過不足を解消するうえで重要な役割を果たしている。

2　資金フローと金融仲介

2.1　金融仲介とは？

　家計や企業といった経済主体は，それぞれ消費・貯蓄や生産・投資といった経済活動にたずさわりながら，収入が支出を上回る場合には黒字主体となり，支出が収入を上回る場合には赤字主体となる。このため，経済全体の資金の流れの源泉には，黒字主体から資金を調達して投資や消費を行う「最終的な借り手」と，赤字主体に余裕のある資金を貸し付ける「最終的な貸し手」が存在する。

　一般に，どの経済主体が最終的な借り手になり，どの経済主体が最終的な貸し手になるかは，経済主体の職業や年齢，国の成熟度や成長可能性などに依存する。しかし，一定の成長が見込まれる経済では，貯蓄を行う家計が黒字主体，投資の資金を外部から調達する企業が赤字主体となることが多い。そこで以下では，当面はとくに断りのない限り，家計を最終的な貸し手，企業を最終的な借り手として，議論を進めることにする。

　現実の経済では，資金フローは複雑かつ多種多様である。最終的な貸し手から最終的な借り手へ資金が移転される過程を仲介し，資金の流れがスムーズに行われるようにするのが「金融仲介」である。最終的な貸し手から最終的な借り手へは，さまざまな金融仲介を通じて資金が移転されており，そこでは金融機関が重要な役割を果たしている。さまざまな市場の不完全性が存在している金融市場では，異なるルートを通じた資金の流れは，異なる資源配分をもたら

す。金融仲介が果たす機能は，そのような資金の流れをできるだけ効率的にすることにある。

2.2　間接金融と直接金融

　金融仲介の過程で取引にたずさわる金融機関には，さまざまなものが存在する。以下では，そのような金融機関の機能をみるため，ガーレイ（J. G. Gurley）とショウ（E. S. Shaw）によって導入された「直接金融」と「間接金融」の分類によって，金融仲介の過程を整理してみよう。

　一般に，借り手が資金調達する際には，資金の供給者との間で将来の支払い額やリスク負担などを取り決めた契約を結ぶ必要がある。そのような契約は，社債や株式の発行の場合には証券の発行という形態をとるし，銀行借り入れの場合には貸借の契約書という形をとる。しかし，理論上は，そのような契約はすべて借り手が「証券」を発行することによって結ばれると整理することは可能である。このため，ガーレイとショウは，最終的な借り手が発行する証券を「本源的証券」とよび，本源的証券が最終的な借り手から最終的な貸し手に直接移転する場合を「直接金融」と定義した。また，最終的な貸し手から最終的な借り手に資金が流れる際に金融仲介機関が介在する場合を「間接金融」と定義した。図1-1は，このような直接金融と間接金融を，概念的に表したものである。

　間接金融では，金融仲介機関が独自に発行する「間接証券」を最終的な貸し手に売却することによって資金を調達し，その資金で最終的な借り手が発行する本源的証券を購入することになる。銀行（商業銀行）は，そのような金融仲介機関の代表的なものである。金融仲介機関が銀行である場合，間接証券は預金となる。銀行は預金を受け入れることによって最終的な貸し手から資金を調達し，その資金で最終的な借り手が発行する本源的証券を購入する（すなわち，貸し出しを行う）ことになる。

　一方，直接金融でも，最終的な貸し手から最終的な借り手に資金が流れる過程では，金融機関が介在するのが普通である。証券会社はその代表的なものである。証券会社など証券業を営む金融機関は，最終的な借り手が社債や株式などの本源的証券を発行する際にさまざまな側面で手助けをする一方，発行された本源的証券を最終的な貸し手やその他の投資家に販売する機能をもっている。これが「ブローカー業務」（委託売買業務）であり，証券業は金融取引を仲介す

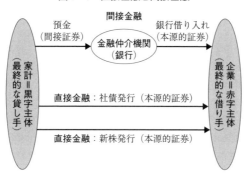

図1-1　直接金融と間接金融

る際に手数料を取ることによって収入を得ている。しかし，そこで行われる取引はあくまで，最終的な貸し手と最終的な借り手との間のものであり，その意味で直接金融は金融仲介機関が間接証券を発行して直接取引に参加する間接金融とは本質的に異なる。

3　経済全体の資金フロー

3.1　市場型間接金融

　前節では，最終的な貸し手から最終的な借り手への資金フローを，直接金融と間接金融という観点から説明した。しかしながら，今日の金融市場は，ガーレイとショウの時代よりもはるかに複雑化・高度化しており，最終的な貸し手から最終的な借り手への資金フローは多種多様である。とくに，多数の最終的な貸し手（投資家）によって出資・拠出された資金を機関投資家がプールし，それを株式や債券などの金融資産や不動産などの実物資産で運用することでその成果を投資家に分配する「投資信託」などの資金フローが，大きな役割を果たすようになってきている。

　たとえば，保険会社，年金基金，投資信託会社などの機関投資家が，一般投資家から集めた資産を分散投資する主体として，社債や株式など金融商品を幅広く購入している。また，さまざまな金融機関が，デリバティブとよばれる金融派生商品（第4章7.1を参照）や，貸出債権やリース，不動産など将来一定の収益が見込める資産に社債や株式などをベースにした新たな証券化商品を組成し，それを機関投資家やヘッジファンドなど世界中の投資家に幅広く販売し

証券会社の業務

　証券会社は，ブローカー業務（委託売買業務）以外にもさまざまな業務を行っている。たとえば，証券会社は，取引が円滑に行われるように，売買の一方の当事者となることがある。これが「ディーラー業務」（自己売買業務）で，売買差益が証券会社の収入となる。このほか，証券会社の業務には，アンダーライティング業務（引受および売出業務）とディストリビューター業務（募集および売出業務）がある。前者は，資金調達者の発行する有価証券を証券会社が買い取り，投資家に分売する業務である。後者は，引受行為を伴わない有価証券の発行に関わる業務である。

　かつて日本では（旧）証券取引法第 65 条で，また米国ではグラス＝スティーガル法で，証券会社の業務と銀行の業務の間に明確な垣根（ファイアーウォール）が設けられ，金融機関が両方の業務を兼ねることは禁止されていた。しかし，金融自由化や金融技術の飛躍的な進歩に伴い，銀行と証券の垣根は段階的に取り除かれ，今日では銀行による証券業務参入と証券会社による銀行業務参入が自由化されるなど，多様な業者がさまざまな金融商品を取り扱うようになっている。

　このため，2006 年には，有価証券（株式，公社債など）・デリバティブの販売・勧誘，投資助言，投資運用，顧客資産の管理など投資性の強い金融商品を幅広く対象とする横断的な制度の整備するため，証券取引法が改正され，「金融商品取引法」が制定された（2007 年 9 月施行）。その結果，「金融商品取引法」に規定された投資性のある金融商品を取り扱う業務は「金融商品取引業」とよばれるようになり，証券業はその一形態（第一種金融商品取引業）に位置付けられることになった。

　近年，大手の証券会社の多くは，法人向けの業務を拡大し，顧客企業の有価証券（株や債券）発行による資金調達のサポート，企業財務や投資戦略に関する助言・コンサルティング，合併や買収（M & A）の仲介などを行うようになっている。このような法人向けを対象とした金融機関の業務は，投資銀行（investment bank）業務とよばれ，伝統的な証券会社や商業銀行の業務とは区別される。

　投資銀行のビジネス・モデルは，1980 年代後半以降，米国を中心に発達した。しかし，2008 年に発生した世界金融危機によって多くの投資銀行が経営危機に陥ったことを契機に，自己勘定の取引やファンドへの出資を厳しく制限する「ボルカー・ルール」が適用されるなど，投資銀行業務に対する規制が強化された。その結果，多くの金融機関は，業務の大幅な見直しを余儀なくされることとなった。

ている。その結果，社債や株式といった本源的証券であっても，最終的な貸し手が本源的証券を直接購入しない場合が多く，資金の流れはガーレイとショウの分類では間接金融となるもののシェアが大きくなっている。最近では金融技術が高度化するにつれて，単純な直接金融対間接金融という二分法では割り切れない取引がますます拡大しているといえる。

　このため，銀行（商業銀行）などを経由する預金・貸し出しを軸とした従来型の間接金融と区別するために，投資信託，証券化商品，シンジケートローン（複数の金融機関がシンジケート団を結成し，同一の条件・契約に基づいて行う融資）など，市場型の取引を用いた間接金融は，「市場型間接金融」とよばれる。米国では投資信託が個人の資産運用において重要な地位を占めており，株や債券などを組み合わせた金融商品が幅広く取引されていると同時に，企業向け貸し出しや住宅ローンを証券化して販売することも活発に行われている。日本でも，市場型間接金融の利便性の向上と多様化に向けた制度整備が図られており，投資信託などの金融商品が今後拡大していくことが期待されている。

3.2　貸し手から借り手への資金の流れ

　経済全体の資金フローをみると，近年では，政府・地方公共団体や日本銀行といった公的なセクターへの資金の流れも無視できない規模になっている。しかし，この流れを別とすれば，資金は最終的には，家計など民間の最終的な貸し手から企業など民間の最終的な借り手へと流れている。ただ，そのような資金が流れるルートは複数存在するだけでなく，3.1でみたように，近年複雑化している。図1-2は，このような資金の流れの概要を示したものである。

　最終的な貸し手としての家計の資産運用手段をみた場合，現金（日本銀行券），公債，銀行預金はその名目上の価値が下落しないという意味で安全な運用手段なのに対して，社債や株式などの金融商品は値上がり益も見込める一方で価格下落のリスクを伴う危険な運用手段である。また，リスクを伴う運用手段には，直接金融という形で最終的な借り手から社債や株式を直接購入する手段に加えて，投資信託など市場型間接金融を通じた手段が近年大きなウェイトを占めるようになってきている。第3章でみるように，家計など最終的な貸し手は，リスクとリターンのバランスを勘案して，これら資産運用手段の組み合わせ（「ポートフォリオ」）を選択している。

　一方，企業の資金調達方法は，内部留保など企業が自ら蓄えた資金である

図1-2 経済全体の資金の流れ

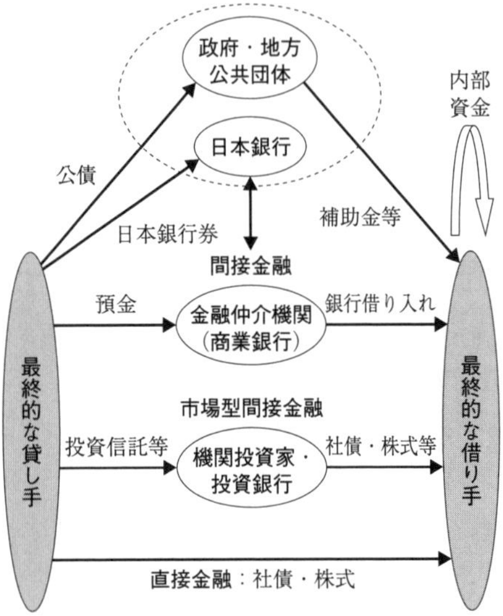

「内部資金」とそれ以外の「外部資金」に大別できる。このうち，外部資金には，①銀行借り入れ，②社債発行，③新株発行，が含まれる。これらは，家計など最終的な貸し手から資金が供給されているという点で共通している。しかし，銀行借り入れと社債発行は一定期間後に利子を加えて返済しなければならない「負債」なのに対し，新株発行は株主に配当することによって利益を還元する「持ち分権」となるという違いがある。また，最終的な貸し手は，直接金融では自らの外部資金が誰に供給されたかわかるが，市場型間接金融や間接金融（銀行借入）では「金融仲介機関」が介在するため，本源的に資金が誰に供給されたのか判別することが難しいという違いがある。

　第6章で明らかにするように，市場メカニズムが完全で，税金による歪みがなければ，借り手企業がこのうちのどのルートを通じて資金を調達するかは企業の資本コストにとって無差別となることがモジリアーニとミラーによって示されている（「モジリアーニ＝ミラーの定理」）。しかし，現実の金融市場では，取引費用や情報の非対称性・契約の不完備性など，さまざまな市場の不完全性が存在している。このため，実際には，企業がどのようなルートを通じて資金調達を行うかは，企業金融の大きな問題となる。

4　銀行の業務

　現実の金融市場において，金融の仲介機関がいかなる機能を果たすかは，本書を通じた大きなテーマの1つである。なかでも「銀行」は，金融の仲介機関としてさまざまな役割を果たしており，その詳細はこれからの章で順次説明されていくことになる。そこで，本節では，その導入として，銀行（預金取扱金融機関）の業務に関して概念整理を行っておくことにする。

4.1　預金取扱金融機関

　わが国では，「銀行法」という法律で，預金を受け入れる金融機関（預金取扱金融機関）のうち「銀行」と定義されるのは，免許を受けて銀行業を営む株式会社となっている。したがって，信用金庫や信用組合など協同組織形態をとる預金取扱金融機関は，法律上は「銀行」ではないとの解釈が成り立つ。しかし，本書では，預金を受け入れて銀行と同様の業務を行う金融機関をすべて，その機能という観点から，「銀行」（商業銀行）とよぶことにする。

　金融の自由化・規制緩和に伴って，近年，銀行の業務範囲は広がっており，たとえば投資信託や損害保険・生命保険など，以前は証券会社や保険会社で扱っていた金融商品が銀行でも扱えるようになっている。しかし，伝統的に銀行の業務の柱であったのは，「預金」「融資」「為替」の3つである。

　銀行の「預金業務」は，個人や企業を問わず，数多くの顧客から資金を銀行が預かり管理する業務である。銀行は，日々の支払いに利用する普通預金や小切手・手形を振り出すための当座預金に加えて，貯蓄手段としての定期預金や定期積金など，多彩な預金を受け入れている。ただ，預金業務は，単なる「預り金」と異なり，預金を元に貸出などで運用することで収益をあげ，その一部から預金者に利息を支払っている。わが国では，銀行以外の者が，不特定多数から預金（および預金と同様の経済的性質を有するもの）を受け入れて運用することは，「出資法」という法律で禁止されている。このため，銀行は，預金業務とその他の金融ビジネスを併せて行うことが許されている唯一の金融機関といえる。

4.2 融資業務と為替業務

銀行の「融資業務」は，預金業務によって預かった資金を，資金を必要とする経済主体へ貸し出しを行い，これによって資金の運用を行う業務である。企業に対するさまざまな融資をはじめ，住宅ローンやマイカーローンなどの個人向け各種ローンがこれに含まれる。銀行は預金者に支払う金利よりも高い金利で貸し出しを行うことで利鞘を得ることができるため，融資業務は銀行の大きな収入源となっている。ただし，融資業務は，預金業務とは異なり，銀行以外の金融機関が行うことが「貸金業法」で認められている。「ノンバンク」とよばれる業者（消費者金融，クレジット会社，信販会社など）は，借り入れ，社債，新株発行など，預金以外の手段で資金を調達し，それを貸し付けることで収益をあげている。

一方，銀行の「為替業務」は，顧客の依頼を受けた銀行が，振込や送金，口座振替，代金取立などで，決済（代金支払や金銭授受）を行う業務である。その種類には，国内（日本円）の為替取引を対象とする「内国為替業務」と，外国（外貨）の為替取引を対象とする「外国為替業務」がある。いずれも現金を移動させることなく，口座間の資金移動を行うもので，わが国では，為替業務は，預金業務や融資業務とともに，銀行固有の業務として古くから位置付けられてきた。近年では，窓口だけではなく自動振込機や，インターネットなどを使って振込を行うサービス，さらには対外取引に関連したサービスなども行っており，こうした為替業務に伴う手数料も銀行の収益の大きな柱となっている。

預金業務を行う銀行は，多くの人々の支払いを日常的に取り扱うことから，銀行が為替業務を担うことはある意味では自然な面がある。ただし，近年では，規制緩和によって，為替業務も，銀行以外の業者が行うことが「資金決済法」で認められるようになっている。それらの業者は，「資金移動業」とよばれ，一定の制約はあるものの，登録業者であれば，銀行でなくても為替取引を業として営むことができる。このように為替業務が銀行以外でも認められるようになった背景には，近年の情報通信技術の発達や利用者ニーズの多様化などの環境変化がある。

5　金融仲介の機能——銀行の機能

前節では，銀行（預金取扱金融機関）の業務に関して概念整理を行ったが，

これらの業務は，銀行など金融仲介機関がもつ機能と密接に関連している。その関連を理解することはこれからの章の大きなテーマの1つであるが，その導入として，本節では銀行の決済機能および期間変換機能を，また次節では情報生産機能をそれぞれ簡単にまとめることにする。

5.1 決済機能

　われわれが財・サービスの取引を行うと，お金や品物などを支払ったり引き渡したりする債権・債務とよばれる義務（相手側からみれば受け取る権利）が生じる。「決済」とは，これら債権・債務のうちお金に関するものについて，実際にお金の受け渡しを行うことで債権・債務の関係を解消することをいう。たとえば，図1-3で示されているように，自動車を買う場合，買い手は自動車を受け取る代わりに，代金を支払う債務を負う一方，売り手は買い手から代金を受け取る債権をもつことになる。決済は，買い手が売り手に代金の支払いを行ってこの債権・債務関係を解決することで，初めて完了する。

　決済をスムーズに行ううえでの大きな問題は，多くの取引で支払いのタイミングが事前にはわかっていないことである。われわれの日常生活を振り返ってみても，朝起きた時点でその日の何時何分にどこでいくらお金を支払うか正確に把握している人はおそらく皆無であろう。このため，いつ必要になるかもしれない支出に備えて，いつでも支払えるお金をある程度準備しておく必要がある。これは「流動性」とよばれ，現金（「現金通貨」）はもっとも流動性が高い金融資産である（詳しくは第10章を参照）。

　また，普通預金や当座預金などの銀行預金（「預金通貨」）は，いつでも現金に換えて引き出せたり，クレジットカードの支払いの引き落とし口座として利用できたりするという意味で，現金に次いで流動性が高い金融資産である。銀

図1-3　「決済」の例

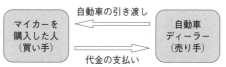

決済は，買い手が売り手に代金の支払いを行って初めて完了

行預金は，現金とは異なり預入期間に応じて利子がつくことに加えて，現金のように持ち歩く手間はなく，かつ盗難にあう心配も少ない。このため，現在の決済では，とくに高額の支払いを行う場合に，銀行預金が決済手段として広く利用されている。

　普通預金や当座預金のようにいつでも好きなタイミングで引き出しが可能な銀行預金は，「要求払い預金」とよばれる。資金貸借の契約では，あらかじめ債権・債務を解消する期日が決まっているのが通常なので，引き出すタイミングが自由な要求払い預金は，きわめて稀有な債権・債務関係をもつ金融契約である。もちろん，株式や債券といった金融資産も，流通市場で売却することによって換金することは可能である。しかし，売却してから現金が手に入るまでには時間がかかるだけでなく，資産価値が日々大きく変動するため，流動性という点では銀行預金よりもはるかに劣る金融資産である。また，銀行預金であっても，定期預金は解約手続きをしない限り，あらかじめ定められて期日前に引き出すことができない。このため，要求払い預金は，預金者にとっては非常に都合のよい金融商品で，銀行はそのような金融商品を提供することで決済機能の中枢を担っている。

　第9章でみるように，決済は金額が大きい場合，銀行間の送金という形で行われる。そして，そのような銀行間の決済では，銀行だけでなく，中央銀行（わが国では，日本銀行）が重要な役割を果たす。これは，銀行間の決済は，銀行が中央銀行にもっている当座預金間で振替が行われるからである。今日，中央銀行は決済システムを安定化させるうえで，欠くことのできない存在となっている。

5.2 期間変換機能

　銀行は金融仲介機関として，最終的な借り手が発行する本源的証券を預金という間接証券へ変換する機能をもつ。しかし，銀行が本源的証券を受け入れる（すなわち，貸し出しを行う）際，銀行に借り入れを申し込む最終的な借り手は，長期での借り入れを希望することが多い。これは，設備投資の成果など，企業の行うプロジェクトが実際に収益を生み出すには時間を要するからである。一方，銀行が間接証券を発行する場合，それを受け入れる最終的な貸し手（すなわち預金者）は，要求払い預金のように常時現金に換えることができる預金を希望することが多い。これは，預金者の日々の取引で支払いのタイミングが事

前にはわかっていないことが多いからである。その結果，最終的な借り手から本源的証券を受け入れ，最終的な貸し手に間接証券を発行する銀行は，「短期で借りて，長期で貸す」という期間変換を行うことになる。

　最終的な貸し手と最終的な借り手がそれぞれ少数しか存在しない経済では，このような期間変換を行うと，期間のミスマッチが発生し，銀行は不意の預金の引き出しに応じることができなくなってしまう。なぜなら，長期の貸し出しはすぐには回収できないため，予想できない預金の引き出しには対応できないからである。

　しかし，実際には，各銀行は数多くの預金者と取引があるため，どの預金者が預金を引き出すかは事前に予測できなくても，どのくらいの割合の預金が引き出されるかは経験則からおおよそ予測することが可能となる。すなわち，個々の預金者レベルでは確率的に行われる入出金の金額が，統計学でよく知られた「大数の法則」から全体としてはほぼ一定の金額になるのである。その結果，「短期で借りて，長期で貸す」という期間変換を行っても，銀行は要求払い預金の引き出しに応じることができることとなる。

　このような銀行の期間変換機能は，長期にわたる借り入れが必要な最終的な借り手と，短期的に資金を運用したいと考える最終的な貸し手の希望をどちらも満たすという意味で，経済効率を高めている。しかし，銀行の期間変換機能は，本来引き出す必要のない預金者が預金の引き出しを始めると，期間のミスマッチが顕在化する結果，「銀行取り付け」の原因となる。とくに，第9章でみるように，ひとたび1つの金融機関が銀行取り付けで決済不能となった場合，決済関係を通じて他の金融機関にもその影響が及び連鎖的に決済不能を引き起こし，金融システム全体の機能が失われてしまう原因ともなる。

6　銀行の情報生産機能

　金融取引がスムーズに行われるためには，資金の供給者が借り手に関する情報を正確に把握しておくことが不可欠である。借り手が資金をどのような用途に使うのか？　その用途からどれだけの収益が期待されるか？　収益を高めるための努力を怠っていないか？　借り手がその用途から得られた収益を正確に報告するか？　これらの情報は，資金の供給者が資金を適切に回収するうえで非常に重要である。しかし，第5章でみるように，金融市場では，資金の貸し

手が借り手に関するこれらの情報を正確に知ることができない「情報の非対称性」が存在することが多い。金融仲介機関である銀行は，金融市場で情報生産者として，このような情報の非対称性に起因する非効率性を軽減するうえで重要な役割を果たしている。

6.1 プロの専門業者および長期的・継続的な取引関係

銀行など金融仲介機関は，貸出先企業の財務内容をはじめとするさまざまな問題を審査し，その情報を生産する点で，一般投資家よりもいくつかの点で優れていると考えられている。まず第 1 に，金融仲介機関は，貸出先の審査を行うプロの専門業者という点である。銀行の審査部では，専門的なトレーニングを受け，熟練を積んだ専門のスタッフが，貸出先企業の審査に当たっている。このため，同じコストをかけた場合でも，金融仲介機関は，多くの一般投資家よりも貸出先に関する正確な情報を入手することができる可能性がある。

第 2 に，個々の投資家の貸し出しや投資が 1 回限りの短期的な関係であることが少なくない一方で，銀行は貸出先企業と長期的・継続的な取引関係を結んでいることが多い点があげられる。1 回限りの取引であれば，借り手はウソの情報を伝えて，貸し手を欺き短期的な利益を得ようとする誘因が大きい。しかし，借り手が銀行と継続的な取引関係をもっている場合には，借り手は今後も貸し手と健全な貸借関係を維持したいため，短期的には得であっても長期的には得とならないウソの情報を貸し手に伝える誘因はなくなる。このため，貸出先と長期的・継続的な取引を行っている銀行は，そうでない一般投資家と比べて，貸出先に関するより正確な情報を入手できる可能性が高い。

6.2 委託された監視者

銀行など金融仲介機関が情報生産で優れている第 3 の点は，銀行には委託された監視者（モニター）としての性質があることである。これは，銀行が借り手の情報に関する審査（モニタリング）活動を一手に引き受けることによって，本来は投資家ごとに負担していた審査費用（モニタリング・コスト）の重複を回避できるからである。たとえば，最終的な貸し手が n 人存在し，m 社の企業に資金を供給するケースを考えてみよう。この場合，1 人当たりの 1 社当たりのモニタリング・コストを C とすると，n 人の貸し手がそれぞれ独立に m 社の企業に貸し出しを行うケースでは，社会全体として nmC のモニタリン

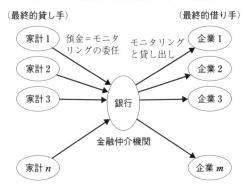

図1-4　委託された監視者としての銀行

（最終的貸し手）　　　　　　　　　（最終的借り手）

グ・コストが必要となる。これに対して，図1-4のように，n人の最終的な貸し手が預金者となり，1つの銀行にモニタリングをすべて委任すれば，社会全体のモニタリング・コストはmCですむことになる。

　第6章でみるように，このような借り手に関する情報生産は，銀行以外の経済主体によっても実現できないわけではない。たとえば，「格付け機関」は，借り手企業の審査を行うプロの専門業者であり，銀行と同様に，委託された監視者としての性質をもつ。格付け機関が提供する「格付け」は企業の健全性の度合いを示す情報であり，投資家はそれを知ることで投資先の審査（モニタリング）を自ら行わなくても，投資を行うかどうかの決定に必要な情報の多くを入手することができる。また，「公認会計士」は，借り手企業が発表する決算などの財務情報が正しいかどうかを監査するプロの専門家であり，やはり委託された監視者としての性質をもつ。投資家は，公認会計士など専門家が監査した財務情報は正しいものと考え，投資の決定をすることができる。ただ，格付け機関の格付けが行われるのは，大企業など資金調達が必要な企業のごく一部に対してだけである。公認会計士などによる監査の対象となる企業も，株式を市場で上場する企業など特定の企業に限られる。これに対して，銀行による情報生産は，大企業だけでなく，株式を上場しない中小企業など幅広い企業に対して行われる。また，銀行による情報生産は，格付け機関や公認会計士らが分業して行う異なるタイプの情報生産を，1つの経済主体が一括して総合的に行うという特徴もある。

7　広義の金融の仲介機関の機能

　現実の金融市場において，銀行は金融の仲介機関としてさまざまな役割を果たしている。しかし，第3節でみたように，金融の仲介機関は，広義の意味では，銀行に限らない。以下では，その導入として，広義の金融の仲介機関の機能として，取引費用の節約およびリスク分散という2つの機能の概要をそれぞれ簡単にまとめておくことにする。

7.1　取引費用の節約

　資金の貸借や証券の売買・保管を行うには，書類作成や審査などに際して，手数料，交通費，会議費，税金の支払いなどさまざまな「取引費用」が必要となる。また，近年，金融取引がますます複雑化するにつれて，取引をトラブルなく行うには，高度な専門知識をもった金融のプロや弁護士・会計士といった専門家らを高額な報酬を支払って雇わなければならなくなる。これらの取引費用は，多くの場合，取引される金額と無関係に発生するという意味で固定費用の性質をもつ。したがって，個人が少額の資金で貸借を行ったり，証券を売買したりする場合，取引金額当たりの費用が割高になってしまう傾向がある。

　これに対して，銀行や機関投資家など金融仲介機関は，幅広い投資家（預金者）から集めた巨額な資金をプールして本源的証券を一括購入する（貸し出しを行う）ので，投資家1人当たりの取引費用はそれだけ節約することができる。金融仲介機関の規模が大きくなれば，それに応じて取引費用も増えないわけではない。しかし，通常は「規模の経済性」が働き，規模の増大に伴う収入の増加が取引費用の増加を大きく上回り，やがては取引金額当たりの取引費用は無視できるほど小さくなることが少なくない。とくに，多くの金融仲介機関は，規模が大きいだけでなく，業務範囲も銀行業に限らず多角的な金融業務を行っているため，他の分野で培ったノウハウを活用することで費用を節約できる「範囲の経済性」も存在する。このような規模の経済性や範囲の経済性による取引費用の節約は，金融機関が果たす重要な機能の1つである。

7.2　リスクの分散

　リスクのある証券への投資は，大きな収益を生み出す可能性がある反面，場

メガバンクと地域金融機関

　銀行は金融仲介機関としてさまざまな機能を擁するが，その業態は一様ではなく，規模の大きい銀行と中小の銀行（預金取扱金融機関）が共存している。わが国では，戦後長い間，大都市に本店を構え，各県庁所在地に支店を展開している大銀行を都市銀行とよんできた。しかし，1990 年代後半から 2000 年代前半の銀行再編成によって，すべての都市銀行で合併ないし破綻があっため，今日ではその定義は曖昧化しつつある。その一方，段階的な合併劇の結果，2006 年以降，3 大メガバンク（三菱 UFJ フィナンシャル・グループ，みずほフィナンシャル・グループ，三井住友フィナンシャル・グループ）体制が定着している。メガバンクは，銀行の統合による経営改善効果を期待して誕生した金融グループで，規模の経済性や多角化による経済性（範囲の経済性）がその強みとされている。

　これに対して，地域金融機関（リージョナル・バンク）は，特定の地域内において預金業務や貸付業務を行っている商業銀行で，わが国では地方銀行（地銀），第二地方銀行（第二地銀），信用金庫（信金），信用組合（信組）などがこれに当たる。規模はメガバンクよりはるかに小さいが，地域住民のニーズに敏感に対応していることが特徴で，特定地域に店舗網をもち，地域密着型のきめの細かい営業を行うことで効率性や収益性を追求している。

　地域金融機関には，地銀，第二地銀のように株式会社形態をもつ比較的規模の大きい金融機関だけでなく，信金，信組，農協，漁協，労働金庫といった協同組織型の金融機関も含まれる。前者は，基盤地域に本店を置き，地域を中心に営業している商業銀行である。とくに，地銀の多くは，その本店所在道府県で最大規模の金融機関で，地域経済にも大きな影響力をもっている。一方，後者は会員・組合員の相互扶助を基本理念とする非営利法人で，地域住民との共同体的な性質が強く，地元の中小企業や住民に融資するなど，地域経済社会で重要な地位を占めていることが多い。

　なお，預金量でみた場合，日本最大の銀行は，ゆうちょ銀行である。しかし，もともとは国営の公共企業体であったという経緯や業態の特殊性から都市銀行やメガバンクとは見なされていない。また，農林中央金庫（農林中金）も，資金量ではメガバンクに続く存在であるが，農協の系統中央機関の役割をもつ金融機関あるいはそれを運用する機関投資家という位置付けである。JA バンクから上がってくる巨額な預金を運用するため，有価証券投資，法人向け大口貸付などがその主な業務となっている。

合によって投資した証券の価格が暴落し，大きな損害を被るという可能性を秘めている。しかし，第3章でみるように，各証券の価格変動は完全に相関しているわけではないので，資産の組み合わせ（「ポートフォリオ」）によって，リスクの一部は分散可能である。したがって，投資家が「危険回避的」である限り，株式や社債といった証券を購入する際には，資産をうまく組み合わせることによって発生するリスクをできるだけ分散することが重要となる。

　ただ，個人投資家の場合，直接金融では，限られた資金でそのようなリスクの分散を行うことは必ずしも容易ではない。これに対して，銀行など金融仲介機関は，幅広い投資家（預金者）から巨額の資金を集めることができる。このため，個々の貸出先にはそれぞれ貸し倒れリスクがあったとしても，その資金をさまざまな相手に分散して貸し出すことで，リスクの多くを分散することが可能になる。

　もっとも，以上のような取引費用の節約とリスクの分散は，銀行だけでなく，「投資信託」という金融仲介の機能によっても実現することが可能である。第3節でみたように，投資信託は，一般投資家が資金を資産運用会社に預け，資産運用会社がその資金を分散投資し，その結果得られた収益を投資額に応じて分配する商品である。ガーレイとショウの枠組みで述べれば，金融仲介機関が投資信託証書という証券を発行することによって資金を幅広い投資家から集め，それによってさまざまな本源的証券を購入する市場型間接金融である。投資信託では，最終的な借り手が発行する株式や社債は最終的な貸し手によって直接購入されるわけではない。その意味で，投資信託は，社債や株式市場を通じた資金の流れであっても，間接金融の一種である。投資信託は，本源的貸し手の取引費用を節約し，リスクを分散するうえで有用である。

8　新しい金融サービス

8.1　フィンテック

　銀行などの金融機関は，決済，期間変換，情報生産，取引費用の節約，リスク分散などさまざまな面の機能をもつことで，長い間，経済の資金の流れをより効率的にする中心的な役割を果たしてきた。しかし，最近，「IT」（情報技術，Information Technology）あるいは「ICT」（情報通信技術，Information and Communication Technology）とよばれる新しい技術の急速な進歩によって，従来型

の金融機関以外の事業者が，より少ない費用で便利な金融サービスを提供する動きが生まれている。「フィンテック」とよばれる新しい金融サービスがそれに当たる。

フィンテック（Fintech）とは，「finance」（ファイナンス）と「technology」（テクノロジー）を掛け合わせた造語である。近年，世界におけるフィンテックの進展は目覚ましく，金融サービスのほとんどの領域に拡大している。将来的には既存の概念を超えた新たな分野も登場するといわれており，これら新しい金融サービスによって身近な金融取引の仕組みが大きく変わる可能性すらある。現在，フィンテックは，金融の基本的な機能である決済・送金，預金，融資，資産運用，資金調達のほか，さまざまな関連分野において，独自の進化をみせている。

フィンテックには，既存の金融ネットワークを利用する形態のもの，独自の金融ネットワークを形成するもの，およびそれらを組み合わせたものが存在している。以下では，このうち，IT 事業者（情報通信技術を利用した事業者）が既存の金融ネットワークに中間事業者として介在してビジネスを展開する仕組みと，「ブロックチェーン」とよばれる技術を駆使した分散型ネットワークを使った決済の仕組みをそれぞれみていくことにする。

8.2　IT 事業者介在型の金融ネットワーク

今日広がりつつあるフィンテックの 1 つは，これまで顧客と金融機関との間で直接行われてきた金融取引の間に，中間事業者として IT 事業者が介在する形態のビジネスである。従来，複数の金融機関と取引関係がある場合，顧客は金融機関ごとに手続きを行わなければならなかった。このような手続きは，顧客にとって煩雑であるばかりでなく，手数料を重複して払うことになるなど取引費用も高くなる傾向があった。新しい金融ビジネスは，さまざまな金融機関と取引を行う顧客の手続きを「プラットフォーマー」とよばれる IT 事業者が中間事業者として一括して管理・実行することで，顧客に便利で安価な金融サービスを提供しようとするものである。

とくに，図 1-5 が示すように，スマートフォンの普及に伴って，銀行が行ってきたサービス（口座申し込み，カード発行，送金，入出金・残高照会など）をモバイル上で提供する事業者が増加している。このサービスを利用すると，スマートフォンさえあれば，銀行など金融機関に行かなくてもさまざまな金融サ

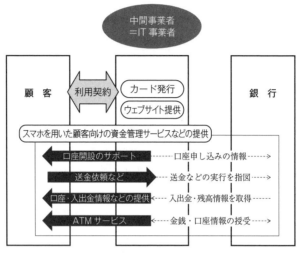

図1-5　IT事業者介在型の金融ネットワーク

出所：金融審議会「金融制度ワーキング・グループ」事務局資料。

ービスを利用することが可能となる。

　決済の分野では，IT事業者が提供するスマートフォンを使った電子マネーの利用が広がっている。スマートフォンさえあれば現金を持ち歩かなくても支払いが可能になるだけでなく，個人間の送金を安価にできるなど，キャッシュレス決済の利便性が高まっている。個人資産運用の分野でも，家計簿アプリなどを使ってオンライン上で自身の予算管理を簡単に行えるものから，人工知能（AI）を活用した高度の投資助言を行うサービスも開発され，多くのユーザーを獲得しつつある。

　与信判断の分野では，これまで金融機関が利用しなかった個人情報を含むビッグデータを活用するサービスが広がっている。従来どの借り手にどのような金利でどれだけ融資するかの判断は，銀行など金融機関がほぼ独占的に行ってきた。しかし，IT事業者が，保有資産や借り入れ履歴などの金融情報だけでなく，SNS（ソーシャル・ネットワーキング・サービス）での評判や登録された履歴などを参考にしながら信用力を判定し，融資を決定するケースも生まれている。オンラインで効率的に審査を行うため，既存の融資サービスに比べて短期間の審査で低金利の借り入れを行うことができる特徴もある。

　これら新しい金融ビジネスに共通した特徴は，顧客が間接的に個々の金融機

関を利用する場合であっても，オンライン上で直接取引するのはその間に介在する IT 事業者ということである。中間事業者として取引を仲介する IT 事業者は，金融機関と外部の事業者との間の安全なデータ連携を可能にする「オープン API（Application Programming Interface）」という仕組みを通じて金融機関の顧客に関する情報にアクセスする一方，顧客の利用履歴などを通じて個人の特性に関する膨大なデータを取得することができる。それによって蓄積される情報は，数字で表せるハード情報だけでなく，個人の属性や個性などのソフト情報も含まれる。IT 事業者は，AI などによってこれら膨大な情報を利活用することで，オンライン上で便利かつ安価な多様な金融サービスを顧客に提供すると同時に，情報をもとに金融以外の分野でも強みを発揮するようになっている。

8.3 ブロックチェーンを使った決済

　今日広がりつつあるもう 1 つのフィンテックが，分散型ネットワークである「ブロックチェーン」を利用するものである。ブロックチェーンは，「ブロック」とよばれる取引データの固まりを一定時間ごとに生成し，時系列的に鎖（チェーン）のようにつなげていくことにより，取引データを分散して台帳で管理し，決済が完了したことを認証しあう技術である。ブロックチェーンでは，台帳に書き込まれた取引データは，誰も書き換えることができない。このため，「誰が，いつ，どんな情報を台帳に書き込んだのか」を従来の技術よりも信頼できる形で記録でき，それによって，この分散型台帳技術は複数の経済主体が対等な立場で記録し読み出せるという利点がある。

　ブロックチェーン技術が誕生する以前は，すべての決済は中央銀行などの権威ある第三者機関を通して中央集権的に行わなければならず，その分コストも割高になりがちであった。これは，決済が確実に行われたことが誰の目にも明らかでないと，1 つの支払い内容に対して重複して請求が行われてしまう「二重払い」を防ぐことが難しかったからである。しかし，ブロックチェーンを使えば第三者機関を通さずに分権的に決済のコンセンサス（合意）を得ることができるため，二重払いを起こすことなく，買い手と売り手がわずかなコストで直接取引できるようになった。分散型ネットワークである「ブロックチェーン」の技術によって，送金・決済の分野では，安価で便利な従来とは全く異なる資金決済が可能になりつつある。

ブロックチェーンは，ネットワーク上での電子的な決済手段であるビットコインなどの「暗号資産」（仮想通貨）を支える中核技術として開発された。暗号資産は，当初，中央銀行が発行する通貨（法定通貨）に代わる新しい支払い手段としての役割が期待された。しかし，人気上昇に伴い，価格変動から差益を得ようとする投資家によって頻繁に投機目的で取引された結果，本来の価値とかけ離れた価格の乱高下や価値の暴落が発生した。また，顧客から暗号資産を預かっていた「仮想通貨交換業者」において，何度もハッカーによる不正アクセスが発生して巨額な資産が失われるなど，深刻な問題も起こった。

　その一方，近年では，価格変動リスクを緩和する暗号資産として，「ステーブルコイン」（Stablecoin）が登場している。ステーブルコインは，ブロックチェーンの技術を利用するという点では従来の暗号資産と同じであるが，法定通貨との相対価格を安定的に保つ仕組みが内在しているという特徴がある。便利で低コストな送金という本来の暗号資産のメリットを維持しつつ，価格変動を低くすることでそれを保有することによる損失リスクを最小限に抑え，決済手段としての魅力を高めている。とくに，法定通貨担保型のステーブルコインは，米ドルや円などの法定通貨で価格の裏付けを行うことで，信頼性が高いステーブルコインとされており，価格変動に不安を感じる投資家だけではなく，一般の消費者も日常的に利用しやすいものとして注目を集めている。

　また，ブロックチェーンは，新しい国際送金の仕組みとしての期待も高まっている。世界の中央銀行が存在しない国際金融市場では，権威ある第三者機関を通じた決済の認証が難しい。このため，従来の国際銀行間金融通信協会（SWIFT）による国際送金ネットワークの仕組みは，第三者機関を通して中央集権的な決済を行うことのコストが高く，時間も要するものであった。これに対して，第三者機関を介さない分権的な決済であるブロックチェーンは，国内送金とほぼ同様に国際送金が可能になる。このため，ブロックチェーンを利用した国際送金は，従来の国際送金ネットワークに代わる便利で安価な新しい送金システムとして期待されている。

　もっとも，政府・中央銀行が中心的な役割を果たす中央集権的な決済とは異なり，ブロックチェーンを使った分権的な決済では，誰が，いつ，どれだけのお金を送金したのかを政府が正確に把握することは非常に困難である。このため，ブロックチェーンを使った送金では，麻薬取引や犯罪で取得した不正資金など違法な手段で入手したお金を，架空口座や他人名義口座などを転々と移転

することで，その出所をわからなくして正当な手段で得た資金とみせかける「資金洗浄」（マネーロンダリング）が広がる懸念がある。各国政府は，ブロックチェーンを使った決済の将来性を一方では認めつつも，それが幅広く普及することに関しては慎重な立場をとっている。

■ **関連文献の紹介** ■

池尾和人『現代の金融入門（新版）』筑摩書房（ちくま新書），2010 年
　　→市場型間接金融を含め，本書でも議論する金融の基本的な考え方を簡潔にまとめている。

鹿野嘉昭『日本の金融制度（第 3 版）』東洋経済新報社，2013 年
　　→わが国の金融制度全般を説明した本である。ただ，金融制度は毎年変化しているため，最近の金融制度に関しては変更されていないか確認が必要である。

吉野直行・山上秀文『金融経済──実際と理論（第 3 版）』慶應義塾大学出版会，2017 年
　　→わが国の金融制度の説明に重きを置いた金融のテキストである。

星岳雄・A.カシャップ（鯉渕賢訳）『日本金融システム進化論』日本経済新聞社，2006 年
　　→日本の金融システムを歴史的な観点を交えながら解説している。

　上記のもの以外でも，金融論のテキストは多数存在する。どのテキストがよいかは，なかなか判断が難しいが，そのなかでも比較的平易な入門書として，たとえば以下のものがある。

藤木裕『入門テキスト 金融の基礎』東洋経済新報社，2016 年
家森信善『金融論（第 2 版）【ベーシック＋】』中央経済社，2018 年
清水克俊『金融経済学入門』東京大学出版会，2018 年

第2章
貯蓄と危険回避的行動

Summary

　金融取引では，黒字主体（最終的な貸し手）が余剰資金をどのような方法でどれだけ金融市場に供給するかが重要となる。本章では，まず代表的な消費理論の1つであるライフサイクル仮説を使って，家計の貯蓄行動や資産形成を概説する。その後，黒字主体がその資産をいかに運用するかを，危険回避的行動や期待効用仮説という観点から検討する。

1　家計の貯蓄行動——ライフサイクル仮説

1.1　なぜ家計は貯蓄するのか？

第1章で述べたように，金融取引は，黒字主体（最終的な貸し手）から赤字主体（最終的な借り手）への資金の移転がさまざまなルートを通じて行われる際に発生する。このため，黒字主体がどのような方法で資金をどれだけ金融市場に供給するかは，金融市場を考えるうえで1つの重要なファクターとなる。本章では，はじめに家計の貯蓄行動や資産形成を概説したあと，黒字主体がその資産をいかに運用するかを危険回避的行動という観点から検討する。

金融市場への資金供給の源泉となる家計の貯蓄行動は，多くのマクロ経済学のテキストで説明されている。そこでの重要なポイントは，家計は，貯蓄をすること自体が目的なのではなく，時間を通じた最適な消費計画のなかで，結果的にプラスの貯蓄やマイナスの貯蓄を行っていることである。

以下ではこのことを，代表的な消費理論の1つである「ライフサイクル仮説」によって考える。一般に，家計の生涯を通じた所得はその人の年齢に応じて変動する。平均的な家計の所得は，若年期には低いが，キャリアを積むにつれて高くなり，引退後の老年期に再び低くなる。一方，効用関数 $u(C)$ をもつ家計にとって，消費の限界効用 $u'(C)$ が逓減する限り（すなわち，$u''(C)<0$），消費を時間を通じて平準化することが望ましい。その結果，家計の所得と消費は通常一致せず，年齢によって，プラスの貯蓄やマイナスの貯蓄が発生する。

1.2　図による説明

図2-1①は，このような標準的な家計の所得と消費の流れを例示したものである。図では，家計の所得は，年齢に応じて $A \rightarrow C \rightarrow D \rightarrow E$ と推移することで変動する。これに対して，消費は年齢と関係なく平準化され，常に OB と一定の値となっている（3.3で示されるように，一定の条件が満たされるとき，消費は時間を通じて一定となることが最適となる）。その結果，就職直後の若年期には，消費が所得を上回り，マイナスの貯蓄（借金）が発生する。しかし，キャリアを積むにつれて所得は消費を上回るようになり，貯蓄はプラスへと転ずる。この貯蓄ははじめ，若年期の借金の返済に充てられるが，やがて老後のための貯蓄となる。退職後の老年期には，その貯蓄を取り崩して消費が行われる。

図2-1 ライフサイクル仮説のもとでの貯蓄行動

① 標準的な家計の所得と消費の流れ

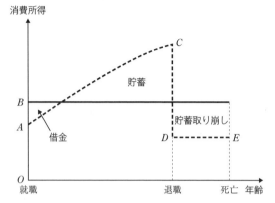

注：上図では，破線（…）が所得の流れを，また実線（—）が消費
の流れを，それぞれ表している。

② 標準的な家計の貯蓄と資産残高の推移

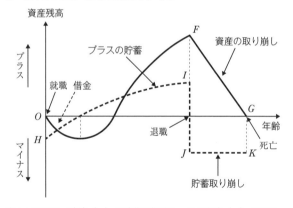

注：上図では，破線（…）が貯蓄の推移を，また実線（—）が資産
残高の推移を，それぞれ表している。

　一方，このような貯蓄行動に応じて，家計の保有する資産の残高も年齢ととも
もに変化する。図2-1②は，このような家計の資産残高の変化を示したもの
である。就職直後の若年期には，マイナスの貯蓄（借金）の結果，資産残高も
マイナスである。しかし，貯蓄がプラスとなって借金の返済が進むと，資産残
高もやがてプラスに転じ，残高の上昇が退職時まで続く。一方，退職後の老年

期には，その資産の取り崩しが始まり，残高は死亡時にゼロとなるように徐々に減少していく。

1.3　ライフサイクル仮説の意義

　ライフサイクル仮説は，各家計の生涯を通じた消費・貯蓄行動を記述したものである。しかし，その考え方は，マクロ経済の観点からは，国内全体として貯蓄がどれだけ行われ，それがどれだけ資金として金融市場に供給されるかを考えるうえで有益である。

　たとえば，ライフサイクル仮説のもとでは，働き盛りの世代が多い国は自然と貯蓄も多くなり，将来に備えて金融資産も多く蓄えられる。これに対して，人口の高齢化が進展し，高齢者の比率が高くなると，過去の貯蓄を取り崩す人口が増えることになり，経済全体の資産も減少していくことになる。

　わが国では，戦後長い間，ベビーブーム世代（「団塊の世代」）とその子どもたち（「団塊ジュニア」）が労働力を支えるだけでなく，高い貯蓄率を通じて金融市場に多くの資金を供給することに貢献してきた。しかし，少子高齢化が急速に進展していくなかで，団塊の世代はすでに退職し，団塊ジュニアもやがては退職することが見込まれる。そうしたなかで，日本経済全体の金融資産も，蓄えるフェーズから取り崩すフェーズへと変化し，金融市場で供給される資金は徐々に減っていくことが予想される。ライフサイクル仮説は，このような人口の動態的な変化が国内における資金の流れに与える影響を知るうえで有益である。

　もっとも，ライフサイクル仮説は，いくつかの強い前提条件のもとで成り立っており，厳密には成立しているわけではない。次節では，若年期の流動性制約，老年期の非流動資産，世代間の所得移転の3つの観点から，その点を考察することにする。

2　ライフサイクル仮説の妥当性

2.1　若年期の流動性制約

　図2-1で示される貯蓄行動は，議論を単純化したものであり，現実には必ずしもこのとおりに消費や貯蓄が行われるわけではない。たとえば，図では，若年期に借り入れ（マイナスの貯蓄）をし，所得以上の消費を行うことができ

ると考えていた。しかし，実際には，若年期にそのような借り入れを十分に行えるわけではない。若年層が将来得ることができる所得には不確実性があり，仮に将来何らかの理由で所得が上昇しなかった場合，貸し手は資金を回収できない可能性があるからである。一般に，十分な借り入れができないために生涯所得に見合った消費水準を実現できない状況は，「流動性制約」とよばれる。若年期には，このような流動性制約が発生することが多く，資金を十分に調達できない分，消費が望ましい水準より過小となる傾向にある。

わが国では，多くの家計では，住宅ローン以外の借り入れは，限定的にしか行えないのが実情である。近年では，カードローンなど消費者信用が拡大している。しかし，その借り入れには限度額があり，利子率も高めに設定される傾向にあることから，借り入れによって望ましい消費水準を実現することは容易ではないといえる。

例外は，住宅ローンで，若年期であっても，比較的流動性制約が少ない借り入れである。わが国でも，多くの家計は，若年期に長期の住宅ローンを組んで土地や住宅を購入し，生涯にわたって望ましい住宅サービスを享受している。同じ借り入れであっても，住宅ローンを受けやすいのは，借り入れの際に土地など不動産を「担保」にできるからである。土地などが担保となっている場合，仮に借り入れを行った家計がお金を返済できなくても，貸し手はその担保を処分することで損害を補うことができる。このため，将来の所得に不確実性がある場合でも，家計は住宅ローンを受けやすい傾向がある。

これに対して，消費者信用など他の借り入れでは，担保がないか，あってもその価値が土地などと比べて不安定なものが大半で，場合によっては持ち逃げされる可能もある。このため，住宅ローン以外の貸し出しは限定的にしか行われない傾向が強く，それによって若年期の家計は流動性制約に直面することが多くなっている。

2.2　老年期の非流動資産

図2−1では，老年期に資産の取り崩し（マイナスの貯蓄）を行い，所得以上の消費を行うことができると考えていた。しかし，老年期に保有する資産には，銀行預金のようにいつでも必要な額を引き出せる金融資産だけでなく，不動産などすぐに現金化することが困難な実物資産が少なくない。とりわけ，土地・建物などの不動産は，その市場価値が高い場合でも，分割して売却することが

難しいため，毎日の消費に必要な小口資金に使うには適していない。また，住んでいる自宅を売約してしまうと，住む場所もなくなってしまうという不都合も発生する。

　一般に，土地・建物のように，短期間に分割して売却，現金化，譲渡することが困難な資産は，「非流動資産」とよばれる。老年期の家計が貯えた資産を取り崩すためには，このような非流動資産の存在が大きな足かせとなることが少なくない。このため，老年期に望ましい消費水準を実現するには，保有する非流動資産をいかに流動化するかが大きな課題となる。

　自宅を担保にした年金制度の一種である「リバースモーゲッジ」は，そのような問題を解決する1つの手段である。リバースモーゲッジでは，自宅を担保にして銀行などの金融機関から借金をし，その借金を毎月（あるいは毎年）の年金という形で受け取る。借入残高は年月とともに増えていくが，金融機関は担保物件を売却して返済に充当することを想定しているので，契約の期間中，借り手はその家に住み続けられることが特徴である。自宅不動産を所有しているが金融資産が乏しく，公的年金などでは生活費をまかなえない高齢無職者の生活費の原資として利用されることが期待されている。

2.3　世代間の所得移転

　図2-1では，死亡年齢に不確実性がないため，高齢者は貯蓄を取り崩し，死亡時に資産残高がちょうどゼロになるように消費計画を立てるものと仮定していた。しかし，現実には，死亡時に資産残高がちょうどゼロになることはなく，金融資産や実物資産がその子孫に引き継がれることは多い。その典型的なものが，遺産である。遺産が引き継がれる1つの理由は，老後の収入や寿命などの不確実性が高く，高齢者が長生きに備えて予備的な資産を残していることにある。その結果，高齢者の死亡時には，通常，遺産が意図せざる形で発生する。

　一方，親が子孫に対する利他主義に基づいて行動するケースや，親が子孫に対して戦略的に行動するケースでは，意図した遺産という形で資産が子孫に引き継がれる。前者では，親が自分の効用だけでなく，子孫の効用を高めたいと考えて資産を残すことによって遺産が発生する。また，後者では，親が資産を残さなければ子や孫に面倒をみてもらえないと考え，子や孫との関係を良好に保つために遺産が発生する。

今日，日本人の平均寿命が長くなり，高齢化が進行するなかで，いかに世代間の所得移転を実現するかが重要な政策課題となっている。そうしたなかで，これら意図した遺産に加えて，親から子や孫への贈与も，重要性を増している。政府も，世代間のスムーズな所得移転を促すという観点から，教育資金などに使われる場合に贈与税を一定の範囲内で非課税にするなど，贈与に対する優遇措置を拡大している。意図した遺産や贈与を行うに際しては，他人財産を預かって分別管理する機能（信託業務）を有する信託銀行が大きな役割を果たすようになっている。

3　2期間モデル

3.1　モデルの定式化

　家計の貯蓄行動を記述するライフサイクル仮説は，現在と将来の2期間のみからなる家計の消費決定の枠組みでも考えることができる。2期間モデルでは，家計は，現在 Y_1，将来 Y_2 の労働所得を得ると同時に，現在 C_1，将来 C_2 の消費を行う。このとき，この家計の2期間を通じた「予算制約式」は，

$$C_1 + \frac{C_2}{1+r} = Y_1 + \frac{Y_2}{1+r} \tag{1}$$

となる。ここで，r は「利子率」である。

　この式は，現在と将来の消費の合計が，現在と将来の所得の合計（すなわち，生涯所得）に等しいことを示している。ただし，合計する際には，将来の消費と所得は，$1+r$ で割られた「割引現在価値」として示されていることには注意が必要である。これは，利子が存在する場合，現在の1万円は，将来の $(1+r)$ 万円に相当することによる。

　消費者は，この予算制約式のもとで，以下のような2期間を通じた効用関数

$$u(C_1) + \frac{1}{1+\theta} u(C_2) \tag{2}$$

を最大化する（ただし，$u'(C) > 0$ および $u''(C) < 0$）。ここで，θ は「時間選好率」とよばれ，現在の効用に比べて将来の効用をどれだけ割り引くかの度合いを示したものである。θ の値が大きければ大きいほど，経済主体は辛抱強さがなくなり，現在の消費がより好まれ，将来の消費からの効用が割り引かれることになる。

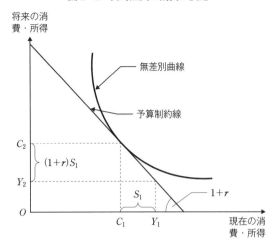

図2-2　異時点間の消費の決定

3.2　図による説明

　予算制約式を，現在の消費を横軸，将来の消費を縦軸にとったグラフに描く
と，図2-2のように，（絶対値でみた）傾きが $1+r$ で，(Y_1, Y_2) を通る直線（予
算制約線）となる。家計の最適な組み合わせは，この予算制約線上で効用がも
っとも高くなる点，すなわち，無差別曲線と予算制約線の接点で決定される。
ここで，無差別曲線とは，家計に同じ効用水準をもたらす，現在と将来の消費
の組み合わせを示したものである。無差別曲線は，原点から遠いほど効用が高
いため，接点が予算制約線上でもっとも効用が高い点となる。

　図では，最適な消費の組み合わせの結果，$Y_1 > C_1$ となるケースが描かれて
いる。現在の貯蓄 $S = Y_1 - C_1$ なので，このことは，図では，家計は現在プラ
スの貯蓄を行っていることを示している。なお，もし $S < 0$ ならば，その家計
は借り入れを行っていることを意味する。

3.3　式による説明

　以上のような最適な消費の組み合わせは，数式を使っても議論することがで
きる。家計は，予算制約式(1)のもとで効用関数(2)を最大化するように，最適
な消費の組み合わせを計算する。この制約条件つきの最大化問題の1階の条件
は，

$$u'(C_1) = \frac{1+r}{1+\theta} u'(C_2) \tag{3}$$

である。上式は，消費は時間を通じてどのように変化するかは，時間選好率 θ と利子率 r の相対的な大きさに依存することを示している。

まず，「$\theta = r$ のとき $C_1 = C_2$」となる。このことは，時間選好率 θ が利子率 r に等しいときのみ，前節の図2-1①で示したように，消費は時間を通じて一定となることを意味している。一方，$u'(C)$ が C の減少関数であることから，「$\theta > r$ のとき $C_1 > C_2$」および「$\theta < r$ のとき $C_1 < C_2$」がそれぞれ成立する。したがって，時間選好率が利子率よりも大きい場合には，現在の貯蓄が小さく，消費は時間を通じて減少する一方，時間選好率が利子率よりも小さい場合には，現在の貯蓄が大きくなり，消費は時間を通じて増加することになる。

一般的に，最適な消費の組み合わせがどのような値をとるかを計算することは難しい。そこで，以下では，効用関数を，

$$u(C) = \frac{C^{1-\lambda}}{1-\lambda} \quad （ただし，\lambda > 0） \tag{4}$$

と特定化して，最適な消費の組み合わせが具体的にどのようなものかを，計算する。効用関数が(4)式で表されるとき，1階の条件(3)式は，

$$\left(\frac{C_2}{C_1}\right)^{\lambda} = \frac{1+r}{1+\theta} \tag{5}$$

となる。この式と予算制約式(1)を連立して解くと，現在と将来の消費は，それぞれ以下の式のように導かれる。

$$C_1 = \frac{(1+\theta)^{1/\lambda}}{(1+\theta)^{1/\lambda} + (1+r)^{(1-\lambda)/\lambda}} \left(Y_1 + \frac{Y_2}{1+r}\right) \tag{6}$$

$$C_2 = \frac{(1+r)^{1/\lambda}}{(1+\theta)^{1/\lambda} + (1+r)^{(1-\lambda)/\lambda}} \left(Y_1 + \frac{Y_2}{1+r}\right) \tag{7}$$

これら2つの式において，$C_1 = C_2$ となるのは，時間選好率 θ が利子率 r に等しくなる場合だけであることは容易に確認できる。ただし，$\theta \neq r$ の場合であっても，C_1 と C_2 はいずれも生涯所得 $\left(Y_1 + \frac{Y_2}{1+r}\right)$ には比例する。このことは，時間選好率が利子率に等しくないために消費が時間を通じて一定とならない場合でも，各年齢の消費水準が生涯所得に依存するという意味でライフサイクル仮説が当てはまることを示している。

4 利子率の変化と貯蓄

4.1 図による説明

本節では，前節で説明した2期間モデルを使って，利子率が貯蓄にいかなる影響を与えるかを考察する。はじめに，図を使って，その影響を考えてみよう。図2-2で示したような2期間モデルでは，利子率は予算制約線の傾きに影響を与える。したがって，利子率が r から r' に上昇したとき，(Y_1, Y_2) を通る傾き $1+r$ の予算制約線は，同じく (Y_1, Y_2) を通る，傾き $1+r'$ の予算制約線へと移行する。このため，無差別曲線と予算制約線の接点も異なる点となり，その結果，最適な現在と将来の消費の組み合わせや貯蓄も同時に変わることになる。

前節と同様に，貯蓄はプラスのケースのみを考える。このとき，利子率の上昇が，現在の消費や貯蓄に与える影響には，代替効果と所得効果の2つがあり，そのどちらが大きいかでその影響がプラスであるかマイナスであるかが異なる。代替効果とは，利子率が r のもとで1単位の貯蓄すると，将来 $1+r$ 単位だけ多くの消費が可能になることから，現在財から将来財へ需要をシフトさせ，貯蓄を増加させる効果である。一方，所得効果とは，利子収入が増加したことによって，生涯所得が増加する結果，すべての期の消費を増加させると同時に，貯蓄を減少させる効果である。

図2-3は，ケース1で代替効果が所得効果を上回るケース，ケース2で所得効果が代替効果を上回るケースをそれぞれ描いたものである。いずれのケースでも，利子率の上昇によって将来の消費 C_2 は増加している。これは，将来財が正常財（上級財）である限りにおいて，代替効果だけでなく，所得効果も将来の消費を増やすからである。一方，現在の消費への効果は，2つのケースで正反対となっている。すなわち，ケース1では現在財から将来財へ需要がシフトする代替効果が大きいことから現在の消費 C_1 は減少しているが，ケース2では生涯所得が増加したことにより各期の消費が増加する所得効果が大きいことで現在の消費 C_1 は増加している。

現在の貯蓄 $S = Y_1 - C_1$ なので，以上の結果は，ケース1では代替効果が大きいことから現在の貯蓄 S が増加している一方で，ケース2では所得効果が大きいことで逆に現在の貯蓄 S は減少していることを示している。利子率が貯蓄にいかなる影響を与えるかは，代替効果と所得効果の相対的な大きさに依

図2-3 異時点間の消費の決定と利子率の変化

ケース1：代替効果が所得効果を上回る場合

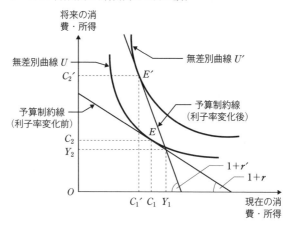

ケース2：所得効果が代替効果を上回る場合

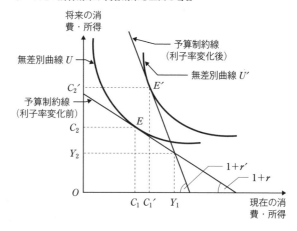

存して，一概には結論付けられないことになる。

4.2 式による説明

以上の結果は，数式を使っても議論することができる。議論を簡単化するため，将来の労働所得がゼロ（すなわち，$Y_2=0$）としよう。このとき，$S=Y_1-C_1$ および(6)式から，特定化された効用関数(4)式のもとでは，現在の貯蓄は，

$$S = \frac{(1+r)^{(1-\lambda)/\lambda}}{(1+\theta)^{1/\lambda}+(1+r)^{(1-\lambda)/\lambda}}Y_1 \tag{8}$$

となる。上式は，利子率 r が貯蓄 S に与える影響が，効用関数のパラメータ λ に依存することを示している。

(8)式において，利子率 r の増加が貯蓄 S に与える効果をみてみると，①$0<\lambda<1$ のとき r の上昇は S を上昇させる，②$\lambda=1$ のとき r の上昇は S に影響を与えない，③$\lambda>1$ のとき r の上昇は S を下落させることを確認することができる。このことは，①$0<\lambda<1$ のとき代替効果が所得効果を上回る，②$\lambda=1$ のとき代替効果と所得効果は同じとなる，③$\lambda>1$ のとき所得効果が代替効果を上回ることを意味している。

効用関数のパラメータ λ は，限界効用が消費の増加につれてどれだけ大きく逓減するかの 1 つの尺度である。たとえば，λ が 0 に近いとき，効用関数は直線に近くなり，消費が大きくなっても限界効用はほとんど逓減しない。逆に，λ が十分に大きいとき，効用関数の曲がり方が大きくなり，消費が大きくなるにつれて限界効用は大きく逓減することになる。以上の結果は，代替効果と所得効果の相対的な大きさは，このような効用関数の形状に依存していることを示している。

5　危険回避的行動とサンクトペテルブルグのパラドックス

5.1　危険回避的な経済主体

これまでの節では，ライフサイクル仮説を中心に，家計の貯蓄行動をみてきた。貯蓄を行う家計など黒字主体からみれば，金融は資産を投資・運用する手段である。金融市場では，投資家が資金をいくら運用するかだけでなく，どのような資産で運用するかが重要な問題となる。投資家は，その貯蓄資産の運用先として，預金，債券（国債や社債），株式，それらを組み合わせた投資信託など，さまざまな金融商品を自らの判断で選択し，運用することになる。

資産選択を行う際の 1 つの重要な基準は，資産の期待収益率（リターン）の大きさである。他の条件が等しければ，期待収益率が大きい資産であればあるほど，望ましい運用先となる。しかし，資産の運用先を決定する際のもう 1 つの重要な基準は，危険度（リスク）である。これは，金融市場への資金供給者である投資家が，「危険回避的」な経済主体であるからである。危険回避的で

ある限り，期待収益率など他の条件が等しければ，収益率の不確実性がより小さい資産が望ましい運用先となる。

5.2 コインを投げるゲーム

　人々が危険回避的であることを理解するために，以下ではy円の参加料を支払って表と裏の出る確率がそれぞれ$\frac{1}{2}$のコインを投げるゲームを考えてみよう。このゲームでは，この歪みのないコインを表が出るまで投げ続け，k回目に初めて表が出ると2^k円を賞金として受け取るとする（賞金をもらうと，ゲームは終了する）。したがって，たとえば1回目に表が出れば2円，2回目に初めて表が出れば4円，3回目に初めて表が出れば8円がもらえる。

　このとき，k回目に初めて表が出る確率は$\left(\frac{1}{2}\right)^k$であることに注意すると，このゲームに参加することによって得られる期待利得額（賞金の平均）は，

$$\frac{1}{2}\cdot 2+\left(\frac{1}{2}\right)^2\cdot 2^2+\left(\frac{1}{2}\right)^3\cdot 2^3+\cdots\cdots+\left(\frac{1}{2}\right)^k\cdot 2^k+\cdots\cdots$$
$$= 1+1+1+\cdots\cdots+1+\cdots\cdots = +\infty \tag{9}$$

となる。すなわち，このゲームの期待利得額は，プラス無限大となる。したがって，期待利得額という点では，参加料y円の値がどれだけ大きくても，このゲームに参加することが有利だということになる。

　しかし，多くの人々は，yの値がある程度大きければ，このゲームには参加しないだろう。なぜなら，このゲームでは，運悪く1回目に表が出ると2円しかもらえないし，2回目に初めて表が出ても4円しかもらえないからである。仮に参加料が100円であっても，運が悪ければこのゲームでそれなりに損を被ることになる。このような期待利得額が無限大にもかかわらず人々がゲームに参加しない賭けの存在は，数学者ベルヌーイ（D. Bernoulli）が最初に明らかにし，「サンクトペテルブルグのパラドックス」とよばれている。

　サンクトペテルブルグのパラドックスを説明するには，人々が危険回避的であると考えることがもっとも自然である。利得が得られる不確実性の度合いが同じであれば，人々にとって期待利得額（リターン）が大きければ大きいほど好ましい。しかし，仮に期待利得額が高くても，不確実性の度合いが大きければ，そのようなギャンブルは選択されないことがある。危険回避的な人間行動では，リスクとリターンにはトレードオフの関係があり，そのバランスで人々の資産選択も決定されると考えることができる。

6 期待効用仮説

6.1 期待効用仮説とは？

危険回避的な人間行動を記述する代表的な考え方が，「人々は期待利得額を最大化するのではなく，利得から得られる効用の期待値を最大化する」という「期待効用仮説」である。たとえば，確率 $\pi_j (j=1,2,3,\cdots\cdots,n)$ で発生する 1 から n までの事象に対して，それぞれ利得 $x_j (j=1,2,3\cdots\cdots n)$ が生み出されるゲームを考えてみよう（ただし，$\pi_1+\pi_2+\cdots\cdots+\pi_j+\pi_n=1$）。このとき，利得 x_j に対する効用を $u(x_j)$ と書き表すと，このゲームに参加することから得られる期待効用 $Eu(x)$ は，

$$Eu(x) \equiv \sum_{i=1}^{n}\pi_i u(x_j)$$
$$= \pi_1 u(x_1)+\pi_2 u(x_2)+\cdots\cdots+\pi_j u(\pi_j)+\cdots\cdots+\pi_n u(x_n) \tag{10}$$

と書き表すことができる。

期待効用仮説では，人々がこの期待効用を最大化するように行動すると考える。ここで重要なのは，人々が危険回避的な場合，効用関数 $u(x_j)$ は，x_j が大きければ大きいほど $u(x_j)$ も大きくなるが，x_j が増えることによる効用の増分は x_j が大きければ大きいほど小さくなるという限界効用逓減の性質を満たすことである。これは，数学的には，$u(x_j)$ の 1 階の微分は正（すなわち，$u'(x_j)>0$）であるが，2 階の微分は負（すなわち，$u''(x_j)<0$）となっていることを意味する。このような効用関数のもとでは，効用が低い場合は利得が増加することによる効用の増加は大きいが，効用がある程度大きくなると利得の増加がもたらす効用の増加は限定的となる。このため，同じ期待利得が得られたとしても，人々は小さい利得が実現してしまう可能性をできるだけ回避したいと考えるようになる。

6.2 期待効用仮説からみたサンクトペテルブルグのパラドックス

この期待効用仮説の考え方を使って，サンクトペテルブルグのパラドックスを再度考えてみよう。計算を簡単にするため，ゲームに参加する人の効用は賞金 x_j 円に対して $u(x_j)=log(x_j)$ という対数関数で表されるものとする。このとき，サンクトペテルブルグのパラドックスで考えたゲームに参加することによ

って得られる期待効用は，事象の数 n が無限大であるとして，

$$Eu(x_j) \equiv \sum_{i=1}^{\infty} \pi_i log(x_j)$$

$$= \frac{1}{2} \cdot log(2) + \left(\frac{1}{2}\right)^2 \cdot log(2^2) + \left(\frac{1}{2}\right)^3 \cdot log(2^3) + \cdots\cdots + \left(\frac{1}{2}\right)^k \cdot log(2^k) + \cdots\cdots$$

$$= \left\{\frac{1}{2} + \frac{2}{2^2} + \frac{3}{2^3} + \cdots\cdots + \frac{k}{2^k} + \cdots\cdots\right\} log(2) \tag{11}$$

となる。

　ここで，$\frac{1}{2} + \frac{2}{2^2} + \frac{3}{2^3} + \cdots\cdots + \frac{k}{2^k} + \cdots\cdots = 2$ となることに注意すると，以上の結果は，期待効用が $Eu(x_j) = 2log(2) = log(4)$ となることを示している。この期待効用は，あらゆる事象に対して常に4円もらえるゲームの期待効用に等しい。したがって，$log(x_j)$ という効用関数をもつ人は，ゲームの参加料が4円未満であればゲームに参加するが，参加料が4円を超える場合には，それがたとえ5円であっても，参加しないことになる。ここで，思い出してほしい点は，ゲームの期待利得 $Ex_j \equiv \sum_{i=1}^{\infty} \pi_i x_j$ は無限大であったことである。$log(x_j)$ という効用関数をもつ場合，期待効用 $Eu(x_j) \equiv \sum_{i=1}^{\infty} \pi_i log(x_j)$ を最大化する人々は，仮に参加料が5円であっても期待利得が無限大となるゲームに参加しないことになる。

7　危険回避度

7.1　危険回避度とは？

　前節で述べたように，通常，人々は危険回避的で，その効用関数 $u(x)$ は，限界効用逓減の性質を満たす。図2-4は，そのような効用関数の形状を示したものである。この図を使って，人々の危険回避的な行動とはどのようなものなのかを改めて考えてみよう。簡単化のため，利得 x は，確率 $\frac{1}{2}$ で x_1 の値，確率 $\frac{1}{2}$ で x_2 の値のどちらかをとるものとする（ただし，$x_1 < x_2$）。このとき，x_1 および x_2 がそれぞれ実現したときの効用は $u(x_1)$ および $u(x_2)$ となることから，期待効用は $\frac{u(x_1) + u(x_2)}{2}$ となる。図からもわかるように，この期待効用は，利得 x の期待値（平均値），すなわち $\frac{x_1 + x_2}{2}$ が確実に得られるときの効用 $u\left(\frac{x_1 + x_2}{2}\right)$ よりも小さい。このことは，人々が危険回避的である限り，期待利得が同じでも，利得 x に不確実性がある場合の期待効用は，ない場合の期待効用よりも低くなることを示している。

　実際，ある正の定数 ρ に対して，

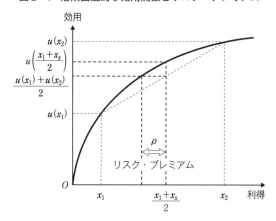

図 2-4　危険回避的な効用関数とリスク・プレミアム

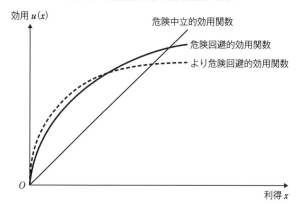

図 2-5　危険回避的な効用関数の形状

$$\frac{u(x_1)+u(x_2)}{2} = u\left(\frac{x_1+x_2}{2}-\rho\right) \tag{12}$$

が成立する。この等号は，利得 x の実現値に不確実性がある場合の期待効用が，利得の期待値が ρ だけ小さいが実現値は確実であるときの期待効用は同じとなることを示している。この正の定数 ρ は，「リスク・プレミアム」とよばれる。

　リスク・プレミアムの大きさは，不確実性の度合いだけでなく，人々の危険回避度の大きさに依存する。図 2-5 は，危険回避度の異なる 3 つの効用関数の形状を示したものである。このうち特殊ケースは，効用関数が利得 x の線形な関数になっているケースで，この場合，人々は「危険中立的」で，リスク・

プレミアムはゼロとなる。

　それ以外の2つのケースは危険回避的な効用関数で，利得 x に関して凹関数になっている。ただ，危険回避度という点からみた場合，より曲がり具合が大きな効用関数ほど，危険回避度は大きく，その分，リスク・プレミアムも大きくなる。これは，数学的には2階の微分 $u''(x)$ の絶対値が大きいほど，危険回避度が大きいことを示している。

7.2　危険回避度の尺度

　経済学では，このような危険回避度の尺度として，効用関数 $u(x)$ について以下のように定義される「絶対的危険回避度」と「相対的危険回避度」がしばしば利用される。

$$\text{絶対的危険回避度} \equiv -u''(x)/u'(x)$$
$$\text{相対的危険回避度} \equiv -xu''(x)/u'(x)$$

　いずれも，その値がゼロのとき危険中立的となり，その値が大きいほど危険回避度が大きくなる。
$u(x)=\dfrac{x^{1-\lambda}}{1-\lambda}$ は，相対的危険回避度が一定の値 λ をとる効用関数で，パラメータ λ の値が大きければ大きいほど相対的危険回避度は大きくなる（ただし，$\lambda \geq 0$）。また，$u(x)=-\dfrac{exp(-\mu x)}{\mu}$ は，絶対的危険回避度が一定の値 μ をとる効用関数で，パラメータ μ の値が大きければ大きいほど，絶対的危険回避度は大きくなる（ただし，$\mu \geq 0$）。なお，6.2 で利用した $u(x)=log(x)$ という対数関数は，相対的危険回避度が1の効用関数であることは簡単に確認することができる。

8　なぜギャンブルが行われるのか？

　期待効用仮説は，人々の危険回避的な行動を記述するうえで有益である。しかし，期待効用仮説を使って危険回避的な人々の行動を説明するとき，人々はなぜ宝くじや競馬といったギャンブルを行うのかという疑問も同時に生まれてくる。ギャンブルは，当たる確率は低いが当たった場合には大きな利得が得られるゲームである。したがって，多くの人々がギャンブルを好んで行っているとすれば，それは人々が危険回避的ではなく，「危険愛好的」なのではないか

という疑問が沸いてくる。この疑問に対しては，主に3つの説明がなされている。

　第1は，フリードマン（M. Friedman）とサベッジ（L. J. Savage）の2人による説明で，人々は投資金額がある程度大きいと危険回避的となるが，金額が少額である場合には危険愛好的となると考えるものである。前節の対数関数を使った例では，参加料がたとえ5円であっても，期待利得額が無限大のゲームに参加しないことが示された。しかし，人々のなかには，参加費がたったの5円や10円であれば損をしてもたいしたことはないと考え，ゲームに参加する人も多いのではないだろうか。このことは，参加料が少額の場合，人々の危険回避度は小さくなり，場合によってはギャンブル的な行動をとることを示唆する。ただ，参加料が1000円になると参加したいと考える人は減ってくるであろうし，参加料が1万円や10万円など高額になれば参加する人はほとんどいなくなっていくであろう。人々が危険回避的であるという想定は，巨額な資金が運用される金融市場ではより妥当性をもつものであるといえる。

　第2は，人々がギャンブルに参加すること自体に効用を感じているという説明である。競馬ファンのなかには，単に馬券を購入してお金儲けをしようと考えているのではなく，特定の競走馬を応援して楽しんでいる人も少なくないのではないだろうか。大型ジャンボ宝くじを購入した場合も，もし高額の当たりであったら何を買おうかと考えを巡らせて，その空想を楽しむ人もいる。それらの人々にとっては，それ自体が追加的効用をもたらすため，金銭的な面では期待効用が高くなくてもギャンブルは効用を高めることになり，ギャンブルは人々の危険回避的行動と必ずしも矛盾しないことになる。

　第3は，人々の期待が場合によって過度に楽観的となるという行動経済学の立場からの説明である。ギャンブルの参加者のなかには，自分の予想が他のギャンブル参加者より優れていると過信する者も少なくない。したがって，仮に危険回避的な人であっても，誤った楽観的予想のもとでギャンブルを行うことになる。多くの場合，そのような参加者は結果的には損をして後悔することになる。ただ，時間が経つと過去の失敗を忘れて再び過度に楽観的な期待を抱き，繰り返しギャンブルにのめり込んでしまう人も少なくない。

9 客観的確率と主観的確率

9.1 主観的確率とは？

期待効用仮説では，利得を生み出す事象が一定の確率で発生するとし，それをもとに期待効用を最大化するように資産選択を考える。しかし，コインの裏表やサイコロの目のように，各事象が実現する確率が客観的にわかっていることは経済現象ではむしろ稀である。このため，多くの場合，各経済主体は利用可能な情報を使って，各事象がどのような確率で発生するかについての予想を形成しなければならない。予想形成の対象となる経済事象は，その実現値が未知であるばかりでなく，その期待値や分散も知られていないものが大半である。このため，各経済主体は，主観的に各事象に関する確率を想定し，それに基づいて予想を形成する必要がある。

経済学では，人々が主観的な確率をもとに形成した期待によって意思決定を行うという考え方は，期待効用仮説が提唱されて以来幅広く受け入れられてきたものである。この考え方によってリスクに関する有益な経済分析がこれまで数多く行われてきた。しかしながら，客観的な確率とは異なり，主観的な確率では，想定した事前分布が実際の分布（事後分布）と一致する必然性はない。人々が事前分布をもとに期待効用を最大化するという考え方は極端な仮定である。とくに，エルスバーグ（D. Ellsberg）は，期待効用最大化の考え方では人間の意思決定を記述できないさまざまな事例が存在することを提示した（いわゆる，「エルスバーグのパラドックス」）。

9.2 エルスバーグのパラドックス

以下では，エルスバーグが提示したパラドックスの簡単な例として，2つの箱のいずれか1つから玉を取り出すゲームを考えてみよう。このゲームでは，参加者が各箱に白い玉と黒い玉のみが入っていることを知っており，もし白い玉を引くことができれば賞金をもらうことができる。ただし，参加者は，第1の箱には白い玉と黒い玉が半分ずつ入っていることを知っているが，第2の箱には白い玉と黒い玉がどのような比率で入っているかを知らないものとする（図2-6参照）。

このようなゲームでは，参加者は第2の箱の中身に関して主観的確率を考え

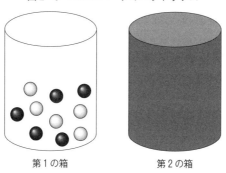

図2-6　エルスバーグのパラドックス

第1の箱　　　　　　　　　　第2の箱

る必要がある。そして，もっとも自然な主観的確率は，白い玉と黒い玉が同じ比率で入っていると想定することである。この場合，第1の箱も第2の箱も，白い玉と黒い玉がそれぞれ取り出される確率は $\frac{1}{2}$ と想定されるため，ゲームの参加者がその確率に基づいて期待効用の最大化を行う限りどちらの箱を選択するかは無差別となるはずである。しかし，実際にゲームの参加者に箱の選択を自由に行わせた場合，大半の参加者は第1の箱から玉を取り出すと考えられる。

　それでは，第2の箱のなかに白い玉より黒い玉の方が多いという主観的確率を参加者が抱いたから，第1の箱が選択されたと考えられるだろうか。しかし，第1の箱が選択されるという結果は，黒い玉を引くことによって賞金がもらえるというルールに変更しても変わらない。このことは，白い玉と黒い玉の比率が，第1の箱では客観的にわかっているのに対して，第2の箱ではわからないことで，第1の箱が選ばれることを示唆している。すなわち，第2の箱のように中身の確率分布がわからないことで，人々は通常のリスク回避とは別の回避行動をとっているのである。

　一般に，ある確率的な事象に関して予想を形成する際に，既知の確率分布のもとでその実現値のみがわからないという「リスク」と，そもそも確率分布が未知であるために，実現値だけでなく，その期待値や分散もわからないという「不確実性」（しばしば，「ナイト流不確実性」とよばれる）は本質的に異なるものである。以上のパラドックスは，人々の行動を記述するうえでこの2つを区別することの重要性を示しており，経済分析でもリスクの問題を考えるだけでは不十分であることを示している点で大変興味深い。

10 プロスペクト理論

　期待効用仮説では，合理的な経済主体が，自らの選択によって発生する利益や損失およびそれらの確率に関して客観的な情報を正確に有するだけでなく，その選択のベースとなる効用関数が安定していて，判断に感情的なバイアスがないことが前提となる。しかし，人間の認知能力には限界があり，多数の情報から重要なものを瞬時に抽出して正しく処理することはできない。このため，人間の意思決定は，認知能力の制約を前提として行わなければならなくなる。カーネマン（D. Kahneman）とトヴァースキー（A. Tversky）は，このような人々の意思決定に基づく投資行動を説明するため，心理学を援用した「プロスペクト理論」を提示し，期待効用仮説に疑問を呈した。

　プロスペクト理論は，選択の結果どれだけの金額の利益・損失が得られるかの確率が既知の状況において，個人が利得や損失をどのように評価するのかを，心理学の実験などで観察された経験的事実から出発して記述する。そこでは，2種類の認知バイアスを取り入れている。1つは，人々の反応が対称的ではなく，「利益を得られる場面ではリスク回避を優先し，損失を被る場面では損失を回避する」というバイアスである。もう1つは，「人は富そのものでなく，富の変化量から効用を得る」というバイアスである。

　プロスペクト理論では，これら2つの認知バイアスによって，人々の心理的評価を示す価値関数が，図2-7で表されるようなS字型になると考える。この価値関数は，図2-5で示したような危険回避的な効用関数と2つの点で大きく異なる。

　1つ目は，価値関数が，利益が出る領域ではリスク回避的であるが，損失が発生する領域ではリスク愛好的な形をしていることである。とくに，価値関数が，利益が出る領域よりも損失が発生する領域で勾配が大きくなっている。これは，同じ金額であっても，利得（喜び）よりも損失（苦痛）に対して敏感であることを示している。

　2つ目は，価値を決定する金額（図の横軸）が，「参照点」とよばれる状態からの変化で測られていることである。このことは，人々にとって重要なのは，最終的に得られる金額ではなく，主観的に中立と認識される状態（通常は，当初の状態）と比べて，どれだけ得をしたかあるいは損をしたかであることを意

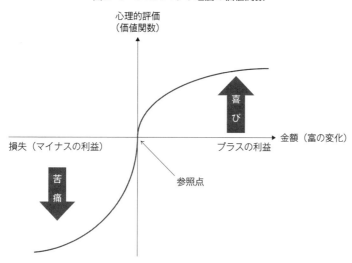

図2-7 プロスペクト理論の価値関数

味している。

　参照点と比べてプラスの利益が発生する領域と損失（マイナスの利益）が発生する領域で人々が全く反対の行動をとる価値関数は，一見整合性のない意思決定のように思われる。しかし，このような行動は，儲かっているときには無難な投資を続けるのに対して，いったん損失を出してしまうと起死回生の賭けに出てしまうという投資家の心理を記述したものといえる。投資家は収益よりも損失の方に敏感に反応し，収益が出ている場合は損失回避的な利益確定に走りやすい。一方，損失が出ている場合はそれを取り戻そうとしてより大きなリスクを取るような投資判断を行いやすいとされる。プロスペクト理論は，期待効用仮説では説明のつかないこのような投資家の判断行動を，現実に即した形で説明しようとした試みといえる。

■ 関連文献の紹介 ■

酒井泰弘『リスクの経済思想』ミネルヴァ書房，2010 年
　　→経済学におけるリスクに関する考え方をまとめた本である。
齊藤誠『資産価格とマクロ経済』日本経済新聞出版社，2007 年
　　→上級者向けの本であるが，合理的な消費者による貯蓄および資産選択行動を詳細に解説している。

祝迫得夫『家計・企業の金融行動と日本経済——ミクロの構造変化とマクロへの波及』日本経済新聞出版社，2012 年
　→家計・企業の金融行動を，日本経済に即して分析した上級者向けの本である。

第3章
最適な資産選択

Summary

　平均—分散アプローチは，人々の危険回避的な行動を記述するうえで有益な期待効用仮説の応用である。本章では，平均—分散アプローチを使ってマルコヴィッツのポートフォリオ選択理論やトービンの分離定理を説明し，危険回避的な投資家にとって最適な資産選択とはどのようなものかを考察する。

1 平均—分散アプローチ

1.1 平均—分散アプローチとは？

第 2 章では，期待効用仮説が人々の危険回避的な行動を記述するうえで有益であることをみた。期待効用仮説の特殊ケースとして知られるのが，「平均—分散アプローチ」である。平均—分散アプローチは，リターンを平均収益率（期待収益率）で，リスクを収益率の分散（あるいはその平方根である標準偏差）でそれぞれ表すことによって，投資家の資産選択の問題を表現する。すなわち，資産の収益率の平均を μ，標準偏差を σ と表すと，投資家の期待効用 Eu は，一定の条件のもとで効用関数 $U(\mu, \sigma)$ として表現できる（ただし，$\partial U/\partial\mu > 0, \partial^2 U/\partial\mu^2 < 0, \partial U/\partial\sigma < 0$ ，および $\partial^2 U/\partial\sigma^2 < 0$）。平均—分散アプローチでは，投資家は，この効用関数を最大にするように資産の選択を行うと考える。

この効用関数のもとでの無差別曲線（効用が一定の μ と σ の組み合わせ）は，標準偏差 σ を横軸にとり，平均 μ を縦軸にとると，図3-1のようになる。平均—分散アプローチでは，投資家は，期待収益率が同じであれば収益率の分散（あるいは標準偏差）が小さい方を好む一方，収益率の分散（あるいは標準偏差）が同じであれば期待収益率が大きい方を好む。したがって，無差別曲線 P 上の点は，無差別曲線 Q 上の点よりも，常に効用が大きい。しかし，同じ無差別曲線 Q 上の点では，図の A 点のように収益率の期待値は高いが標準偏差も高い資産選択と，B 点のように収益率の期待値は低いが標準偏差も低い資産選択は，無差別となる。

1.2 平均—分散アプローチの前提条件

もっとも，平均—分散アプローチで用いられる効用関数 $U(\mu, \sigma)$ が期待効用 Eu と一致するには，効用関数が 2 次関数であるか，確率分布が正規分布に従っているかのいずれかの条件が満たされている必要があることが知られている（Column 参照）。したがって，一般的な効用関数や一般的な確率分布のもとでは，平均—分散アプローチは期待効用仮説を厳密には満たさないことになる。

一般に，ある確率変数 x に関して，その期待値や分散はそれぞれ $\mu = Ex$ と $\sigma^2 = E(x-\mu)^2$ として表すことができる。平均は x を 1 乗して期待値 E をとっているので 1 次のモーメントとよばれる。また，分散は $x-\mu$ を 2 乗して期待

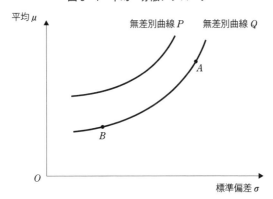

図 3-1　平均─分散アプローチ

平均 μ

無差別曲線 P　　無差別曲線 Q

A

B

O

標準偏差 σ

値 E をとっているので 2 次のモーメントとよばれる。正規分布は，その密度関数が平均と分散だけで表現できるので，1 次のモーメントと 2 次のモーメントだけを考えれば十分となり，その結果，一般の効用関数のもとでも，平均─分散アプローチで用いられる効用関数が期待効用と一致する。

　しかし，一般的な分布では，効用関数が 2 次関数でない限り，期待効用はより高次のモーメントにも依存する。たとえば，3 次のモーメントは歪度 $\frac{E(x-\mu)^3}{\sigma^3}$，また 4 次のモーメントは尖度 $\frac{E(x-\mu)^4}{\sigma^4}-3$ とそれぞれよばれ，確率分布の形状を知るうえでの有益な情報を提供する。正規分布は，0 を中心に左右対称で歪みがない分布で，その歪度と尖度はいずれもゼロである。これに対して，一般的な分布は，歪度の符号により正の歪み（右に裾野が長い左に偏った分布），負の歪み（左に裾野が長い右に偏った分布）をもつ。また，尖度が正の場合には分布の中心が正規分布より尖ったものに，逆に負の場合には正規分布よりなめらかなものになる。収益率が正規分布ではない場合，これらの情報もリスクを評価するうえでは重要となる。

　加えて，投資家の資産選択の際のリスクを評価するうえでは，市場リスクの予想最大損失額（下落リスク）を算出するバリュー・アット・リスク（VaR）という指標もしばしば用いられる。これは，金融資産を一定期間保有する場合，特定の保有期間内に，特定の確率の範囲内で評価される期待最大損失額を金額で表したものである。たとえば，ある資産について，信頼区間を 99% としてVaR を計算すると，保有期間のうちに，この資産の評価損失が VaR の金額を超える確率は 1% ということになる。

期待効用仮説と平均―分散アプローチの関係

利得 x に対する効用を $u(x)$ と書き表すと，期待効用仮説では，人々は期待効用 $Eu(x)$ を最大化するように行動する。このような期待効用仮説と平均―分散アプローチの関係は，効用関数 $u(x)$ のテイラー展開によって求めることが可能である。

効用関数 $u(x)$ に関して，$x=\mu$ の周りのテイラー展開を行うと，

$$u(x) = u(\mu)+u^{(1)}(\mu)(x-\mu)+\frac{1}{2!}u^{(2)}(\mu)(x-\mu)^2+\frac{1}{3!}u^{(3)}(\mu)(x-\mu)^3$$
$$+\frac{1}{4!}u^{(4)}(\mu)(x-\mu)^4+\cdots\cdots$$

ここで，$u^{(j)}(\mu)$ は $u(x)$ の $x=\mu$ における j 次の導関数 $\left(\text{すなわち，}u^{(j)}(\mu)\equiv\dfrac{d^j u(x)}{dx^j}\text{，ただし }x=\mu\right)$ である。したがって，上式の両辺に期待値 E をとると，$Eu^{(j)}(\mu)=u^{(j)}(\mu), E(x-\mu)=0, E(x-\mu)^2=\sigma^2$ であることから，

$$Eu(x) = u(\mu)+\frac{1}{2!}u^{(2)}(\mu)\sigma^2+\frac{1}{3!}u^{(3)}(\mu)E(x-\mu)^3+\frac{1}{4!}u^{(4)}(\mu)E(x-\mu)^4$$
$$+\cdots\cdots$$

となる。

効用関数が2次関数であるとき，すべての $j\geq3$ に対して $u^{(j)}(x)=0$ となるので，上式右辺の第3項以降はすべてゼロとなる。また，確率分布が正規分布に従っているとき，確率密度関数はその平均 μ と分散 σ^2 のみに依存する $f(x)=\dfrac{1}{\sqrt{2\pi\sigma^2}}\exp\left(-\dfrac{(x-\mu)^2}{2\sigma^2}\right)$ となるので，すべての $j\geq3$ に対して $E(x-\mu)^j$ は x の性質に依存しない定数となる。

したがって，効用関数が2次関数であるか，確率分布が正規分布に従っているかのいずれかのとき，上式右辺の第1項と第2項のみが重要となる。このため，これらのケースでは，$Eu(x)$ は，μ と σ のみに依存する関数，すなわち，平均―分散アプローチで用いられる効用関数 $U(\mu,\sigma)$ として表現できる（$u^{(2)}(\mu)<0$ であるので，$Eu(x)$ は σ^2 の減少関数となっている）。

しかし，一般的な効用関数や一般的な確率分布のもとでは，上式の第3項以降も x の性質に依存する。とくに，第3項は $Eu(x)$ が x の歪度に，また第4項は $Eu(x)$ が x の尖度にそれぞれ依存することを示している。したがって，一般的な分布では，期待効用は，歪度や尖度のようなより高次のモーメントにも依存する。すなわち，平均―分散アプローチが期待効用仮説と厳密に一致するのは，効用関数が2次関数であるか，確率分布が正規分布に従っているときのみである。

2 分散可能なリスク

2.1 資産の組み合わせによるリスクの分散

　人々が危険回避的である限り，資産の運用先を決定する際の基準として，期待収益率の大きさだけでなく，収益率の不確実性の度合い（リスク）が小さいことが重要となる。しかし，リスク（平均—分散アプローチでは，分散や標準偏差）のなかには，資産の組み合わせ（ポートフォリオ）によって分散可能なものが少なくない。

　たとえば，収益率が異なる2つの資産 A と B があり，各収益率は，表3-1で示されているように，状態1と状態2によって異なるものとしよう。いま，状態1と状態2が起こる確率をそれぞれ $\frac{1}{2}$ とすると，各資産の収益率は，平均が2%，分散が1となる。したがって，個別の資産の収益率だけをみると，不確実性（リスク）が存在することになる。しかし，2つの資産を均等に保有した場合，そのポートフォリオの収益率は状態にかかわらず2%（すなわち，平均が2%，分散がゼロ）となる。この結果は，資産を組み合わせて保有することでリスクをなくすことが可能なことを示唆している。

　以下では，一般的に，2つの資産の組み合わせでリスクがどのように減るのかをみるために，収益率が X_A の資産 A と収益率が X_B の資産 B を考える。このとき，資産 A と資産 B を $\eta:1-\eta$ （ただし，$0 \leq \eta \leq 1$）の比率で組み合わせたときの収益率は，$X_w \equiv \eta X_A + (1-\eta)X_B$ である。したがって，X_A と X_B の平均をそれぞれ μ_A と μ_B，分散をそれぞれ σ_A^2 と σ_B^2（したがって，標準偏差をそれぞれ σ_A と σ_B）と表すと，このポートフォリオの収益率の平均は，

$$\mu_w \equiv \eta\mu_A + (1-\eta)\mu_B \tag{1}$$

また，このポートフォリオの収益率の分散は，以下のようになる。

$$\sigma_w^2 \equiv \eta^2\sigma_A^2 + (1-\eta)^2\sigma_B^2 + 2\eta(1-\eta)\text{cov}(X_A, X_B)$$

表3-1　分散可能なリスクの例

	状態1	状態2
資産 A	3%	1%
資産 B	1%	3%

$$= \eta^2\sigma_A^2 + (1-\eta)^2\sigma_B^2 + 2\eta(1-\eta)\rho_{AB}\sigma_A\sigma_B \tag{2}$$

ここで，$\mathrm{cov}(X_A, X_B)$ は X_A と X_B の共分散，ρ_{AB}（$\equiv \mathrm{cov}(X_A, X_B)/(\sigma_A\sigma_B)$）は X_A と X_B の相関係数とよばれるものである。

　-1 と 1 の間の値をとる相関係数 ρ_{AB} は，共分散を X_A と X_B の標準偏差で正規化したもので，X_A と X_B の動きがどれだけ連動しているかを示す。たとえば，X_A と X_B の動きが完全に相関しているとき $\rho_{AB}=1$，無相関であるとき $\rho_{AB}=0$，完全に逆相関しているとき $\rho_{AB}=-1$ となる。

2.2　機会曲線

　ポートフォリオの平均 μ_w と標準偏差 σ_w の実現可能な組み合わせは，「機会曲線」とよばれる。図3-2は，3つの異なる相関係数 ρ_{AB} に対して，μ_w を縦軸，σ_w を横軸にとって，それぞれ図示したものである。図では，点 A が $\eta=1$（すなわち，資産 A のみを保有），点 B が $\eta=0$（すなわち，資産 B のみを保有）にそれぞれ対応する μ_w と σ_w の組み合わせとなっている。

　まず $\rho_{AB}=1$ のとき，機会曲線は点 A と点 B を結ぶ線分 AB となる。これは，2つの資産の収益率が完全に相関している場合，資産をいかに組み合わせてもリスクを軽減できないことを示している。一方，$\rho_{AB}=-1$ のとき（すなわち，2つの資産の収益率が完全に逆相関しているとき），機会曲線は線分 AC および線分 CB（図の破線部）となる。ここで，点 C は，資産の組み合わせによってリスクが完全に分散され，標準偏差（あるいは分散）がゼロとなった状態に対応している。簡単な計算によって，この状態は，$\eta=\sigma_B/(\sigma_A+\sigma_B)$ のときに実現することも示すことができる（**表**3-1の例では，$\rho_{AB}=-1$，$\sigma_A^2=\sigma_B^2$ であったため，$\eta=\dfrac{1}{2}$ で標準偏差がゼロとなった）。$\rho_{AB}=-1$ であっても，点 C 以外の機会曲線上の点では，標準偏差はゼロにはならない。しかし，$0<\eta<1$ である限り，どの点も線分 AB よりは左上にあり，資産の組み合わせによってリスクは軽減されている。

　$-1<\rho_{AB}<1$ のとき，機会曲線は $\rho_{AB}=1$ のときと $\rho_{AB}=-1$ のときの中間となる。このため，機会曲線は，$\rho_{AB}=1$ のときの機会曲線である線分 AB と $\rho_{AB}=-1$ のときの機会曲線である線分 AC および線分 CB で囲まれた領域に描かれる。$0<\eta<1$ である限り，この曲線上のどの点も線分 AB よりは左上にあり，資産の組み合わせによってリスクは軽減されている。ただし $\rho_{AB}=1$ や $\rho_{AB}=$

図3-2 資産が2つのときの機会曲線

① ρ_{AB} が1または -1 のケース

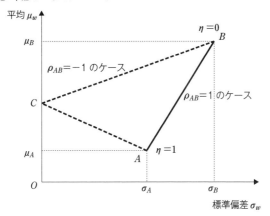

② $-1<\rho_{AB}<1$ のケース

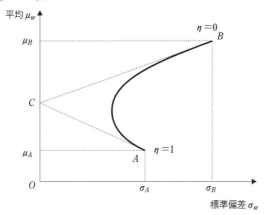

-1 のときとは異なり，$-1<\rho_{AB}<1$ のときの機会曲線は点 A から点 B に到達するなめらかな曲線となる。

2.3 資産が多数の場合の機会曲線

2.2では，2つの資産からなるポートフォリオによるリスクの分散を考えたが，資産が3つ以上ある場合でも，同じ手続きを繰り返すことで機会曲線を描くことができる。たとえば，収益率が完全には相関していない（すなわち，相

図3-3　資産が３つ以上あるときの機会曲線

① 資産がA，B，Cの３つのケース

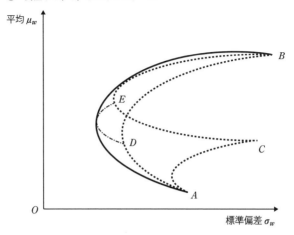

② 資産がA，B，C，Dの４つのケース

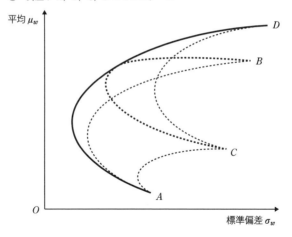

関係数が１未満の）３つの資産 A，B，C があるとする。このとき，資産 A と B，資産 B と C，資産 A と C をそれぞれ組み合わせると，図3-3①の破線のように，それぞれ曲線 AB，曲線 BC，曲線 AC を機会曲線として描くことができる。

　いずれも，上に凸のなめらかな曲線で，２つの資産の組み合わせで，リスク

が軽減されていることを示している。しかし，資産が3つ存在する場合，リスクの分散はそれだけにはとどまらない。なぜなら，曲線AB，曲線BC，曲線AC上の任意の点を適切に組み合わせると，新たな機会曲線（たとえば，図中の曲線DE）を描くことができ，リスクを追加的に軽減することが可能だからである。3つの資産の組み合わせで実現できる平均μ_wと標準偏差σ_wの組み合わせのうち，μ_wを所与としてσ_wがもっとも小さい点（あるいは，σ_wを所与としてμ_wがもっとも大きい点）の軌跡が，3つの資産がある場合の機会曲線であり，図では太線で表された曲線ABがそれに相当する。

　資産の組み合わせによってリスクが軽減されるという効果は，資産の数が多くなるとさらに大きくなる。たとえば，収益率の相関係数が1未満の4つの資産A，B，C，Dを組み合わせるとき，2つの資産をそれぞれ組み合わせることで，曲線AB，曲線CD，曲線AC，曲線BCといった機会曲線を描くことができる。しかし，3つの資産の場合と同様に，各曲線上の任意の点を適切に組み合わせると，さらにリスクの軽減が可能となる。資産が多数存在する場合，そのような組み合わせの数は飛躍的に拡大し，その分，リスクを追加的に軽減できる余地も拡大するといえる。その結果，図3-3②のように，2ないし3つの資産を組み合わせて実現するさまざまな機会曲線の包絡線が，4つの資産が存在する場合の機会曲線となる。

3　最適なポートフォリオ

3.1　一般的な機会曲線

　一般に，市場に存在する無数の資産を組み合わせることによる機会曲線は，図3-4で描かれるような左に凸のなめらかな曲線となる。投資家にとって，この曲線上の点およびその内側の点は，ポートフォリオによって実現可能な点である。しかし，機会曲線の内側にあるFやGのような点に対しては，同じσ_wに対してより高いμ_wをとる（あるいは，同じμ_wに対してより低いσ_wをとる）点が，機会曲線上に存在する。したがって，機会曲線の内側のポートフォリオは，機会曲線上のポートフォリオに比べて，運用成果が効率的でないことになる。すなわち，投資家が購入するべきポートフォリオは機会曲線の上側部分にあり，この意味で，このような機会曲線の上側部分を「効率的フロンティア」（有効フロンティア）とよんでいる。

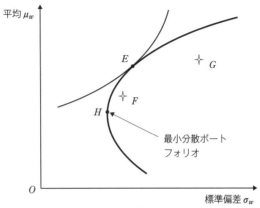

図3-4 効率的フロンティアと最適なポートフォリオ

　個々の危険資産のリスクには，資産を組み合わせることで分散可能なリスク
と，資産を組み合わせても分散可能でないリスクがある。個々の危険資産のリ
スクの一部は，完全相関の場合を除けば，資産の組み合わせで取り除くことが
できる。しかし，一定の平均収益率を達成するためには，どのように資産を組
み合わせても取り除くことができないリスク（分散可能でないリスク）も同時
に存在する。効率的フロンティア上の点は，平均収益率と分散可能でないリス
クの最適な組み合わせを表したものといえる。

3.2　マルコヴィッツの資産選択理論

　効率的フロンティアのなかで，もっとも左側にある点 H は，実現可能なポ
ートフォリオのなかでもっともリスクが小さい「最小分散ポートフォリオ」で
ある。しかし，投資家が危険回避的であっても，単にリスクが低いだけでは十
分でなく，リターンを考慮して，期待効用が最大になるように資産選択を行う
必要がある。とくに，平均—分散アプローチでは，リターンを収益率の平均
（μ_w）で，リスクを収益率の標準偏差（σ_w）でそれぞれ表すことができ，無差別曲
線は図3-1のような形状をとる。この無差別曲線は，左上に位置するほど効
用が大きい。このため，投資家にとって，ポートフォリオは，図3-4の E 点
のように，無差別曲線と効率的フロンティアの接点で決定することが最適とな
る。このようなポートフォリオ選択理論は，マルコヴィッツ（H. Markowitz）
が初めて証明し，その後の資産選択理論の基礎となった。

ここで注意すべき点は，接点 E は，必ず点 H よりは右上側の効率的フロンティア上にあることである。このことは，最小分散ポートフォリオが決して最適なポートフォリオとはならないことを意味し，どんなに危険回避的な投資家であっても，多少のリスクを犠牲にして，平均収益率が高くなるポートフォリオを選択することを示している。

4 分 離 定 理

4.1 資本市場線

これまでの節では，すべての資産が収益率に不確実性がある危険資産である場合のポートフォリオの選択を論じてきた。しかし，一般に，投資対象となるのは，危険資産だけでなく，収益率に不確実性がない安全資産も含まれる。このため，トービン（J. Tobin）は，マルコヴィッツの理論に安全資産（リスクのない証券）の存在を加えることでポートフォリオ理論を発展させ，「分離定理」を導いた。

トービンの分離定理を理解するために，これまでの効率的フロンティアの図に，収益率（リスク・フリー・レート）が r_f で，分散（標準偏差）がゼロの安全資産を導入しよう。安全資産が存在する場合でも，危険資産間の効率的組み合わせは，前節と同様に効率的フロンティア上の点となる。これは，危険資産間の組み合わせとは異なり，安全資産を危険資産と組み合わせても，危険資産自体のリスクは分散されることはないからである。

いま，効率フロンティア上にある危険資産のポートフォリオの収益率は，平均が μ で，標準偏差が σ であるとする。このとき，危険資産と安全資産を $\omega : 1-\omega$（ただし，$0<\omega<1$）の比率で組み合わせたポートフォリオの収益率は，平均が $\mu_w \equiv \omega\mu + (1-\omega)r_f$，また標準偏差が $\sigma_w \equiv \omega\sigma$ となる。したがって，安全資産と（効率フロンティア上の）危険資産のポートフォリオを組み合わせて実現できる μ_w と σ_w の関係は，$\mu_w = r_f + \{((\mu - r_f)/\sigma)\}\sigma_w$ という式で表される直線となる。最適なポートフォリオは，このような直線上のなかで，もっとも効率的な直線上の点から選択される。

図3-5では，リスクがゼロの安全資産が生む正のリターン（リスク・フリー・レート）が，縦軸上に r_f として示されている。このとき，安全資産と危険資産を組み合わせて実現可能なポートフォリオのなかでもっとも効率的なもの

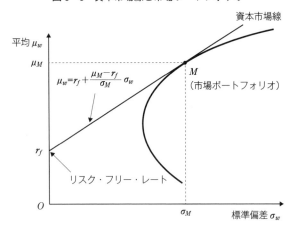

図3-5　資本市場線と市場ポートフォリオ

は，縦軸上の r_f の地点から効率的フロンティアに引いた接線（点 M で接する直線）上の点となる。なぜなら，効率的フロンティア上の任意の点と r_f の地点を結ぶ直線のなかで，この接線上の点が常に同じ σ_w に対してより高い μ_w をとる（あるいは，同じ μ_w に対してより低い σ_w をとる）からである。

　この接線は，「資本市場線」とよばれ，数式では以下のように表現される。

$$\mu_w = r_f + \frac{\mu_M - r_f}{\sigma_M}\sigma_w \tag{3}$$

ここで，μ_M と σ_M は，接点 M によって表される危険資産のポートフォリオの平均収益率と標準偏差を表す。

　接点 M に対応するポートフォリオが，リターンとリスクという観点からもっとも望ましい危険資産のポートフォリオ，すなわち，効率的なポートフォリオである。この接点 M で表されるポートフォリオは，「市場ポートフォリオ」（マーケット・ポートフォリオ）とよばれる。図から明らかなように，市場ポートフォリオは，効率的フロンティアの形状とリスク・フリー・レートの値にのみ依存し，投資家の危険回避度には依存しない。この特徴は，トービンの分離定理が，安全資産が存在しない場合のマルコヴィッツの資産選択理論とは大きく異なる点である。

図3-6 分離定理と最適なポートフォリオ

① 危険回避度が大きい投資家のケース

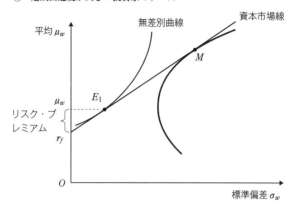

② 危険回避度が小さい投資家のケース

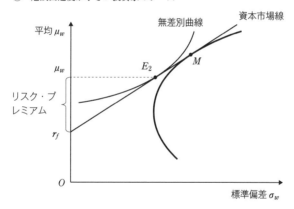

4.2 安全資産と危険資産の組み合わせ

　分離定理では，投資家個人のリスク選好は，安全資産と市場ポートフォリオの組み合わせに反映される。非常に危険回避的な投資家はより安全な資産を多く保有し，そうでない投資家は市場ポートフォリオという形でより多くの危険資産に投資する。

　図3-6の2つの図は，このことを示したものである。いずれの図でも，投資家にとっての最適なポートフォリオは，資本市場線と無差別曲線の接点で決定されている。しかし，その接点の位置は，無差別曲線の形状に依存して変化

する。図3-6では，接点Mが危険資産100%のポートフォリオ，縦軸上のr_fの位置が安全資産100%のポートフォリオにそれぞれ対応する。投資家は，そのリスク回避度に応じてその間の点（r_fから接点Mに引いた線分上の点）に位置するポートフォリオを選択することになる。

　図3-6①のように投資家の危険回避度が大きい場合，無差別曲線の接点E_1はr_fの位置に近くなり，それだけ投資家は安全資産を多く，危険資産を少なく保有することになる。この場合，投資家が保有するポートフォリオのリスク・プレミアムμ_w-r_fは小さくなる。一方，図3-6②のように投資家の危険回避度が小さい場合，無差別曲線の接点E_2は点Mに近くなり，それだけ投資家は危険資産を多く，安全資産を少なく保有することになる。この場合，投資家の保有するポートフォリオのリスク・プレミアムμ_w-r_fは大きくなる。

　トービンの分離定理の重要なポイントは，このような危険資産と安全資産の組み合わせの決め方が，4.1でみた危険資産の組み合わせ（市場ポートフォリオ）の決め方とは無関係に行われることである。投資家の危険回避度は，前者を決定するうえでは重要であるが，後者の決定には無関係なのである。このため，効率的フロンティアやリスク・フリー・レートがすべての投資家に共通である限り，市場ポートフォリオもすべての投資家に共通した最適な危険資産の組み合わせとなる。この考え方は，東証株価指数（TOPIX）や日経平均株価指数のようなインデックス・ファンドを考える根拠となっている。ただ，この性質が成立するためには，すべての投資家が各資産の収益率を共通の期待収益率，分散，共分散に基づいて予測していることなど，いくつかの強い仮定が必要であることが知られている。

5　CAPM

5.1　CAPMとは？

　これまでの節でみてきたように，リスクには，資産を組み合わせることで分散可能なリスクと，資産を組み合わせても分散可能でないリスクがある。危険回避的な投資家にとって，最適な資産選択を行った後に残るのは，リターン（平均収益率）を所与として，分散可能でないリスクのみである。このため，リターンにリスク・プレミアムが発生するのも，分散可能でないリスクが源泉となる。このような分散可能でないリスクは，「市場リスク」や「システマティ

ック・リスク」とよばれている。

　それでは，資産iの市場リスク（分散可能でないリスク）やリスク・プレミアムは，どのように決まるのであろうか。以下ではこのことを，安全資産が存在し，分離定理が成立する場合に関して考えてみよう。安全資産が存在する場合，危険資産の最適なポートフォリオは，人々の危険回避度とは無関係に決まる市場ポートフォリオとなる。したがって，各資産の市場リスク（分散可能でないリスク）の大きさは，その資産の収益率X_iが市場ポートフォリオの収益率X_Mとどれだけ相関しているかが重要な尺度となる。すなわち，資産iの市場リスクの大きさは，X_iとX_Mの相関係数ρ_{iM}とX_i自体の標準偏差σ_iの積，すなわち$\rho_{iM}\sigma_i$と表される。

　一般に$-1 \leq \rho_{iM} \leq 1$なので，このような資産iの市場リスクは，$\rho_{iM}=1$の場合を除き，資産iの収益率の標準偏差σ_iより小さい。これは，標準偏差σ_iの一部，すなわち$(1-\rho_{iM})\sigma_i$が資産の組み合わせによって取り除くことができる（すなわち，分散可能）だからである。このため，投資の対象として考えた場合，資産iは，平均収益率がμ_i，標準偏差が$\rho_{iM}\sigma_i$の危険資産ポートフォリオと同じ性質をもった金融資産ということができる。

　ところで，安全資産が存在する場合，各資産の市場リスクと平均収益率の関係は，資本市場線によって表現することができる。このため，4.1で導いた(3)式から，市場リスク$\rho_{iM}\sigma_i$をもつ資産の平均収益率は，そのリスク・プレミアムμ_i-r_fが市場ポートフォリオのリスク・プレミアムμ_M-r_fに比例する形で，

$$\mu_i = r_f + \frac{\mu_M - r_f}{\sigma_M}\rho_{iM}\sigma_i \tag{4}$$

という式で書き表すことができる（ここで，μ_Mは市場ポートフォリオの収益率の平均，σ_Mは市場ポートフォリオの収益率の標準偏差）。とくに，$\beta_i \equiv \rho_{iM}\sigma_i/\sigma_M = \mathrm{cov}(X_i, X_M)/\sigma_M^2$と定義すると，資産$i$の平均収益率$\mu_i$は，

$$\mu_i - r_f = \beta_i(\mu_M - r_f) \tag{5}$$

という式で表現される。これが，シャープ（W. F. Sharpe）らによる「CAPM」（Capital Asset Pricing Model，資本資産価格モデル）とよばれる資産価格モデルである。

　上式において，市場ポートフォリオの収益率との間の共分散に依存するβ_i

は，資産 i の「ベータ」とよばれ，市場ポートフォリオの収益率が 1% ポイント変化したときに資産 i の収益率が何%ポイント変化するかを表している。一方，$\mu_M - r_f$ は，市場ポートフォリオのリスク・プレミアム（市場リスク）である。CAPM は，ベータと市場リスクの積によって，資産 i の市場リスクの大きさを捉え，それを資産 i のリスク・プレミアム（$\mu_i - r_f$）に反映させる式となっている。CAPM は，市場ポートフォリオの収益率との相関から明示的に市場リスクを測る尺度を提示したモデルとして幅広く利用されている。

5.2 ベータの意味

CAPM では，各資産のベータ β_i は，その資産の平均収益率が，市場ポートフォリオの平均収益率に比べてどれくらいであることが妥当かの指標となっている。CAPM では，収益率が市場ポートフォリオの収益率と正の相関が大きければ大きいほど，ベータは大きく，したがってリスク・プレミアムも大きくなる。たとえば，資産 i のリスク・プレミアムは，$\beta_i = 0.5$ のとき市場ポートフォリオのリスク・プレミアムの半分となる一方，$\beta_i = 2$ のとき市場ポートフォリオのリスク・プレミアムの 2 倍となる。

この関係は，各危険資産の市場リスク（分散でないリスク）の大きさが，その資産の収益率が，その標準偏差だけでなく，市場ポートフォリオの収益率とどれだけ相関しているかで捉えられることを示している。すなわち，市場ポートフォリオをベンチマークとして，それとの相関の大きさで各資産のリスク・プレミアムがどれくらいであることが適切かを測ろうというのが CAPM である。

なお，収益率が市場ポートフォリオの収益率と負の相関をもつ場合，ベータはマイナスとなり，たとえ個別の資産では収益率の変動が大きくても，リスク・プレミアムもマイナスとなる。このような金融資産は限られるが，債券の信用リスクに対する保険を提供する CDS（クレジット・デフォルト・スワップ）とよばれる金融商品は，その一例といえる。CDS は，購入者が保証料を支払っているという点で，平均収益率はマイナス（したがって，リスク・プレミアムもマイナス）となっている。他方，債券の返済が不能になった場合，その損失を補填してくれるという意味で，β_i はマイナスの金融商品である。投資家は，この保険機能のために，平均収益率がマイナスであっても，CDS という金融商品を購入することになる。

6 貯蓄から投資へ

収益率の不確実性という観点からみると，銀行預金（要求払い預金）は，いつでも引き下ろすことができ，かつその利子率があらかじめ決まっているという意味で，「安全資産」である。一方，債券や株式への投資は，平均的には高い収益が見込まれる反面，価格が下落し，「キャピタル・ロス」とよばれる値下がり損を被るリスクがある「危険資産」である。危険回避的な投資家は，資産の収益性（リターン）と不確実性（リスク）を比較しながら，自らの判断で保有する資産の構成を選択する。これまでの節で説明してきた資産選択理論は，そのような投資家の行動原理を記述するものである。

もっとも，国際比較を行うと，わが国の個人資産に占める危険資産の比率は，他の主要国よりも大幅に小さいことが知られている。他の主要国に比べてわが国で投資家が非常に危険回避的であるとすれば，このことも標準的な資産選択理論で説明できないわけではない。

しかし，将来の不確実性が高まっている今日において，持続的な経済の発展や企業の成長を達成するには，それを支えるリスク・マネーが供給されることが重要である。このため，わが国では，リスク・マネーが円滑に供給されるようにするため，資産運用における金融商品の選択において，「貯蓄から投資へ」の流れを加速することが重要な課題になっている。日本政府は，これまで危険資産への投資を積極的に後押ししようと，「貯蓄から投資へ」を進めるための各種施策を実施してきた。証券投資優遇税制などの直接的な施策だけでなく，預貯金から株・投資信託などへの資金シフトを間接的に促す施策も合わせるとかなりの数に上る。

しかし，こうした施策にもかかわらず，わが国では「貯蓄から投資へ」はほとんど進んでいないのが実情である。個人資産に占める危険資産の比率に関する国際比較をしてみると，図3-7のように，古くから危険資産の比率が高い米国だけでなく，近年では，ドイツやフランスといった欧州諸国でも，個人資産に占める危険資産の比率は，株式や投資信託を中心に高まっている。その一方，日本は，危険資産の保有比率は限定的で，安全資産である預貯金（現金・預金）の比率が依然として50％を超えている。

なぜ，わが国で個人資産に占める危険資産の比率が低いのか。この比率を高

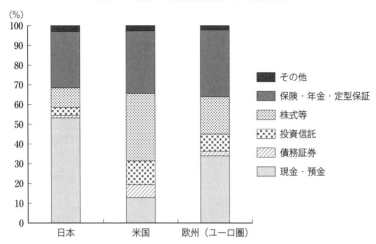

図3-7　家計の金融資産構成の日米欧比較

注：日本と米国は、2019年6月公表分。欧州（ユーロ圏）は2019年7月公表分。
出所：日本銀行調査統計局『資金循環の日米欧比較』2019年8月29日。

めるには、どのような施策が必要なのか。日本経済の持続的な成長には重要な
課題であるが、いまだ決定的な解答は得られていない。

■　関連文献の紹介　■

大村敬一『ファイナンス論——入門から応用まで』有斐閣、2010年
　　⇒第II部で最適なポートフォリオやCAPMに関して論じている。
野口悠紀雄・藤井眞理子『現代ファイナンス理論』東洋経済新報社、2005年
　　⇒ファイナンス理論のうち、資産の価格付けに関する部分の説明を行っている。
　上記以外にも、ほとんどのファイナンスの入門書では、本章で取り扱ったテーマはほ
ぼ必須事項として説明されている。
　また、以下はいずれも非常に分厚い本であるが、米国の教科書として定評のあるもの
のうち、翻訳が出ているものの例である。
R. ブリーリー = S. マイヤーズ = F. アレン（藤井眞理子・國枝繁樹訳）『コーポレー
　　ト・ファイナンス（第10版）』上・下、日経BP社、2014年
Z. ボディ = R. C. マートン = D. L. クリートン（大前恵一朗訳）『現代ファイナンス
　　論——意思決定のための理論と実践（原著第2版）』ピアソン桐原、2011年
S. A. ロス = R. W. ウェスターフィールド = J. F. ジャフェ（大野薫訳）『コーポレー
　　トファイナンスの原理（第9版）』金融財政事情研究会、2012年

第4章
資産価格と資産選択

Summary

　本章では，金融市場で取引される債券や株式の価格がいかに
決定されるかを説明する。価格決定を考えるうえで重要な概念
が，効率的市場仮説である。効率的市場では，確実に儲かる取
引があるならば市場参加者は決してそれを見逃さないため，裁
定の機会は存在しない。このため，債券や株式の価格は，裁定
の機会がないという無裁定条件から導くことができる。

1　効率的市場仮説と裁定

1.1　効率的市場仮説とは？

　銀行貸し出しのように個々の借り手と貸し手が直接交渉を行う相対取引を別<ruby>相対<rt>あいたい</rt></ruby>取引を別とすれば，金融市場では，不特定多数の参加者によって取引が行われている。このような競争的市場では，各経済主体の行動が価格に与える影響は無視できるほど小さいので，価格を所与として投資家の資産選択行動を記述することができる。このため，前章では，個々の資産の平均収益率やリスクは与えられたものとして，投資家の最適な資産選択を説明した。しかし，経済全体でみると，資産価格は一定のメカニズムで決定されているはずである。そこで本章では，金融市場で取引される価格がいかに決定されるかを説明する。

　金融市場での価格形成を考えるうえで重要な概念が，ファーマ（E. Fama）らによって提起された「効率的市場仮説」である。効率的市場仮説では，市場は「価格がその時点で利用可能なすべての情報を正しく反映して形成される」という意味で効率的であり，その結果，どのような情報を利用しても，他人よりも高いパフォーマンスを一貫してあげることは不可能であると考える。すなわち，効率的市場では，価格に影響を与えるような情報は瞬時に価格に反映されているため，もはや他人を出し抜いて利益を得ることはできないのである。

1.2　裁　　定

　金利差や価格差を利用して資産を売買し，リスクを負うことなく利益を稼ぐ取引のことを，「裁定」とよぶ。仮に市場に「裁定の機会」があれば，現在から将来にわたって全くコストをかけずにお金を手に入れられることになる。効率的市場では，確実に儲かる取引があるならば市場参加者は決してそれを見逃さないため，このような裁定の機会は存在しない。常に裁定取引が行われる結果，収益率が必要以上に高い資産では超過需要が発生することで収益率が下がる一方，収益率が必要以上に低い資産では超過供給が発生することで収益率が上がり，収益率の差は瞬時に収斂していく。裁定の機会がないことは「ノー・フリー・ランチ」（無料のランチはない）といわれることがあるが，まさに効率的市場はノー・フリー・ランチの世界なのである。

　表4-1は，収益率が異なる2つの資産の間に裁定取引の機会が存在するか

表 4-1　裁定取引の機会の有無

(1)　裁定取引の機会が存在しない例

	状態 1	状態 2
資産 A	5.0%	1.0%
資産 B	1.0%	1.1%

(2)　裁定取引の機会が存在する例

	状態 1	状態 2
資産 C	3.1%	1.1%
資産 D	2.9%	0.9%

どうかを，状態 1 と状態 2 のどちらかのみが起こるケースに関して示したものである。まず(1)は，裁定取引の機会が存在しない例である。この例では，状態 1 では，資産 A の収益率が資産 B の収益率を大きく上回っている。しかし，状態 2 では，資産 A の収益率が資産 B の収益率をわずかに下回っている。このため，資産 B を売却して資産 A を購入する取引を行った場合，状態 2 では損失を被ることになる。したがって，平均収益率では資産 A が資産 B を大きく上回ったとしても，リスクなく利益をあげることができないため，裁定取引の機会は存在しない。

　これに対して，(2)は，裁定取引の機会が存在する例である。この例では，いずれの状態においても，資産 C の収益率が資産 D の収益率を上回っている。このため，投資家は資産 D を売却して資産 C を購入する取引を行えば，いずれの状態においても利益をあげることができる。この場合，市場が効率的である限り，裁定取引によって，リスクなく利益をあげられる状況は瞬時に解消する。効率的市場では，裁定取引の機会がある(2)のような例は存在しないのである。

1.3　オープンな市場の資産価格の決定

　第 3 章では，リターン（平均収益率）とリスク（収益率の分散）という観点から投資家が最適な資産選択を行う場合の資産価格モデル（CAPM）を説明した。しかし，効率的市場仮説が成立するもとでは，裁定取引の機会は存在しない「無裁定条件」の観点から，資産価格や収益率が適切な値であるかどうかが考察される。この章では，このことをいくつかの金融資産を対象として説明していくことにする。

　効率的市場仮説の議論が厳密に成立するためには，すべての投資家が同質的で，同じ利子率で貸し借りができ，同質的期待をもつことが必要である。また，取引コストや税金がかからないことも前提としている。現実の市場取引では，

これらの条件は厳密には満たされないことが多いので，市場は完全に効率的というわけではない。しかし，十分に自由化され，誰もが参加可能なオープンな金融市場では，効率的市場仮説が成立するための条件はおおむね満たされていると考えられ，その意味で効率的市場仮説はオープンな市場の資産価格の決定メカニズムを考えるうえでの1つの有力な考え方になっている。

　一般に，不特定多数が参加する金融市場の取引は，取引の期間の長さから，債券市場や株式市場のような長期金融市場と，取引期間が1年以内の短期金融市場に分類することができる。このうち，投資家の資産運用という観点からは長期の金融市場がより重要であるため，以下では債券や株式にフォーカスを当てて議論を行う（短期金融市場は，第9章で取り扱う）。

2　債券市場

2.1　債券の利回り

　はじめに，債券市場における利子率や価格の決定メカニズムを説明する。債券の利子率を考えるうえでは，「表面利率」と「利回り」を区別することが重要となる。「表面利率」はクーポン・レートともよばれ，利付債（クーポンとよばれる利息が支払われる債券）に支払われる利子の大きさを表す。具体的には，利付債では額面金額に対する1年分の利子がパーセント表示で示されており，たとえば額面金額100万円につき1年間に1万円の利子が支払われる場合，表面利率は1%となる。債券の表面利率は，その債券が発行された時点の市場の実勢により決定され，償還まで変わらない固定金利である。

　一方，「利回り」は，債券の1年当たりの運用益をパーセント表示で示したものである。この運用益のなかには，表面利率で表される1年分の利子収入に加えて，償還時に支払われる「額面」とよばれる金額と購入価格の差額から生まれる利益の年換算値（1年当たりに換算したもの）が含まれる。たとえば，割引債は，表面利率がゼロで途中の利息は支払われない債券であるが，発行される際，額面よりも安い価格で購入することができるため，効率的市場ではその利回りは利付債と同じになる。

　債券のなかで，民間企業が投資家から資金を調達するときに発行する借用証書が，「社債」である。社債は，企業業績が悪化すると利息や元本が当初の契約どおりに回収できなくなる債務不履行のリスク（「信用リスク」）が存在する

危険資産である。このため，社債の表面利率や利回りには，そのリスクに応じてリスク・プレミアムが上乗せされる。

　一方，国・地方公共団体が資金を調達するときに発行する公債（国債や地方債）は信用力が高く，表面利率に応じて支払われる利息や償還時に支払われるべき額面が確実に戻ってくるという意味で信用リスクはない。しかし，公債であっても，各時点の債券の価格はその時々の市場金利とともに変動するので，たとえば10年物の公債を償還期日前に売却すると損失（キャピタル・ロス）が発生する可能性があり，その意味で「市場リスク」が存在する。

2.2　債券の市場リスク

　公債のような信用リスクのない債券の価格が市場金利に応じていかに変化するかをみるため，まず，表面利率がゼロの「割引債」の価格がいかに決定されるかをみてみよう。市場が効率的で，裁定機会がないという無裁定条件が成立する限り，リスクのない資産の収益率は等しくなければならないので，このような割引債の市場価格は，償還時に支払われる額面の割引現在価値として決定される。

　たとえば，満期1年の市場金利（安全資産の利子率）を r_t とし，額面が D 円で償還までの期間が1年の割引債を考えよう。このとき，割引債の価格 p_t 円は，割引債での運用と市場金利での運用の収益率が等しいという無裁定条件 $D = p_t(1+r_t)$ を満たす必要がある。これは，利息が支払われない割引債では1年後に支払われるのは額面 D 円だけである一方，購入に必要な p_t 円を債券以外の市場で運用すると1年後には $p_t(1+r_t)$ 円が得られるからである。このため，この割引債の価格と市場金利との間には，

$$p_t = \frac{D}{1+r_t} \tag{1}$$

という関係が成立する。

　(1)式では，割引債の価格 p_t 円が，額面 D 円の割引現在価値となっている。ここで重要なのは，市場金利 r_t が変動金利であり，その時々の短期金融市場における資金需給に応じて変化することである。このため，償還期日1年前に市場金利が当初の予想値よりも上昇した場合，割引債の価格は下落し，その結果，それ以前から割引債を保有していた投資家にとってキャピタル・ロスが発生することになる。すなわち，償還期日には確実に当初の契約どおりの金額

（額面）が支払われる割引債であっても，償還期日前に市場金利が予想に反した動きをすればそれに応じて価格が変動し，償還期日前に債券の売却を考えている投資家にとって市場リスクが生まれることになる。

同様のことは，利息が支払われる利付債でも当てはまる。利付債は，額面で発行され，所有者に対して毎年決まった時期に「クーポン」とよばれる利息が支払われる債券（クーポン債）である。しかし，償還期日前の利付債の価格も市場金利が変動すれば，やはり変動する。たとえば，償還時に支払われるべき額面が D 円で年に1回だけ利息（クーポン）C が支払われる利付債において，償還までの期間が1年であったとする。このとき，満期1年の市場金利が r_t であれば，この利付債の価格を p_t 円とすると，償還時までは利息が支払われないので，p_t は $p_t(1+r_t)=D+C$ という無裁定条件を満たさなければならない。したがって，この利付債の価格と市場金利との間には，

$$p_t = \frac{D+C}{1+r_t} \tag{2}$$

という関係が成立する。

(2)式は，償還までの期間が1年で，償還時点以外には利息が支払われない場合，利付債の価格 p_t 円が $(D+C)$ 円の割引現在価値となることを示している。市場金利 r_t が C/D に等しければ，利付債の価格 p_t 円は利付債発行時の価格である額面 D 円に等しい。しかし，割引債の場合と同様に，この価格 p_t は市場金利 r_t が変化すればそれに応じて変動する。したがって，利付債も，償還時には $(D+C)$ 円が確実に支払われるにもかかわらず，償還期日前に市場金利が予想に反した動きをする限りにおいて，償還期日前に債券の売却を考えている投資家にとって市場リスクが存在することになる。

ここで注目すべき点は，(1)式および(2)式のいずれにおいても，債券の価格 p_t には，市場金利 r_t が上昇すると下落し，r_t が下落すると上昇するという負の相関関係があることである。したがって，一般的な債券に関して，償還期日前に売却を考えている投資家にとって，市場金利の不確実性はその価格の予期せぬ変動をもたらすという意味で市場リスクの原因となっている。

2.3 満期 N 年の割引債と利付債

2.2では，償還までの期間が1年の債券を例として，債券の価格には，市場金利が上昇すると下落し，下落すると上昇するという負の相関関係があること

を明らかにした。一般に，償還までの期間が1年を超える場合，債券の価格の決定メカニズムはやや複雑となる。しかし，市場金利と債券価格の間の負の相関関係は，償還までの期間が1年を超える場合でも一般に成立する。

たとえば，償還までの期間がN年で，額面がD円の信用リスクのない割引債を考えよう。この割引債の価格をp_t円とし，満期N年の長期の市場金利（安全資産の長期金利）が年率で$R_t^{(N)}$であるとする。このとき，元金により生じた利子が次期の元金に組み入れられ，元金だけでなく利子にも次期の利子が付く「複利計算」を行うと，元金p_tはN年後に$p_t(1+R_t^{(N)})^N$となる。したがって，割引債での運用と市場金利での運用の収益率が等しいという無裁定条件から，この割引債の価格は，額面D円の割引現在価値として，

$$p_t = \frac{D}{(1+R_t^{(N)})^N} \tag{3}$$

と表すことができる。

また，償還までの期間がN年で，毎年1回ずつ利息（クーポン）Cが支払われる額面がD円の信用リスクのない利付債を考えてみる。このとき，その価格をp_t円とし，満期k年$(k=1,2,3,\cdots\cdots,N-1,N)$の市場金利（安全資産の長期金利）が年率で$R_t^{(k)}$であるとすると，無裁定条件からこの利付債の価格は，以下のような割引現在価値として求められる。

$$p_t = \frac{C}{1+R_t^{(1)}} + \frac{C}{(1+R_t^{(2)})^2} + \cdots\cdots + \frac{C}{(1+R_t^{(N-1)})^{N-1}} + \frac{D+C}{(1+R_t^{(N)})^N} \tag{4}$$

この利付債では，毎年1回利息Cが支払われるため，割引現在価値でもその部分が考慮されている点が，割引債とは異なっている。

ただ，(3)式と(4)式いずれにおいても，債券の価格p_tには，市場金利$R_t^{(N)}$が上昇すると下落し，下落すると上昇するという負の相関関係がある（加えて，利付債の場合には，$j=1,\cdots\cdots,N-1$に対して，p_tは$R_t^{(j)}$とも負の相関関係がある）。したがって，信用リスクのない長期の債券に関しても，市場金利の予期せぬ変動は債券価格の予期せぬ変動をもたらすという市場リスクがあることになる。

3　金利の期間構造

3.1　純粋期待仮説
前節では，債券価格が，市場金利とどのような関係があるかをみた。本節で

は，償還までの期間がより長期（1年超）になる場合，長期の債券の利回り（長期金利）と短期の市場金利（短期金利）との間にどのような関係があるかを説明する。一般に，長期の債券の利回りが償還までの期間に応じてどのように変化するかの関係は，「金利の期間構造」とよばれる。金利の期間構造を説明する考え方としては，純粋期待仮説，流動性プレミアム仮説，市場分断仮説の3つが代表的である。本節ではまず，「純粋期待仮説」を取り上げ，債券の利回りと短期金利との間の関係を説明する。

純粋期待仮説は，長期金利（利回り）が将来の短期金利の期待値（予測値）に基づいて決定されるという理論である。これは，市場リスクの問題が無視できる（あるいは投資家が危険中立的）ならば，裁定取引の結果，長期の金利で運用しても，短期の金利で運用しても，収益率が同じになるという考え方に基づいている。

たとえば，現在の1年物（満期が1年）の短期金利がr_tで，1年先に1年物の短期金利がr_{t+1}になるとしよう。このとき，1万円を1年ごとに短期金利での運用を2回行うと，$(1+r_t)(1+r_{t+1})$万円となる。一方，2年物（満期が2年）の長期金利が年率$R_t^{(2)}$であるとすると，1万円を長期金利で2年間運用すれば，複利計算によって，$(1+R_t^{(2)})^2$万円となる。したがって，長期金利$R_t^{(2)}$で2年間運用するのと，短期金利r_tとr_{t+1}で2年間運用したときの収益率が等しいという無裁定条件のもとでは，$(1+R_t^{(2)})^2=(1+r_t)(1+r_{t+1})$という関係が成立する。

もっとも，現時点（時点t）において，短期金利r_tと長期金利R_tは決まっているが，1年先の短期金利r_{t+1}は決まっていない。このため，純粋期待仮説では，それをその期待値（予測値）で代替し，$(1+R_t^{(2)})^2=(1+r_t)(1+E_t r_{t+1})$という関係が成立すると考える。ここで，$E_t$は「条件付き期待値」とよばれるもので，$t$期に形成された将来の予想値を表す（すなわち，$E_t r_{t+1}$は$t$期に形成された$r_{t+1}$の予想値である）。

2年物の長期金利で成立する上式のような関係は，無裁定条件を考えると，N年物のようなより長期の金利でも同様に成り立つと考えることができる。すなわち，N年物の長期金利が年率$R_t^{(N)}$であるとすると，純粋期待仮説のもとでは，

$$(1+R_t^{(N)})^N=(1+r_t)(1+E_t r_{t+1})(1+E_t r_{t+2})\cdots\cdots(1+E_t r_{t+N-1}) \tag{5}$$

という関係が成立する。とくに，数学的に x が十分に小さいとき $log(1+x) \approx x$ という近似式が成立することから，近似的に

$$R_t^{(N)} = \frac{r_t + E_t r_{t+1} + E_t r_{t+2} + \cdots\cdots + E_t r_{t+N-1}}{N} \tag{6}$$

という関係が導かれる。この式は，純粋期待仮説のもとでは，N 年物の長期金利 $R_t^{(N)}$ が，現在から N 年後までの短期金利の予想値 $\{r_t, E_t r_{t+1}, E_t r_{t+2}, \cdots\cdots, E_t r_{t+N-1}\}$ の平均として決定されることを示している。

3.2 流動性プレミアムと利回り曲線

　純粋期待仮説では，市場リスクの問題が無視できる（あるいは投資家が危険中立的である）ものとして，長期金利と短期金利の関係を明らかにした。しかし，2.2で明らかにしたように，短期金利が予想と異なる動きをする可能性がある限り，債券価格には市場リスクが存在する。また，満期が長期の債券は，短期の債券と比べて，いつでも現金化して使えるという「流動性」があるわけではない。

　このため，「流動性プレミアム仮説」では，長期金利は市場リスクが大きく，流動性が低い分だけ短期金利よりも高くなると考えて，長期金利 $R_t^{(N)}$ が，以下のように決定されると考える。

$$R_t^{(N)} = \frac{r_t + E_t r_{t+1} + E_t r_{t+2} + \cdots\cdots + E_t r_{t+N-1}}{N} + \rho^{(N)} \tag{7}$$

ここで，$\rho^{(N)}$ は純粋期待仮説で決まる長期金利に上乗せされる流動性リスクの部分で，「流動性プレミアム」とよばれる。

　流動性プレミアム仮説は，長期金利には将来の市場リスクが大きく，短期金利と比べて流動性が小さいため，その対価として金利にプレミアムがつくという考え方に基づいている。なお，他の条件を所与とすれば，市場リスクや流動性リスクは，資金の運用期間が長くなるほど大きくなると考えられる。このため，流動性プレミアム $\rho^{(N)}$ は，N が大きくなるにつれて大きくなるという関係がある。

　「金利の期間構造」は，異なる期間ごとに成立している利回りを縦軸に，期間を横軸にとり，それらの関係を表した「利回り曲線」（イールド・カーブ）によって図示される。図4-1は，純粋期待仮説および流動性プレミアム仮説それぞれに基づく利回り曲線を，①短期金利が現在から将来にかけて一定と予想

図4-1 利回り曲線(イールド・カーブ)

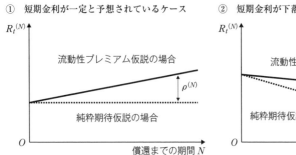

① 短期金利が一定と予想されているケース

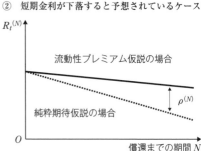

② 短期金利が下落すると予想されているケース

されているケース($r_t = E_t r_{t+1} = E_t r_{t+2} = \cdots\cdots = E_t r_{t+N-1}$),および②短期金利が現在から将来にかけて徐々に下落すると予想されているケース($r_t > E_t r_{t+1} > E_t r_{t+2} > \cdots\cdots > E_t r_{t+N-1}$)に関して,図示したものである。

　まず,短期金利が一定と予想されているケースでは,(6)式において $R_t^{(N)}$ が償還までの期間 N の長さにかかわらず一定となる。このため,純粋期待仮説では,利回り曲線は水平となる。しかし,流動性プレミアム $\rho^{(N)}$ が存在する場合,(7)式で示されるように $R_t^{(N)}$ は $\rho^{(N)}$ の分だけ純粋期待仮説のそれを上回る。したがって,$\rho^{(N)}$ が N が大きくなるにつれて大きくなる限り,流動性プレミアム仮説では利回り曲線は右上がりの曲線となる。

　一方,短期金利が徐々に下落すると予想されているケースでは,(6)式における $R_t^{(N)}$ は,償還までの期間 N が大きくなるにつれて下落することがわかる。このため,純粋期待仮説では,利回り曲線は右下がりの曲線となる。流動性プレミアムが存在する場合,$R_t^{(N)}$ は流動性プレミアム分だけ,純粋期待仮説のそれを上回るため,流動性プレミアム仮説では,利回り曲線の下落はより緩やかなものとなる。しかし,図のように短期金利の予想下落幅が流動性プレミアムを上回る限りにおいて,流動性プレミアム仮説でも利回り曲線は右下がりの曲線となる。

　なお,金利の期間構造に関する考え方には,純粋期待仮説と流動性プレミアム仮説以外に,市場分断仮説が伝統的には考えられてきた。これは,短期と長期の金融市場は分断された市場であり,短期金利と長期金利は,各期間の金利に対する資金需給により独立に決定されるという仮説である。この仮説のもとでは,純粋期待仮説で考えたような,短期市場と長期市場の間の裁定取引は行

われない。市場分断仮説は，裁定取引を行うために発生する手数料が高いなどの理由で，金融市場に十分な流動性がない（すなわち，取引量が少ない）場合に当てはまる。

4 株 式 市 場

4.1 株 式 投 資

以下では，長期の金融市場のもう1つの代表例として株式市場を取り上げ，その価格である株価がどのように決定されるかを考察する。新株の発行は，社債発行や銀行借り入れとともに，企業にとって重要な資金調達手段である。しかし，投資対象としての株式は，債券とはいくつかの点で大きく異なる。

まず，債券は企業にとっての負債であり，その償還期日があらかじめ決められているのに対して，株式は企業に対する出資であり，企業が存続する限り，償還されることはない。その一方，債券では，元本と利子が契約どおりに支払われる限り，資金の提供者が借り手企業の経営に口出しすることはできないが，株式を購入した株主は，その持分権に応じて株主総会で経営に関する議決権を行使することができる。

また，債券では，借り手企業の業績が極端に悪化しない限り，償還時に額面とあらかじめ決められた利子が支払われるのに対して，株式は出資先企業の業績に応じて株価や毎期支払われる配当の額が変動する。したがって，投資先の利益が大きければ大きいほど，株式投資による収益率は高くなるが，逆に利益がマイナスになれば配当も支払われないことになる。さらに，借り手企業の業績が極端に悪化した場合，債券の元本や利子の支払いが優先され，株主への支払いは他の債務に劣後する。このため，収益率の不確実性（リスク）という点では，株式は同じく危険資産の債券に比べてもかなり大きくなる。

投資家は，株式を購入することによって，「インカム・ゲイン」とよばれる配当の受け取りに加えて，「キャピタル・ゲイン」とよばれる株の値上がり益（値下がりの場合，「キャピタル・ロス」）によって，収益を得ることができる。具体的には，t 期初めの株価を p_t，t 期中に支払われる（1株当たりの）配当を d_t と書き表すと，t 期から $t+1$ 期にかけて株を保有することによる収益は，キャピタル・ゲイン $(p_{t+1}-p_t)$ とインカム・ゲイン d_t であり，それぞれを期首の株価 p_t で割った値の合計がその収益率となる。

4.2 株価の決定理論

　以下では，株価 p_t がどのように決まるかを考える。株式は，収益率の不確実性が高い危険資産であるため，他の危険資産と同様，安全資産と比べて平均的な収益率がリスク・プレミアムの分だけ高くないと保有されない。このため，安全資産の利子率を r，リスク・プレミアムを $\rho(>0)$ とすると，株式の期待収益率は $r+\rho$ に等しいという無裁定条件が成立すると考えられる。株式の収益がキャピタル・ゲインとインカム・ゲインの和で表せることに注意すると，このような株と安全資産の間の無裁定条件式は，

$$\frac{E_t p_{t+1} - p_t}{p_t} + \frac{E_t d_t}{p_t} = r + \rho \tag{8}$$

と書き表すことができる。ここで，E_t は t 期に形成された将来の予想値を表す条件付き期待値である。上式において期待値（予想値）を用いているのは，将来の配当や株価が現時点で不確実であるからである。

　この式を変形すると，

$$p_t = \frac{1}{1+r+\rho}(E_t d_t + E_t p_{t+1}) \tag{9}$$

となる。この式は，現在の株価が，今期末の配当と来期の株価の予想値の割引現在価値となっていることを示している。ただし，(9)式で割引率に用いられるのは，安全資産の利子率ではなく，それにリスク・プレミアムを加えた $r+\rho$ であることには注意が必要である。このことは，危険資産の場合，将来の期待収益はそのリスクに応じて追加的に割り引く必要があることを示している。

　議論の簡単化のため，以下では，安全資産の利子率 r やリスク・プレミアム ρ は，時間を通じて一定とする。このとき，(9)式と同様の関係は，すべての t について成立するので，$p_{t+1} = \frac{1}{1+r+\rho}(E_{t+1} d_{t+1} + E_{t+1} p_{t+2})$ である。これを(9)式に代入すると，数学的に $E_t E_{t+1} p_{t+2} = E_t p_{t+2}$ が成立することから，

$$p_t = \frac{1}{1+r+\rho} E_t d_t + \left(\frac{1}{1+r+\rho}\right)^2 (E_t d_{t+1} + E_t p_{t+2}) \tag{10}$$

となる。したがって，同様の代入を繰り返すと，以下の式が導かれる。

$$p_t = \sum_{i=0}^{N} \left(\frac{1}{1+r+\rho}\right)^{i+1} E_t d_{t+i} + \left(\frac{1}{1+r+\rho}\right)^{N+1} E_t p_{t+N+1} \tag{11}$$

ここで，株価が将来にわたって無限に上昇し続けることはない，すなわち，

$p_{t+N+1} < +\infty$ であるとすると，いわゆる「非ポンジ・ゲームの条件」：

$$\lim_{N \to \infty}\left(\frac{1}{1+r+\rho}\right)^{N+1} E_t p_{t+N+1} = 0 \tag{12}$$

が成立する。したがって，N が無限大($+\infty$)のとき，(11)式と(12)式から，以下の株価決定式が導かれる。

$$p_t = \sum_{i=0}^{\infty}\left(\frac{1}{1+r+\rho}\right)^{i+1} E_t d_{t+i} \tag{13}$$

この式は，株価が現在から将来にかけての配当の予想値の割引現在価値として決定されることを示している。株価は，配当の予想支払額が大きくなればなるほど高くなる反面，安全資産の利子率 r やリスク・プレミアム ρ が大きければ大きいほど低くなる。

ここで，配当は企業の利益から株主に支払われるものなので，(13)式は，株価が現在から将来にかけて予想される企業利益の割引現在価値として決定されると解釈することも可能である。すなわち，上式は，株価が株式を発行する企業が現在から将来にかけてどれくらいの利益を生み出すかに関する市場の評価を反映したものであることを示している。このため，上式で決定される株価は「株価のファンダメンタル・バリュー」とよばれている。

5　バ ブ ル

5.1　ファンダメンタル・バリューからの乖離

株価が(13)式のようにファンダメンタル・バリューで決定されている場合，配当の予想値が変化すれば，それによって株価は変化し，その結果，その収益率は変動する。この意味で，株式は危険資産である。しかし，実際の株価はしばしばファンダメンタル・バリューと考えられる値から大きく乖離して乱高下することがあり，それが危険資産としての株式のリスクを劇的に高めている。

たとえば，日本経済では，図4-2のように，1980年代後半から90年初頭にかけて「バブル」とよばれた株価の急騰があった。当時，多くの投資家は将来の株価に過度に楽観的となり，株式市場は未曾有の活況を呈した。しかし，その後，楽観論は一転して悲観論へと転じ，バブルは1990年代初頭に崩壊し，それによる株価の下落は実体経済に大きなダメージを与えた。そして，日本経済はその後「失われた20年」とよばれる長期低迷を経験することとなった。

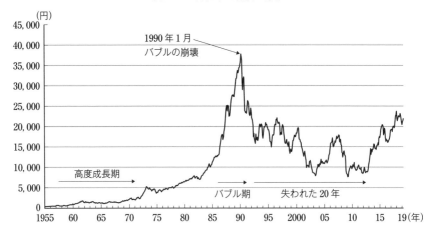

図4-2 日経平均株価の推移

株価がなぜファンダメンタル・バリューから乖離して乱高下するのかは，いまだ理論的に十分解明が進んでいるとはいえない。しかし，株の取引が投資家の心理状態や思惑に影響を受けて行われていることも，その1つの原因と考えられている。

5.2 合理的バブルの理論

以下では，株価がそのファンダメンタル・バリューから乖離して上昇を続ける理論として，「合理的バブルの理論」を紹介する。合理的バブルの理論では，将来の値上がり期待が株価の上昇の源泉となる。このことをみるため，いま，(13)式で決定される株価を p_t^* と定義する。このとき，$p_t = p_t^*$ は(9)式を満たし，$p_t^* = \dfrac{1}{1+r+\rho}(E_t d_t + E_t p_{t+1}^*)$ となることは容易に確認できる。

しかしながら，$p_t^* + A(1+r+\rho)^t = \dfrac{1}{1+r+\rho}[E_t d_t + E_t\{p_{t+1}^* + A(1+r+\rho)^{t+1}\}]$ も同時に成立することから，より一般的には，

$$p_t = p_t^* + A(1+r+\rho)^t \quad (\text{ただし，} A \text{ は非負の定数}) \tag{14}$$

が(9)式を満たす株価であることを示すことができる。

(14)式の右辺の第2項 $A(1+r+\rho)^t$ は，バブル項とよばれる。定数 A がゼロでない限り，この項が，株価が時間とともに上昇し続ける源泉となる。これは，たとえ配当から得られるインカム・ゲインが小さくても，株価が上昇する

図 4-3 バブルと株価

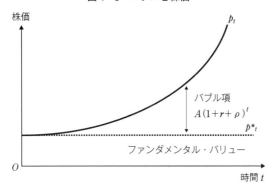

ことによるキャピタル・ゲインが大きければ，株を保有することによる収益率も高くなるからである。もっとも，このようなキャピタル・ゲインによって株価の水準が維持されるには，株価がそのファンダメンタル・バリューから乖離して上昇し続けなければならない。

図4-3は，株価のファンダメンタル・バリュー p_t^* が時間を通じて一定の場合に，(14)式で表される株価 p_t が，時間とともにどのように変化するかを図示したものである。実線で表される株価と破線で表されるファンダメンタル・バリューの差が，バブル項を反映したものである。時間 t の値が小さいとき，バブル項も小さく，その結果，株価のファンダメンタル・バリューからの乖離も小さい。しかし，時間が経つにつれてその差は幾何級数的に拡大している。

バブル項が存在する場合，株価が将来にわたって無限に上昇し続けるため，非ポンジ・ゲームの条件(12)式は満たされない。このため，(11)式を使って(13)式のようなファンダメンタル・バリューを株価決定式として導くことはできない。ただし，バブル項を含む(14)式は，無裁定条件式(8)式や(9)式は満たす。このため，以上のようなバブル項の存在は，人々のある種の「合理性」を満たす。

もっとも，(12)式のような非ポンジ・ゲームの条件が実際に満たされない状況はきわめて特殊である。現実には，株価は無限に上昇を続けることはできず，バブルはいつか崩壊する。したがって，バブル項が存在するような状況は，投資家が将来の株価に過度に楽観的となった際の一時的な現象として発生するものと捉えるのが妥当である。

6 投機と資産価格のボラティリティー

「投機」とは，短期的な将来の予測に基づいて物品や金融商品などを売買して，価格差から利益を得ようとする取引のことである。投機では，安く買い高値で転売，もしくは高く売っておいて安値で買い戻すことができれば利益が得られる。投機の望ましい役割として，フリードマン（M. Friedman）は「投機こそが市場を安定化する」と主張した。

たとえば，ある投資家にとって，株が将来値上がりすると予想した場合，値上がり前に買っておくことが合理的である。そして，その予想が正しく，実際に価格が値上がりしたときに株を売却すれば，その投資家は利益が得られる。このような投機は，この投資家に利益をもたらすだけではなく，価格変動を和らげるという社会的にも望ましい効果をもっている。なぜなら，図4-4で示されているように，それは値段が低いときに買って需要を増やして価格を適切な水準に引き上げる効果がある一方，値上がりしたときには売って供給を増やすので価格を適切な水準に引き下げる効果があるからである。

もちろん，すべての投資家が，正確に将来の株の動きを予想して投機を行えるわけではない。仮に投資家の判断が間違って，値上がりすると思って株を購入したところ，逆に値下がりしてしまった場合，この投機は，価格変動を和らげるどころか，むしろ価格変動を増幅させることになる。しかし，そのような投資家は，大きな損失を被り，やがては市場から退出させられるというペナルティーが科される。このため，フリードマンは，価格変動を増幅させるような悪い投機は長期的にはなくなり，良い投機による市場安定化が支配的となると主張した。

金融商品などの価格の振れ幅（変動率）は，ボラティリティー（volatility）とよばれる。金融取引が自由化され，投機が活発に行われるようになると，多くの資産市場でボラティリティーが高まるという傾向が，各国で顕著に観察されている。このため，今日では，投機が市場を安定化するというフリードマンの主張には，疑念を抱く学者も少なくない。

もちろん，ボラティリティーが高まること自体は，市場の非効率性を必ずしも意味しない。たとえば，世の中では，予想されないニュースが絶え間なく発生している。効率的市場仮説のもとでは，そのような情報は瞬時に価格に反映

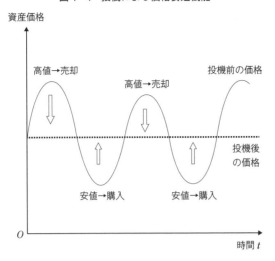

図 4-4 投機による価格安定機能

されるため，予想されないニュースが多くなれば，それだけボラティリティーも高まる。この場合，価格の変動は，これまでの誤った情報に基づく価格を修正するという意味で，経済をより効率的な方向へ導いていることになる。

　投機によって，ボラティリティーは高まるのか，低まるのか。それによって，市場はより効率的になるのか，逆に非効率的になるのか。さらに，仮に投機が価格のボラティリティーを必要以上に高め，非効率性を生み出しているとして，投機をどのような形で規制するのが望ましいのか。さまざまな提案はなされているが，誰もが納得する明確な答えはまだ導かれていないのが現状である。

7　デリバティブ（金融派生商品）

7.1　デリバティブとは？

　これまでの節では，債券や株式など，それ自体に金銭的価値の裏付けがある「原資産」とよばれる金融資産の価格決定メカニズムを考察してきた。しかし，近年では，原資産のもつ特性を条件にして，新たに作成された資産や契約である「デリバティブ」（金融派生商品）が活発に取引されるようになっている。デリバティブは，そのペイオフ（利得）が，原資産の価格の変動など，原資産の特性の変化に依存して決まるところに特徴がある。原資産には，株式や債券な

ど旧来の証券に加えて，金利や為替レートなどの金融変数，原油・農産物・貴金属なその実物資産などが使われる。

　原資産となる金融資産や実物資産の価格は，その発行元の収益性やリスクに加えて，金融商品としての流動性やその時々のマクロ経済環境に影響を受けてしばしば大きく変動する。デリバティブは，そうした金融商品の価格変動リスクを回避する機能（リスクヘッジ機能）をもっている。今日，金融市場の取引で生じる損失を回避するために，高度な金融技術を使ったさまざまなデリバティブが開発され，その取引量が拡大している。デリバティブ取引の増加によって，金融市場全体の取引量も拡大し，その流動性は大幅に高まっているといえる。

　デリバティブの取引には，将来の相場の変動を予測して行う先物取引，変動金利と固定金利を交換する金利スワップ取引，異なる通貨建ての債務を交換する通貨スワップ取引，オプション取引などさまざまなものがある。場合によっては，ペイオフが株価や債券価格に依存するワラント債や転換社債の取引を含むこともある。このようなデリバティブの価格（理論価格）は，デリバティブと原資産を組み合わせてリスクのないポートフォリオを作ることができれば，効率な市場ではリスクを負うことなく利益をあげることはできないという条件（無裁定条件）を用いることで導くことができる。

7.2　先物価格

　「先物取引」とは，将来のあらかじめ定められた期日に，特定の商品（原資産）を，現時点で取り決めた価格で売買することを契約する取引で，デリバティブの代表的なものの1つである。その最大の特徴は，現時点において先物取引の契約が行われる一方で，その決済（金銭の支払いと商品の受け渡し）は将来時点で実行されることである。これは，各時点で契約と決済が同時に行われる「現物取引」とは対照的なものである。現物取引を将来行おうとする場合，将来時点の価格は現時点では不確実である。これに対して，先物取引では，現時点で契約を交わすことによって将来時点の価格を確定させ，そのような価格変動のリスクを取り除くことができる。

　先物取引の理論価格は，現物取引で成立する価格（現物価格）から考えた場合に理論上妥当と考えられる先物取引の価格から導かれる。そのような理論価格は，先物取引と原資産の現物取引を組み合わせたリスクのない裁定取引を考

えることで，無裁定条件から求めることができる。以下では，そのような先物取引の理論価格を，株式先物を例に考えてみることにする。

株式先物は，株式を，将来の一定の期日に，現時点で取り決めた条件で取引をすることを契約するものである。株式先物の理論価格は，原資産である株式を現物取引して（すなわち，現時点で買って決済を行って）期日まで保有した場合と，現時点において先物取引で買って期日に決済を行った場合では，期日までのリターンとリスクが全く同じという性質を使って求められる。

2つの取引を比較すると，先物取引で買った場合，期日まで支払いを行わないため，株式を現物取引で買うための資金を期日まで金利で運用できる一方，期日まで株式を保有しないため，配当は受け取ることはできない。このため，株式先物の理論価格は，株式の現物価格より期日までの金利分だけ高く，配当分だけ低くなることになる。すなわち，期日までの金利および配当額が既知とすると，株式先物の理論価格＝株式の現物価格＋期日までの金利収入－期日までの配当額，となる。

いま株式の現物価格を S，金利を r，期日までの年数を τ，期日までの配当額を D とすると，この株式先物の理論価格 F は，金利の複利計算を行うと $F=S(1+r)^{\tau}-D$ となる。ただ，r が十分に小さいとき，$r=0$ 周りのテイラー展開から，近似的に $(1+r)^{\tau}=1+r\tau$ が成立する。また，期日までの日数を T とすると，$\tau=T\div365$ である。このため，先物理論価格 F は，

$$F = S\times(1+r\times T\div365)-D \tag{15}$$

と書き表されることが多い。

8 オプション

8.1 オプションとは？

「オプション」とは，ある特定の商品（原資産）を，将来のある一定時点（「消滅日」）またはそれ以前に，あらかじめ定められた価格（「行使価格」）で，買う権利あるいは売る権利をいう。特定の原資産について，消滅日またはそれ以前に，あらかじめ決められた数量を行使価格で買う権利は「コール」(call)，またあらかじめ決められた数量を行使価格で売る権利は「プット」(put) とよばれる。コール・オプションやプット・オプションは，代表的なデリバティブ

図4-5 オプションの権利行使時のペイオフ

① コール・オプション

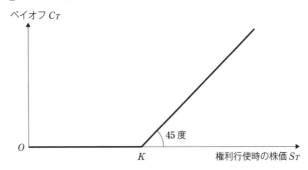

② プット・オプション

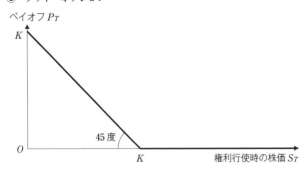

の1つである。

　図4-5は，株式を原資産としたオプションの権利を行使した際のペイオフ（利得）を，行使価格を K として，買う権利（コール）と売る権利（プット）それぞれについて表したものである。いずれの図でも，横軸が権利行使時の株価 S_T，縦軸がそれに対応するオプションのペイオフを示している。買う権利（コール）は，権利行使時の株価 S_T が行使価格 K より高いときのみ行使される。したがって，コールでは，オプションのペイオフは，$C_T = \max(S_T - K, 0)$ となる。一方，売る権利（プット）は，権利行使時の株価 S_T が行使価格 K より低いときのみ行使される。したがって，プットでは，オプションのペイオフは，$P_T = \max(K - S_T, 0)$ となる。

　オプション取引は，買う権利（コール）や売る権利（プット）を売買する取引となる。オプション取引のうち，消滅日にしか権利を行使できないものはヨ

ーロピアン，それ以前のいつでも権利を行使できるものはアメリカンとよばれている。以下では，ヨーロピアン・オプションを念頭に置いて，その価格がいかに決定されるかを，コール・オプションを例として理論的に説明する。

コールやプットというオプションの価格は，買う権利や売る権利によって発生するプレミアムを反映したものでなければならないので，その値を厳密に求めることは一見難しそうである。しかし，その価格は，原資産の組み合わせによって成立する無裁定条件から理論的に求めることができる。

8.2 コール・オプションの理論価格

オプションの理論価格を一般的に算出する際には，原資産の価格がブラウン運動という確率過程に従うもとで成立する裁定取引の条件から導出される「ブラック = ショールズ（Black - Scholes）方程式」が使われることが多い。しかし，オプションの場合は原資産価格の変動に応じて価格を変える必要があるため，ブラック = ショールズ方程式は数学的に難解なものとなる。そこで，以下では，原資産を株式とし，1期間の価格（株価）の変化が「一定の値だけ上がる」か「一定の値だけ下がる」だけの簡単な確率過程（2項分布）に従う場合に，無裁定条件からコール・オプションの理論価格がどのように決まるか（「2項モデル」とよばれる評価方法）を説明する。

原資産の価格（株価）の変化が2項分布に従うとき，コール・オプションの価値は，株価が上昇するか下落するかによって，上がったり下がったりすることになる。しかし，その際の価値が正確にどれくらいの値をとるのかは簡単にはわからない。そこで，コール・オプションなどデリバティブの価格は，原資産の価格の組み合わせとの間に成立する無裁定条件から理論的に求めることが必要となる。

以下ではまず，株価が上昇したときも下落したときも，コール・オプションと同じペイオフを実現する株式と借り入れの組み合わせ（ポートフォリオ）が存在することを明らかにする。そのうえで，そのときのオプション価格はこの組み合わせを構築するのに要したコストに等しくなるという無裁定条件を使って，コール・オプションの理論価格を導出する。

簡単化のため，期間は期首と期末の2期間であるとし，投資家は期首にオプションを購入し，期末に株価に応じて権利を行使するかどうかを決定するものとする。また，2項分布のもとで期首に S であった株価は，期末には uS に上

昇するか dS に下落するかどちらかであるものとする。このとき，行使価格 K が $dS<K<uS$ であるとすると，買う権利（コール）は株価が上昇したときにのみ行使される。このため，この株式を原資産とするコール・オプションの期末のペイオフは，株価が上昇した場合に C_u（$=uS-K$），下落した場合に C_d（$=0$）となる。

　しかし，コール・オプションと同じ期末のペイオフは，株式を x 単位だけ買い，y だけ借り入れを行うことで実現することができる。すなわち，借入金利を r とすれば，株式（x 単位の買い）と借り入れ（y）の組み合わせは，x と y が次の2つの式を満たすとき，コール・オプションと期末のペイオフが常に同じとなる。

$$xuS-(1+r)y = C_u, \quad xdS-(1+r)y = C_d \tag{16}$$

　この連立方程式を解くと，x と y が，$x = \dfrac{C_u-C_d}{(u-d)S} = \dfrac{uS-K}{(u-d)S}$ および $y = \dfrac{dC_u-uC_d}{(u-d)(1+r)} = \dfrac{d(uS-K)}{(u-d)(1+r)}$ として求められる。

　この値から，期首にこの組み合わせを作るのに要するコスト $xS-y$ の値を求めることができる。したがって，無裁定条件ではその値がコール・オプションの価格と等しくなることから，コール・オプションの理論価格 C は，次のようになる。

$$
\begin{aligned}
C &= xS-y \\
&= \frac{(uS-K)(1+r-d)}{(u-d)(1+r)} \\
&= \{pC_u+(1-p)C_d\}/(1+r)
\end{aligned}
\tag{17}
$$

ただし，$p = \dfrac{1+r-d}{u-d}$。

　このコール・オプションの理論価格 C は，株価が上昇した場合の上昇率 u や借入金利 r が大きければ大きいほど，また行使価格 K が小さければ小さいほど，高くなることを確認できる。また，C は，$0<p<1$ であることから，株価が上昇した場合の期末のペイオフ C_u と下落した場合の期末のペイオフ C_d の加重平均の割引現在価値となっている。

　以上が株価の変化が2項分布に従うときのコール・オプションの理論価格であるが，同様の方法で，プット・オプションの理論価格も求めることが可能である。このように，オプションなどさまざまなデリバティブの理論価格は，原

資産の組み合わせとの間に成立する無裁定条件から理論的に求めることができる。

■ 関連文献の紹介 ■

植田和男『大学4年間の金融学が10時間でざっと学べる』KADOKAWA，2017年
　　⇒第2部が，効率的市場仮説，債券利回りの決定，株価決定の基礎理論などを手短に解説している。

齊藤誠『金融技術の考え方・使い方——リスクと流動性の経済分析』有斐閣，2000年
　　⇒第1章で効率的市場仮説について，第2章で債券価格の決定メカニズムに関して論じている。

D. G. ルーエンバーガー（今野浩・鈴木賢一・枇々木規雄訳）『金融工学入門（第2版）』日本経済新聞出版社，2015年
　　⇒金融工学について初歩から先端まで体系的に学ぶことができる海外の代表的テキスト。

若杉敬明『【新版】入門ファイナンス』中央経済社，2011年
　　⇒第7章で効率的市場仮説，第8章で割引現在価値の意味を説明している。

第5章
資金貸借市場

Summary

　新古典派理論が想定する理想的な資金貸借市場では，利子率が需要と供給を一致させるように調整されることで望ましい貸出額が実現する。しかし，現実の世界では，貸し手と借り手の間で情報の非対称性や契約の不完備性などさまざまな不完全性が存在する。本章では，情報の非対称性や不完備契約が存在する場合，利子率が自由に決定される資金貸借市場においても，信用割当が発生することを説明する。

1 企業の設備資金

1.1 運転資金と設備資金

　第2章から第4章にかけて，われわれは，黒字主体（最終的な貸し手）である家計あるいは投資家が，どのような方法でどれだけ資金を金融市場で運用するかを検討した。本章に始まる2つの章では，赤字主体（最終的な借り手）である企業が，どのように資金を金融市場から調達するかを説明する。赤字主体の企業は，大きく分けて2つのタイプの資金を外部から調達する必要がある。1つが，「運転資金」とよばれる借入期間が短期（満期が1年未満）の資金であり，もう1つが「設備資金」とよばれる借入期間が中長期（満期が1年以上）に及ぶ資金である。

　運転資金は，商品仕入れや賃金・経費の支払いなど，企業が日々活動をしていくうえで必要な資金で，借り手企業が決済をスムーズに行うためには欠くべからざるものである。通常，手持ち資金でまかなえない運転資金は，割引手形（支払期日前の受取手形を銀行に買い取ってもらうこと），手形貸付（手形を銀行に差し入れた借り入れ），当座貸越（契約した金額までは預金残高が不足しても支払いに応じてくれる預金）などを通じて銀行から調達される。また，信用力を有する大企業では，オープン市場でコマーシャル・ペーパー（CP）とよばれる無担保の割引約束手形を発行することでも，運転資金は調達される。これら運転資金が円滑に調達されることは金融システムの安定には重要であり，第9章で短期の金融市場を取り扱う際に関連した問題を改めて議論する。

　一方，設備資金は，設備投資をまかなう資金であり，内部資金（自己資金）に加えて，金銭消費貸借契約書に基づく銀行貸し出し（証書貸付）や社債発行，それに新株発行などを通じて調達される。企業が生産活動を行うには，労働とともに，機械・設備，土地・建物，運搬器具といった有形固定資産やソフトウェアのような無形固定資産を「資本ストック」として保有することが不可欠である。これら資本ストックを購入したり，建設したりする活動が民間企業の設備投資で，設備資金はそれをまかなう資金である。以下では，設備資金にフォーカスを当てて企業の中長期的な資金需要の問題を考察する。

1.2 資本の限界生産性と使用者費用

　企業にとって，設備資金を増やすことにはプラスの面とマイナスの面がある。まず，プラス面は，資本ストックが多いほど，生産量も増加することである。したがって，生産物の売れ残りがなければ，資本ストックが多いほど収入も増加する。たとえば，他の生産要素の投入量を一定とした場合，t 期の企業の生産量 Y_t と t 期の資本ストック K_t との間には，

$$Y_t = AF(K_t) \tag{1}$$

という関係が成立する。ただし，$F'(K_t) > 0$ および $F''(K_t) < 0$。

　(1)式において，$F'(K_t) > 0$ は，資本ストックが多いほど生産量は拡大することを意味する。ただし，$F''(K_t) < 0$ であることから，「資本の限界生産性」（すなわち，資本ストックを追加的に 1 単位増加させた場合の生産量の増分）は，資本ストックの増加に伴い逓減する。これは，他の生産要素を一定としたまま，資本のみを増加させ続ければ，その生産効率は徐々に低下すると考えられるためである。このため，設備資金の増加がもたらすプラスの効果は，設備資金の増加とともに逓減する。

　図5-1は，このような生産関数を図示したものである。各資本ストックに対するグラフの傾き MPK_1 や MPK_2 が，資本ストック K_1 と K_2 にそれぞれ対応する「資本の限界生産性」である。図では，グラフの傾きが資本ストックが K_1 から K_2 へ増えるに従って緩やかになっており，資本ストックが増えるに従って資本の限界生産性が逓減し（すなわち，$MPK_1 > MPK_2$），収入の増分も小さくなっていくことを示している。

　一方，設備資金の増加のマイナス面は，それに伴って資本の使用者費用（資本ストック 1 単位を一定期間使用する際の費用）が増加することである。資本ストックの価格が変化しない場合，資本の使用者費用は，資本減耗率と利子率の2つから発生する。資本減耗率は，機械設備などの資本ストックを使用し続けると磨耗・陳腐化（価値が低下）していくことで発生する費用である。いま資本減耗率を δ（$0 < \delta < 1$）とすると，t 期首の資本ストック K_t は，使用後の t 期末には $(1-\delta)K_t$ へと減価する。その減価率 δ が資本ストック 1 単位当たりの費用となる。一方，利子率 r は，設備資金を外部から調達する際に明示的に発生する。一般には，利子率は，資金をどのような形で調達するかに影響を受ける可能性がある。ただ，当面は，企業は銀行借り入れによって調達した資金で

図5-1　資本ストックと生産量との関係

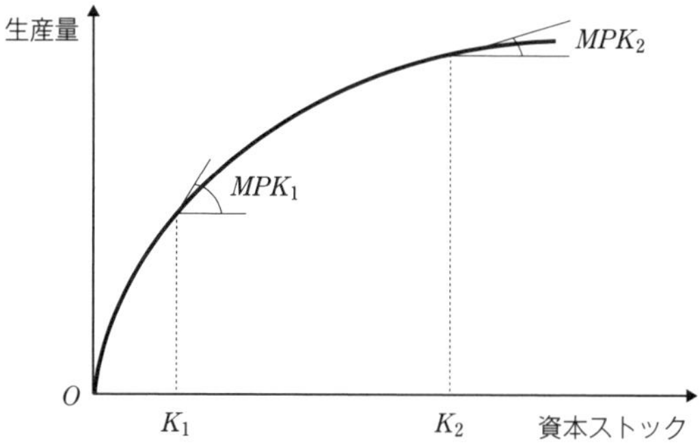

生産量

MPK_2

MPK_1

O　　K_1　　　　K_2　　資本ストック

資本ストックを購入したとし，その場合に貸し手に支払わなければならない利子率（借入利子率）を費用と考えて議論を進めることにする。

2　設備資金の需要

2.1　最適な設備投資

　以下では，生産物の価格を1とし，資本ストックの価格も時間を通じて一定の P_I であるとする。また，議論を簡単にするため，資本減耗率 $\delta=1$，すなわち，資本ストックは1期間のみ使用可能で，その後は価値がなくなるものとする。

　t 期の設備資金の借入額は，t 期の資本ストックの価値 $P_I K_t$ となる。したがって，生産物の売れ残りはないものとすると，企業が t 期に生産活動を行ったときの利潤 Π_t^F は，t 期末の生産量 $AF(K_t)$ から t 期末の返済額を引いたものとして，

$$\Pi_t^F = AF(K_t) - (1+r)P_I K_t \tag{2}$$

と書き表すことができる。ここで，r は借入利子率を表す。(2)式の右辺の第2項 $(1+r)P_I K_t$ は，t 期の設備資金を銀行借り入れによって調達したときの t 期末における元本と利子の支払いを表している。

　新古典派の投資理論では，企業にとって望ましい設備投資は，利潤を最大にする資本ストックの水準を実現する設備投資である。したがって，Π_t^F を最大にするような K_t を達成することが望ましい設備投資となる。このような設備

投資は，$\dfrac{\mathrm{d}\Pi_t^F}{\mathrm{d}K_t}=0$ から，

$$AF'(K_t) = (1+r)P_I \tag{3}$$

を満たす K_t によって実現される。すなわち，「資本の限界生産性 $AF'(K_t)=$（資本減耗率（$\delta=1$）＋利子率（r））× 資本ストックの価格（P_I）」であるときに設備投資は最適となり，その資金を調達するための銀行借り入れも(3)式を実現するように行われることになる。

　企業が，1単位だけ資本を増やす場合，資本の限界生産性に等しいだけの追加的収入を得ることができる一方で，利子率を資本コストとして負担しなければならない。仮に資本の限界生産性が資本の使用者費用 $(1+r)P_I$ を上回っていれば，企業はその追加的な資本ストックの増加によって，利益を増やすことができる。逆に，仮に資本の限界生産性が資本の使用者費用 $(1+r)P_I$ を下回っていれば，企業はその追加的な資本ストックを減らすことによって，利益を増やすことができる。したがって，資本の限界生産性＝資本の使用者費用となる資本ストックが企業の利潤を最大化するものであり，この条件が望ましい設備投資の水準を決定し，それによって設備資金の需要も決まることになる。

2.2　利子率と設備資金の関係

　最適な設備投資の水準が(3)式で決定される場合，$F''(K_t)<0$ であることから，企業の設備資金に対する需要は利子率が上昇すると減少する（あるいは，利子率が下落すると増加する）という性質がある。これは，利子率の上昇（下落）が借り手企業にとって資本の使用者費用の増加（減少）を意味するからである。

　このような利子率と設備資金に対する需要の関係を図で示すと，図5-2のようになる。図では，設備資金に対応する資本の限界生産性を表す$AF'(K)$曲線と，資本の使用者費用を表す$1+r_0$線の交点 A に対応する設備資金 K_0 が，利子率 r_0 のときの企業の設備資金の需要に対応する。

　利子率の上昇は$1+r_0$線を $1+r_1$ 線へ上方へ平行移動させるため，交点は A から B へと移動し，それに伴って，設備資金に対する需要は K_1 へと減少する。逆に，利子率の下落は $1+r_0$ 線を $1+r_2$ 線へ下方にシフトさせ，その結果，設備資金に対する需要は K_2 へと増加する。したがって，設備資金に対する需要は利子率の減少関数となる。

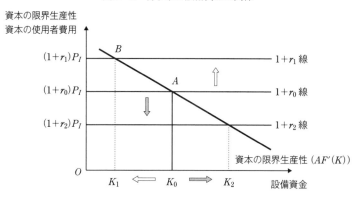

図5-2　利子率と設備資金の関係

3　生産の不確実性と有限責任

3.1　無限責任と有限責任

　前節では，企業の生産活動に不確実性が存在せず，t期末の生産量は常に$AF(K_t)$となるものとして議論を進めた。しかし，現実の経済では，生産活動は必ずしも順調に進むとは限らず，場合によっては失敗する可能性もある。たとえば，(1)式で表される生産関数のパラメータAが確率pでプラスの値Aをとる一方，確率$1-p$でゼロとなるものとしよう。このとき，資本ストックK_tの購入がすべて外部からの借り入れによってまかなわれているとすると，この企業は確率pで$AF(K_t)-(1+r)P_IK_t$の利潤をあげることができる一方，確率$1-p$で$(1+r)P_IK_t$の返済義務のみを負うことになる。

　仮にこの企業が，他に十分な資産を保有していれば，確率$1-p$で発生した債務はそれを売却して返済しなければならない。しかし，仮に他に何らの資産もなく，かつ資本減耗率が1で，期末には資本ストックも残らないとすると，企業は$(1+r)P_IK_t$の返済ができなくなる。このような場合でも，個人経営の会社などでは，その社員が個人的財産を投じてその債務の弁済をしなければならない（無限責任の）会社も存在する。合名会社といった形態をとる会社がそれに相当する。

　しかし，今日，主要な企業の多くは，会社の資産の範囲内においてのみ会社の債権者に対して責任を負えばよいことになっている。これは「有限責任」と

よばれ，有限責任のもとでは，出資者は会社の債務（借金など）に対して出資額を限度とする責任のみを負うことになる。出資者である株主に対して株式を発行することで設立される「株式会社」や2006年の会社法施行で設立可能となった「合同会社」といった会社が，このような有限責任の会社に相当する（たとえば，株式会社では，株主は，債権者に直接責任を負うわけではなく，出資した会社に出資額だけの責任を負うことになる）。

以下では，とくに断りのない限り，企業は有限責任であり，もし会社が利子や元本を約定どおり支払わず，デフォルト（債務不履行）となった場合でも，会社の資産の範囲内においてのみ会社の債権者に対して責任を負えばよく，出資者も出資金額は失うがそれ以上の負担を求められることはないものとして議論を進めることにする。

3.2 有限責任の意義

有限責任が適用される理由としては，経営が破綻すると会社組織が機能しなくなるので債権者に十分な責任がとれなくなること，会社の所有者である出資者の個人的な生活を保護すること，などがあげられる。有限責任である場合，出資者は当該事業体の倒産などの際にも，最悪でも出資額など一定の財産さえ失えばすむので，出資のダウンサイド・リスクが限定されることになる。

以下では，企業の生産活動が成功するかどうかが不確実で，上の例のように，生産関数のパラメータ A が確率 p でプラスの値 A をとる一方，確率 $1-p$ でゼロとなるものとしよう。このとき，期末には生産物以外の資産は残らないとすると，確率 $1-p$ で企業はデフォルトの状態となる。しかし，有限責任のもとでは会社の資産の範囲内においてのみ責任を負えばよいので，企業がデフォルトとなっても，他に資産がない場合，その利潤はゼロとなるだけである。したがって，K_t の購入がすべて外部からの借り入れによってまかなわれている場合，t 期の企業の期待利潤 Π_t^f は，企業がデフォルトしない場合の利潤に確率 p を掛け合わせたものとして，

$$\Pi_t^f = p[AF(K_t) - (1+r)P_t K_t] \tag{4}$$

となる。

一般に多数の株主からなる株式会社のとき，その所有者である株主はさまざまな会社の株式を分散して保有することで，個々の企業のリスクを分散するこ

とができる。このため，企業は，期待利潤を最大化する危険中立的な行動をとると考えられる。企業が危険中立的である場合，$\frac{\mathrm{d}\Pi_t^F}{\mathrm{d}K_t}=0$ から，不確実性がない場合（すなわち，$p=1$ の場合）と同様に，設備投資は(3)式が成立するときに最適となり，その資金を調達するための銀行借り入れもそれを実現するように行われることになる。すなわち，企業の資金需要関数は，企業がデフォルトする可能性があるかどうかには依存しない。

　有限責任は，出資者の出資意欲を向上させ，会社の資金調達を容易にする。また，こうした「有限責任の原則」は，デフォルトした会社の再建にも非常に有効となる。しかしその一方で，問題となる会社の債権者からみれば，その出資者が有限責任にとどまることは，会社債務の弁済のために期待できる資産が当該事業体の資産のみに限定されることを意味する。このため，有限責任のもとでは，貸し手はデフォルトの確率が大きい企業に対する貸し出しに慎重にならざるをえなくなる。

4　理想的な資金貸借市場

4.1　資金の供給曲線

　前節でみたように，有限責任は借り手企業やその出資者にとっては好ましい面が多い。しかし，貸し手など債権者にとっては，有限責任は貸し出しの元本や利息など債権の一部ないし全額が戻ってこないリスク（「信用リスク」とよばれる）を生み出す。ただ，市場が十分に競争的で，貸し手が借り手の情報をすべて知っているなど，理想的な資金貸借市場では，そのようなリスクはリスク・プレミアムとして貸出利子率に上乗せされることで，効率的な資源配分を実現できることが，新古典派理論では知られている。

　新古典派理論の理想的な資金貸借市場では，貸し手の利潤最大化の結果，資金の供給曲線は図5-3のように右上がりの曲線となる。このことをみるため，r を貸出利子率，L を貸出額，そしてその p を返済確率（$0<p<1$）としよう。借り手の有限責任のもとでは，貸し手は確率 p でのみその債権（利子および元本）の全額 $(1+r)L$ を回収できる。一方，簡単化のため，確率 $1-p$ でデフォルト（貸し倒れ）が起こった場合，貸し手は利子および元本いずれも全く回収できないものと仮定する。このとき，$p(1+r)L$ が貸し手が L を貸し出した際の期待収入となる。したがって，$C(L)$ を貸し手が資金 L を調達する際のコス

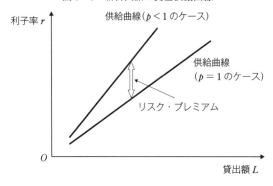

図5-3　新古典派の資金供給曲線

トとすると，資金供給者である貸し手の期待利潤 Π^B は，

$$\Pi^B = p(1+r)L - C(L) \tag{5}$$

と書き表すことができる。

　銀行などの貸し手が資金 L を調達するときのコスト $C(L)$ は，一定の預金金利だけでなく，さまざまな要因に影響を受ける。以下では，$C(L)$ は，借入額が大きくなるにつれて増加する（$C'(L)>0$）だけでなく，その限界費用（すなわち，借入額を追加的に1単位増加させた場合のコストの増分）が借入額の増加に伴い逓増する（$C''(L)>0$）とする。これは，調達額を増加させ続ければ，その調達効率は徐々に低下すると考えられるためである。

　銀行などの貸し手は，さまざまな借り手に資金を供給することで，個々の企業の信用リスクを分散することができる。このため，以下では，貸し手は危険中立的で，その期待利潤を最大化するものとする。このとき，その1階の条件 $\dfrac{\mathrm{d}\Pi^B}{\mathrm{d}L}=0$ から，貸し手の期待利潤を最大化する貸出額は，

$$p(1+r) = C'(L) \tag{6}$$

を満たす L によって実現される。$C''(L)>0$ であることから，(6)式は，貸し手の資金供給が，利子率が上昇すると増加する（あるいは，利子率が下落すると減少する）という性質があることを示している。このことから，貸し手の資金の供給曲線は図5-3のように右上がりの曲線となることが確認できる。

　なお，図5-3の資金供給曲線は，返済確率 p が小さければ小さいほど（し

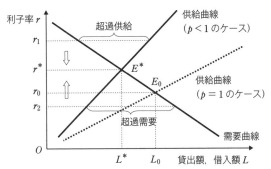

図5-4　完全競争的な資金貸借市場

たがって，貸し倒れ確率 $1-p$ が大きければ大きいほど），傾きが急となる。これは，貸し倒れという信用リスクを反映し，利子率が $p=1$ のとき（すなわち，デフォルトがない場合）と比べて，リスク・プレミアムが上乗せされるからである。しかし，p が所与である限り，資金供給曲線は p の値にかかわらず右上がりの曲線となる。

4.2　市場の均衡

　新古典派理論では，資金の貸借市場は十分に競争的であり，利子率が貸し出しに対する需要と供給が一致するように調整されることによって，望ましい貸出額が実現する。図5-4は，そのような資金の貸借市場を，設備資金に関して図示したものである。図では，資金の供給曲線が4.1でみたように右上がりの曲線である一方，企業の設備資金の需要曲線は2.2で明らかにしたように右下がりの曲線となっている。

　資金の貸借市場は，借入額の需要と貸出額の供給が一致する点で決まる。図5-4では，需要曲線と供給曲線の交点 E^* がそのような均衡で，図で示されているように，r^* が均衡利子率，L^* が均衡貸出額となる。この資金の貸借市場では，もし需要と供給が一致しない場合，利子率が調整されることで不均衡は解消される。たとえば，$r=r_1>r^*$ のとき，資金の供給が需要を上回る超過供給が発生するが，利子率が下落することで，資金の超過供給は解消する。逆に，$r=r_2<r^*$ のとき，資金の超過需要が発生するが，利子率が上昇することで，資金の超過需要は解消する。

　なお，図5-4の資金供給曲線は，信用リスクを反映してリスク・プレミア

ムを上乗せしたものであるという点には注意が必要である。仮に信用リスクがない場合（すなわち，$p=1$ のとき），需要曲線と供給曲線の交点は E_0 となる。交点 E_0 に比べて信用リスクがある場合の交点 E^* では，均衡利子率はリスク・プレミアムを反映して r_0 から r^* へと高くなる一方，均衡貸出額は利子率が上昇したことによって L_0 から L^* へと減少している。ただ，信用リスクが高い借り手には，より高い利子率でより少ない額の貸し出しを行うことは資源配分上望ましく，その意味で，図5-4で表されるような資金貸借市場は，効率的な資金貸借市場といえる。

5　人為的低金利政策

5.1　静学的な非効率性

　前節では，需要と供給が一致するように利子率が伸縮的に調整される貸借市場を考察した。しかし，1970年代から80年代にかけて金融が自由化されるまで，わが国の金融市場にはさまざまな規制が存在した。なかでも，利子率（金利）は，「人為的低金利政策」のもとで，預金市場と貸出市場いずれにおいても，市場で本来決まるはずの実勢金利（均衡利子率）より低い水準に抑制されてきた。預金金利の抑制は，預金以外の資金運用手段が限られていた預金者から，銀行が安価なコストで資金を調達することを可能にした。

　一方，貸出市場では，図5-5で示されているように，利子率の上限 $\bar{r}$ が均衡利子率 r^* よりも低い水準に固定された結果，借り入れ希望額 L^d が貸し出し額 L^s を恒常的に上回る超過需要が FG だけ発生し，与えられた利子率で借りたい借り手が借りられない「信用割当」が起こった。このような信用割当が存在する場合，特定の借り手しか資金にアクセスできないため，人為的低金利政策のもとでは，各時点の（静学的な）資金配分という観点からは非効率性が発生していたといえる。

5.2　動学的な効率性

　しかし，経済が発展途上の段階にある場合，限られた資金を経済全体に正の外部経済をもたらす基盤産業や将来大きな成長が見込まれる産業へ，低い利子率で集中的に配分することは，動学的な経済発展を促進するうえで有用となる場合もある。これは，発展の初期段階では技術・熟練などが不足している産業

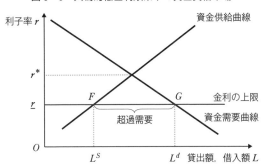

図5-5 人為的低金利政策下の資金貸借市場

であっても，政府が一定期間その産業を保護して競争から隔離するならば，その産業で必要な技術・熟練が徐々に習得され，将来，自立することができるかもしれないからである（幼稚産業保護論）。

　発展途上国（新興国）が工業化を行う際には，先進国からの技術移転が果たす役割は大きい。しかし，移転した技術を効率的に利用するためには，技術に適した熟練や経営管理が必要で，それには，通常，長い時間と経験が必要となる。とくに，実用的な技術・技能の多くは，生産活動を通じた学習効果（learning-by-doing）によって徐々に蓄積されるものである。さらに，ひとたび蓄積された技能は，個々の企業の生産性を高めるだけでなく，マーシャルの外部性（技術のスピルオーバー効果）を通じて経済全体の生産性を高めていく。

　高度成長期のわが国で採用された人為的低金利政策は，このような観点から，預金金利を低めに設定することで銀行のコストを引き下げると同時に，貸出金利を低い水準に保つことで，優先的に資金配分が行われた産業の国際競争力を強化することを目指すものであった。ただし，その実効性や功罪については，歴史家の間でも賛否両論がある。

　人為的低金利政策のような市場への政府の介入は，企業が政府に働きかけて法制度や政策を変更させ，超過利潤（レント）を得ようとする「レント・シーキング」を引き起こす可能性がある。実際，発展途上国では，多くの規制を金融市場に課した結果としてレント・シーキングが発生し，市場に深刻な非効率を生み出した事例が数多く報告されている。

6 金融市場における情報の非対称性

6.1 情報の非対称性とは？

　新古典派の資金貸借市場では，理想的な金融市場が想定されている。そこでは，市場は十分に競争的で，取引費用がないだけでなく，当事者間の情報も完全で，その利害対立もない。また，不確実な事態に備えてさまざまな契約が完備されている。

　しかしながら，現実の世界では，金融市場はこのような理想的なものとは程遠い。とくに，貸し手と借り手の間では，情報の非対称性や契約の不完備性などさまざまな不完全性が存在し，資金貸借市場の均衡は前節で説明した新古典派の均衡とは大きく異なることになる。以下では，このことをまず，情報の非対称性が存在するケースについて説明する。

　金融市場において「情報の非対称性」が存在する状況とは，「借り手の質の良し悪しに関して，借り手自身は知っているが，貸し手は十分に知ることはできない」という状況のことである。このような情報の非対称性が存在するもとでは，借り手が有限責任である限り，貸し出しを行う銀行にとって受け取る利子率が高いことは必ずしも望ましいことにはならない。というのは，利子率が高くても借りようとする借り手は一般に質の悪い借り手の場合が多く，利子率をあまり上げすぎると借り手が悪質な借り手ばかりになってしまうからである。貸し手にとっては，貸し出しの決定から返済までの各段階に対応して，3つのタイプの情報に関する非対称性が重要となる。

6.2 3つのタイプの情報の非対称性

　第1は，貸し出し決定前の借り手に関する「事前の情報」である。これは，これから貸し出しを行う相手（借り手）の質に関するもので，それには借り手の返済能力などの情報が含まれる。仮に貸し手がこの事前の情報を正確に入手できれば，返済確率の低い悪質な借り手に対してはリスク・プレミアムを上乗せした利子率を設定することで，貸し倒れが発生した場合の損失を補塡することができる。しかし，借り手が返済確率の高い優良なものなのか，それとも返済確率の低い悪質なものなのかが区別できない場合，貸し手は契約時に借り手の質に応じて金利を設定することが難しくなる。

とくに，事前の情報に非対称性がある場合，貸出利子率を引き上げようとすれば，銀行が貸し出すことができる借り手は悪質な借り手ばかりとなり，その結果，平均的な借り手の質も低下することになる。このように悪質な借り手の存在によって良質な借り手が市場から退出してしまう状況は，「逆選抜あるいは逆選択」（adverse selection）とよばれ，事前の情報に非対称性がある場合に，貸出市場に非効率が発生する原因となる。

　第2は，貸し出し開始後の借り手に関する「中間の情報」である。これは，貸し出しを行った特定の相手（借り手）が当初の予定どおりプロジェクトを実行しているかどうかに関する情報である。貸し手にとって，借り手が予定よりリスクの高いプロジェクトを実施する事態やプロジェクトをまじめに実行しないという事態は好ましいものではない。しかし，貸し手は，借り手企業がどのようにプロジェクトを推進しているかを正確にチェックすることは難しい。

　このため，借り手企業は，仮に当初の予定どおりプロジェクトを実行しなくてもそれが発見されないのであれば，よりリスクの高いプロジェクトを選択したり，あまりまじめにプロジェクトを実行しなくなったりしてしまう。このような行動は「隠れた行動のモラル・ハザード」（moral hazard with hidden actions）とよばれ，中間の情報に非対称性がある場合に，貸出市場に非効率性を発生させる原因となる。

　第3は，返済時の借り手に関する「事後の情報」である。これは，資金返済時において借り手の利潤や資産がどれだけあるかに関する情報である。債権者にとって，負債の元本と利息が当初の約定どおり返済される場合，この情報は重要とはならない。しかし，貸し出しの一部ないし全額が返済されない債務不履行（デフォルト）が発生した際には，貸し手は，借り手が本当に返済能力がないのかを正確に把握することが重要となる。

　一般に，プロジェクトが成功するかどうかは不確実であり，良質な借り手がまじめにプロジェクトを実行したとしても，一定の確率でプロジェクトは失敗する。また，プロジェクトが失敗したとき，有限責任から，借り手の返済額は保有する資産に限定される。したがって，仮に貸し手が借り手の事後の情報がわからない場合，借り手は，十分な返済能力がある場合でも，プロジェクトが失敗したと嘘をつく誘因（インセンティブ）が生まれる。この行為は「隠れた情報のモラル・ハザード」（moral hazard with hidden information）とよばれ，事後の情報に非対称性がある場合に，貸出市場を非効率にする原因となる。

7 不完備契約

前節では，借り手に関する情報の非対称性が，①貸し出しを行うかどうかの決定を行うときの「事前の情報」，②貸し出し後にプロジェクトが実行されるときの「中間の情報」，③貸し出しの返済を受けるときの「事後の情報」，の3つの側面で，金融市場を非効率にすることを明らかにした。しかし，以上のような問題は，情報の非対称性だけでなく，契約が不完備で，あらゆる状態に依存した条件付き契約を書いて効率性を確保することができない場合にも，同様に発生する。

たとえば，借り手の質に関する情報が，事前（貸し出しを決定する前）にはわからない場合でも，事後（貸し出しを開始した後）には判明することが少なくない。この場合，もし事後に判明する情報を条件として，貸し出し決定時に条件付きの契約を結ぶことができれば，事前の情報の非対称性から発生する非効率は解消することができる。なぜなら，条件付き契約では，貸し出し開始後に判明した借り手の質の違いに応じて，利子率にリスク・プレミアムを上乗せすることが可能だからである。しかし，このような条件付きの契約は，資金の貸借契約ではほとんど結ばれることはない。これは，契約が複雑になることで取引費用が大きくなることに加えて，契約後に起こりうる事象の立証可能性，予測可能性，および記述可能性に限界があるからである。

ここで，立証可能性とは，判明した事実を客観的な証拠に基づいて裁判所など第三者に認めてもらうことをさす。情報が判明しても，それを第三者に立証できなければ，それに基づいた条件付き契約は結べない。また，将来判明する可能性のある情報が無数にある場合，その1つひとつを事前に予測することは不可能に近く（事象の予測不可能性），また，仮に予測できたとしても，生起しうるすべての状況に対応する契約を設計し，契約内容を詳細に記述することは不可能である（事象の記述不可能性）。したがって，条件付き契約は，結べたとしても，不完備なものとならざるをえず，その結果，事前の情報の非対称性の問題を根本的に解決することはできない。

条件付き契約の不完備性は，中間の情報や事後の情報に関しても，同様に存在する。いずれも，時間が経つと，借り手の行為や財務内容に関してより正確な情報を貸し手は入手することが可能である。したがって，これらに基づいて

条件付き契約を結ぶことができれば，中間および事後の情報に関する非対称性に起因する非効率も，ある程度，解消することができるであろう。しかし，中間および事後の情報についても，事象の立証可能性，予測可能性，および記述可能性には限界がある。とりわけ，借り手が意図的に返済努力を怠ったり，リスクのある行動をとったりすること（隠れた行動のモラル・ハザード）を立証することは容易ではなく，その意味で，中間の情報に関して条件付き契約を結ぶことは，事前の情報よりも通常は難しい。このため，条件付き契約を結ぶことで，金融市場の非効率性を解消することは容易ではない。

8 均衡信用割当の理論

8.1 利子率と返済確率の関係

前節では，実際の金融市場は不完全で，資金貸借を行う際には，貸し手と借り手の間にさまざまな情報の非対称性や不完備契約が存在することを明らかにした。このような情報の非対称性や不完備契約が存在する場合，利子率が自由に決定される資金貸借市場においても，信用割当が発生することが，スティグリッツ（J. E. Stiglitz）らによって示されている。

資本市場の不完全性という観点から，利子率の硬直性および信用割当の存在を説明すべく考え出されたのが「均衡信用割当の理論」である。この理論の大きな特徴は，利子率と借り手の質（返済確率）との間に負の相関関係があり，「利子率が高ければ高いほど借り手の返済確率は低下する」（したがって，貸し倒れ確率は上昇する）と考えることである。

図5-6は，このような関係を図示したものである。図では，利子率が低い場合には利子率が上昇することによる返済確率の下落は大きくないが，利子率が十分に高い場合には利子率のわずかな上昇でも返済確率は大きく下落するという状況が想定されている。

このような状況のもとでは，利子率の上昇は，貸し手にとって借り手からより多くの利子収入を得ることができるという面では望ましいが，返済確率を低め，貸し倒れ確率を高めてしまうという面では望ましいことではなくなる。したがって，貸し手にとって利子率を引き上げることは，返済確率の変化がさほど大きくない低い利子率のもとでは望ましいが，利子率がある程度上昇し，利子収入の側面でのメリットが返済確率の側面でのデメリットより小さくなった

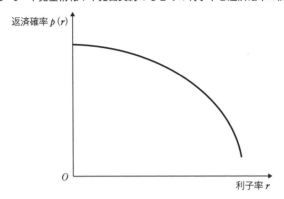

図5-6　不完全情報や不完備契約のもとでの利子率と返済確率の関係

場合にはもはや最適ではなくなる。

　このため，利子率が十分に低く，多少利子率を上げても借り手の高い質が維持されると考えられる場合には，貸し手の資金供給は利子率が上昇するにつれて増加する。しかし，利子率がかなり上昇し，これ以上利子率を上げると借り手の質も大幅に低下してしまうと考えられる場合には，貸し手の資金供給は利子率が上昇しても増加することはなくなる。

8.2　資金供給曲線

　図5-7の①および②は，利子率と返済確率との間に図5-6のような負の相関関係がある場合の資金供給曲線を描いたものである。そこでは，8.1で述べた理由から資金供給曲線がある一定の利子率r^*を境としてもはや右上がりではなくなっている。ここで，利子率r^*は，貸し手にとって利子率が上昇することのメリットとデメリットがちょうどバランスした状態である。

　ところで，資金供給曲線が右上がりでない場合，資金貸借市場では需要曲線が供給曲線と必ずしも交わることはない。図5-7①がこのようなケースを示したものである。この場合，貸し手にとってその利潤を最大にする最適な行動は，利子率r^*に対応する資金供給曲線上のE点を選ぶこととなる。というのは，貸し手にとってr^*以下の利子率では利子収入がより重要であるため利子率を引き上げる方が利潤は高まるが，r^*以上の利子率では逆に返済確率の低下がより重要となり，利子率を引き上げない方が利潤は高まるからである。

　ここで注目すべき点は，図5-7①のケースで貸し手がその利潤を最大化す

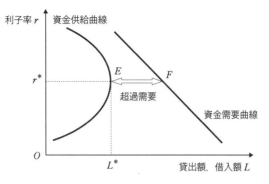

図5-7 不完全情報や不完備契約のもとでの資金貸借市場

① 信用割当が発生するケース

利子率 r　資金供給曲線

r^*

E　　　　F

超過需要

資金需要曲線

O　　　　L^*　　　貸出額，借入額 L

② 信用割当が発生しないケース

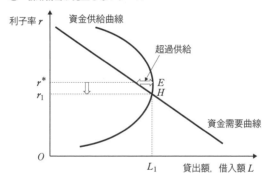

利子率 r　資金供給曲線

超過供給

r^*

r_1　　　　　　E

　　　　　　　H

資金需要曲線

O　　　　L_1　　　貸出額，借入額 L

る点 E を選んだ場合，図中の EF 分だけ超過需要が発生し，その結果，借り手が現行の利子率で借りたいのに借りられないという信用割当が起こるということである。古典派の理論では，このような資金貸借市場の超過需要は利子率の上昇によって解消されると考えられていた。しかし，均衡信用割当の理論のもとでは，このような利子率の上昇による調整メカニズムはもはや働かない。なぜなら，r^* 以上の利子率では返済確率の低下がより重要となり，貸し手にとって利潤を低めてしまうような利子率の引き上げを行うインセンティブはなくなるからである。

　もちろん，貸し手の資金供給曲線が右上がりでない部分があるからといって，常に信用割当が存在するとは限らない。図5-7②がそのケースの例であり，そこでは，資金需要曲線と資金供給曲線が点 H で交わり，貸出額 L_1，利子率 r_1

が均衡となる。このような状況のもとでは，貸し手は，点 H よりも高い利潤をもたらす資金供給曲線上の点 E を選ぶことができない。というのはこの点では明らかに資金需要量が資金供給量を下回る超過供給が発生しているからである。したがって，この場合には超過供給を解消すべく利子率が下落し，信用割当が存在しない点 H が資金貸借市場の均衡となる。

9　均衡信用割当の理論の数学的導出

9.1　資金供給曲線の導出

いま借り手の返済確率を p と表すと，前節で説明した均衡信用割当の理論では，返済確率 p が図5-6のように利子率 r が大きくなるにつれて低くなる状況が想定されていた。このような状況は数学的には，返済確率 p が r に関して減少する凹関数として，$p(r)$（ただし，$p'(r)<0$ および $p''(r)<0$）と表現されることを意味する。そこで，本節では，この関数 $p(r)$ を使って，前節で図を用いて説明したことが数式の上でどのように表現できるかを説明しよう。

仮に貸出額を L で表すとすると，銀行の期待収入は，返済確率 $p(r)$ と返済額 $(1+r)L$ の積として $p(r)(1+r)L$ と書き表すことができる。したがって，4.1と同様に銀行が資金 L を調達するときのコストを $C(L)$ とすると，資金供給者である銀行の期待利潤 Π^B は，

$$\Pi^B = p(r)(1+r)L - C(L) \tag{7}$$

として表現される。ただし，ここでも簡単化のため，貸し倒れが起こった場合，貸し手は利子および元本いずれも回収できないと仮定している。銀行はこの期待利潤を最大化するように，貸出額 L と利子率 r を選ぶこととなる。

資金供給曲線は，上式を貸出額 L で微分してゼロと置くことによって，

$$p(r)(1+r) = C'(L) \tag{8}$$

と導かれる。返済確率 p が r の関数であることを除けば，この最大化問題の1階の条件は，(6)式と同じである。しかし，$p(r)$ が r の減少関数（すなわち，$p'(r)<0$）であることから，(8)式の左辺は必ずしも r の増加関数ではなくなる。

とくに，関数 $p(r)$ が図5-6のような形状をしている場合，(8)式の左辺は，Π^B を最大化する r^*（すなわち，$p(r)=-p'(r)(1+r)$ を満たす r^*）よりも小さい

ときには r の増加関数であるのに対して，r^* よりも大きいときには r の減少関数となることを確認することができる。したがって，(8)式から導かれる資金供給曲線は，図5-7①や②で示されるように，$r<r^*$ では右上がりで，$r>r^*$ では右下がりの曲線となる。

9.2 均衡利子率

ところで，図5-7①で示されるように，資金供給曲線と資金需要曲線が交わらず，すべての利子率に対して超過需要となる場合には，銀行は資金供給曲線上の点で，自らの期待利潤が最大となるように利子率を決定することができる。この期待利潤最大化の1階の条件は，(7)式を r で微分してゼロと置くことで，

$$p'(r)(1+r)+p(r) = 0 \tag{9}$$

と求められる。

この式は，企業の利潤を最大化する利子率 r^* が，関数 $p(r)$ の形状のみに依存し，費用関数 $C(L)$ からは独立に決定されていることを意味している。すなわち，借り手の返済確率 p が利子率 r に依存するという状況のもとで，すべての利子率に対して超過需要となる場合，銀行の期待利潤を最大化する利子率は，資金需要だけでなく，貸し手の資金調達コストとも独立に決定される硬直的なものとなる。そして，この利子率 r^* のもとで，(8)式に基づいて資金供給額が決まり，その結果，前節の図5-7①で示したような信用割当が生まれることになる。

10　返済確率が利子率の減少関数となる例

10.1　問題の設定

これまでの節では，情報の非対称性や不完備契約が存在する場合，資金供給曲線は必ずしも右上がりの曲線とはならず，その結果，信用割当が発生する可能性があることを明らかにしてきた。しかし，これまでは，借り手の返済確率 p がなぜ利子率 r の減少関数となるかを，厳密には議論してこなかった。そこで，本節では，中間の情報に関して非対称性がある場合に，借り手の返済確率 p が利子率 r の減少関数となることを明らかにする（なお，同様の性質は，事前の情報や事後の情報に非対称性がある場合にも成立する）。

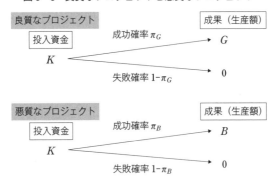

図5-8　良質なプロジェクトと悪質なプロジェクト

以下では，良質なプロジェクトと悪質なプロジェクトの2つが実行可能な企業を考える。簡単化のため，銀行は，各プロジェクトの内容に関する事前の情報や，企業がプロジェクトに成功したかどうかの事後の情報については，観察することができ，かつそれを立証することができるものとする。しかし，銀行は，企業が良質なプロジェクトと悪質なプロジェクトのどちらを選択したかという中間の情報を全く知ることができない。このような中間の情報に関する非対称性が存在するもとでは，ある条件のもとで，借り手は悪質なプロジェクトを選択する隠れた行動のモラル・ハザードが発生する可能性がある。

　銀行から融資を受けた場合，当該企業は，期首に良質なプロジェクトと悪質なプロジェクトのうちどちらか1つを選択し，実行する。いずれのプロジェクトを実行する場合にも，同じ額の資金 K が必要である（議論を簡単にするため，K は一定とする）。しかし，図5-8で示されているように，投入した資金 K の成果（生産額）は，良質なプロジェクトでは確率 π_G で G となる（確率 $1-\pi_G$ でゼロとなる）のに対して，悪質なプロジェクトは確率 π_B で B となる（確率 $1-\pi_B$ でゼロとなる）。

　各プロジェクトの生産性に関しては，次の2つの関係を仮定する。

$$\pi_G G > (1+r_f)K > \pi_B B \tag{10}$$
$$B > G \tag{11}$$

ここで，r_f は安全資産の利子率である。

　条件(10)は，良質なプロジェクトの期待収益率（$\pi_G G/K$）は安全資産の利子率 r_f を上回るが，悪質なプロジェクトの期待収益率（$\pi_B B/K$）は r_f を下回る

ことを示している。したがって，貸し手にとって，良質なプロジェクトは望ましいが，悪質なプロジェクトは実行しない方がよいプロジェクトである。しかし，条件(11)は，プロジェクトが成功した場合の成果（生産額）では，悪質なプロジェクトの方が大きいことを示している。とくに，条件(10)と(11)から，$\pi_G > \pi_B$ となるので，悪質なプロジェクトの方がハイリスク・ハイリターンのプロジェクトであることが確認できる。

10.2 借り手企業のプロジェクト選択

以下では，借り手企業は，期首に自己資金はないものとし，プロジェクトを行うための資金 K はすべてを銀行から調達する必要があるものとする。このとき，危険中立的な借り手企業が，どちらのプロジェクトを実行するかは，貸出利子率 r に依存して決定されることを示すことができる。

このことをみるため，プロジェクトが失敗した場合に借り手に何らの資産も残らないとする。このとき，有限責任制のもとで，借り手企業は，プロジェクトに成功したときにのみ，$(1+r)K$ の資金を返済し，失敗したときには全く資金の返済をしないことになる。したがって，借り手企業が良質なプロジェクトを選択したときと悪質なプロジェクトを選択したときの期待利潤は，それぞれ $\pi_G[G-(1+r)K]$ および $\pi_B[B-(1+r)K]$ となる。借り手企業は，これら2つの期待利潤を比較し，良質なプロジェクトが悪質なプロジェクトを上回るときに，悪質なプロジェクトではなく，良質なプロジェクトを選択することになる。

すなわち，良質なプロジェクトの期待利潤が正（すなわち，$G > (1+r)K$）である限り，有限責任制のもとで，借り手企業が良質なプロジェクトを選択する必要十分条件は

$$\pi_G[G-(1+r)K] > \pi_B[B-(1+r)K] \tag{12}$$

となる。この式を変形すると，企業は以下の条件が満たされるときのみ，良質なプロジェクトを選択することがわかる。

$$1+r < 1+r_C \equiv \frac{\pi_G G - \pi_B B}{(\pi_G - \pi_B)K} \tag{13}$$

また，$B > G$ であることに注意すると，$r < r_C$ のとき良質なプロジェクトの期待利潤は常に正（すなわち，$G > (1+r)K$）であることも確認できる。

一方，悪質なプロジェクトの期待利潤が正（すなわち，$B > (1+r)K$）である

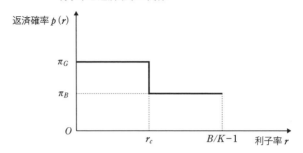

図5-9 2つのプロジェクトが選べる場合の
利子率と返済確率の関係

限り，貸出利子率 r の値が臨界値 r_c を上回れば，悪質なプロジェクトが選択され，下回れば良質なプロジェクトが選択される。また，$B>G$ であることから，常に $B>(1+r_c)K$ であることも確認できる。

10.3 利子率と返済確率の関係

以上の結果から，資金供給者（貸し手）の側からみると，借り手企業が資金を返済する確率は，貸出利子率 r が $r<r_c$ の範囲にある場合に π_G となり，$r_c<r<B/K-1$ の場合に π_B となることがわかる。すなわち，貸し手が直面する返済確率は，図5-9で示されるように，貸出利子率 r の減少関数となる（なお，$r>B/K-1$ の場合，期待利潤が常に負となるため，借り手企業は借り入れを行わない）。

返済確率が r のスムーズな関数であった図5-6とは異なり，図5-9は，返済確率が r の増加に伴って，階段状に減少している。これは，簡単化のため，当該企業が利用可能なプロジェクトの数を2つに限定したからである。計算は複雑になるが，当該企業が利用可能なプロジェクトの質が無数に存在する場合，一定の条件のもとで，図5-9はよりスムーズな減少関数になることを示すことができる。

ところで，危険中立的な資金供給者は，資金の期待収益率が r_f より大きいときのみ資金を供給する。したがって，$\pi_G G>(1+r_f)K>\pi_B B$ であることから，返済確率が π_G（すなわち，借り手企業が良質なプロジェクトを選択する）と予想されるときのみ資金は供給され，返済確率が π_B（すなわち，借り手企業が悪質なプロジェクトを選択する）と予想されるときは資金は供給されない（信用割当

の発生)。

　一方，貸出市場が十分に競争的なとき，危険中立的な貸し手の期待利潤はゼロとなるので，資金が供給されるときの貸出利子率 r は，以下の式で決定される。

$$\pi_G(1+r) = 1+r_f \tag{14}$$

　上式は，$1+r$ が $1+r_f$ の $1/\pi_G$ 倍となることを示している。これは，貸出利子率 r が安全資産の利子率 r_f よりもリスク・プレミアム分だけ大きくなることを意味している。

　したがって，競争的な貸出市場で当該企業に資金が供給され，プロジェクトが実行されるための必要条件は，条件(13)と(14)式から，

$$\pi_G(1+r_C) > 1+r_f \tag{15}$$

であることも確認することができる。ただし，r_C は(13)式で定義されたものである。逆に，(15)式の不等号の向きが逆（すなわち，$\pi_G(1+r_C) < 1+r_f$）のとき，競争的な貸出市場では，当該企業に資金は全く供給されない。

■ 関連文献の紹介 ■

薮下史郎『非対称情報の経済学——スティグリッツと新しい経済学』光文社（光文社新書），2002 年
　　→情報の経済学の観点から，信用割当など金融システムの不完全性の問題を多角的に論じている。
J. E. スティグリッツ＝B. グリーンワルド（内藤純一・家森信善訳）『新しい金融論——信用と情報の経済学』東京大学出版会，2003 年
　　→情報の経済学の先駆者であるスティグリッツが，第 I 部で情報の経済学の観点から金融システムを論じている。
柳川範之『契約と組織の経済学』東洋経済新報社，2000 年
　　→不完備契約の観点から，金融システムや関連分野の解説を行っている。

Summary

　企業が設備資金を調達する方法はさまざまである。新古典派
理論が考える理想的な資本市場では，企業価値は資金調達の手
段には依存せず，すべての資金調達のコストは同じとなる。し
かし，実際の資本市場は，さまざまな点で不完全である。本章
では，法人税や倒産コストが存在するケースに加えて，情報の
非対称性や契約の不完備性が存在する場合，資金調達コストの
面で階層構造が生まれることを説明する。

1 企業の資金調達手段

1.1 内部資金と外部資金

第5章では，企業の設備資金が外部からの借り入れによって調達されるものと考えて議論を進めた。しかし，図6-1にまとめられているように，企業が設備資金を調達する方法はさまざまである。まず，設備資金は，それが自己資金でまかなわれるか否かで，内部資金と外部資金に分類できる。また，外部資金の調達には，大きく分けて，銀行借り入れ，社債発行，新株発行（出資）の3つの方法がある。企業は，そのなかでもっともコストが安くなるように資金調達の方法を選択する。わが国ではかつて，多くの日本企業で銀行借り入れが資金調達の主たる手段であった。しかし，近年，金融の自由化や企業の成熟化によって，銀行借り入れのウェイトが相対的に低下し，内部資金や銀行借り入れ以外の外部資金を使った設備投資が増加している。

企業が内部資金（自己資金）を使って資金を調達した場合，費用は明示的には発生しない。しかし，内部資金で資本を購入したとしても，利子率と類似の費用が「機会費用」としてかかっている。なぜなら，内部資金を使用した場合，その企業は，資本購入のための資金を他で資産運用することで得られたであろう利子収入を失うことになるためである。とくに，資本市場が十分競争的で取引費用や税制の問題が捨象できる場合，内部資金の機会費用は借入利子率と同じになると考えられるので，その場合，内部資金と銀行借り入れは資金調達コストが同じとなる。したがって，十分競争的な資本市場のもとでは，資本スト

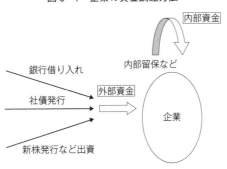

図6-1　企業の資金調達方法

ックを外部の資金で購入しようと自らの資金で購入しようと，利子率が同じ資本の使用者費用となる。

1.2 さまざまな外部資金

外部資金のなかでは，社債は，銀行借り入れと同様に「負債」であり，いずれも償還時に約定どおりに元本と利息を支払う必要がある。とくに，資本市場が十分競争的で，取引費用が無視できる場合，社債と銀行借り入れの利子率は，均等化する。したがって，摩擦のない理想的な資本市場では，社債発行は銀行借り入れと資金調達コストが同じとなる。

一方，新株発行（出資）は，銀行借り入れや社債の発行と同様に，企業が外部資金を調達するための主要な手段である。ただし，銀行借り入れや社債の発行では一定期間の後に元本と利子が返済されて債権・債務関係が解消するのに対して，新株発行では，そのような債権・債務関係は発生しない。また，新株発行は，新株の購入者が毎年企業が得た利益の一部を配当として受け取ると同時に，株主の1人として株主総会で会社の経営に影響を与えることができるという点で，負債とは異なる性質がある。しかし，企業価値という観点でみると，資本市場が十分競争的で取引費用や税制の問題が捨象できる場合，新株発行による資金調達コストは，既存の株主にとって負債（銀行借り入れや社債）の資金調達方法とコストが同じになることが知られている。

2 モジリアーニ＝ミラーの定理（MM定理）

2.1 モジリアーニ＝ミラーの定理とは？

企業がどのような手段で資金調達を行うかは，企業金融ではもっとも重要なテーマの1つである。しかし，前節でも言及したように，新古典派理論で考えるような理想的な資本市場では，企業価値は資金調達の手段には依存せず，すべての資金調達のコストは同じとなることが知られている。とくに，モジリアーニ（F. Modigliani）とミラー（M. Miller）は，「負債（銀行借り入れや社債）と株式（出資金）の資本構成によって企業価値は変化しない」という「モジリアーニ＝ミラーの定理」（MM定理）を明らかにした。

このMM定理が前提とする理想的な資本市場では，企業と投資家の間で情報の非対称性や不完備契約がなく，かつ株主間の利益相反はコストなしに解決

される。また，合理的な投資家が，競争的な市場取引により自由に株式の売買や借り入れが可能で，これを阻害するような取引コストや税金は存在しない。以下では，「企業価値が資本構成によって変化しない」という MM 定理が，このような理想的な資本市場でなぜ成立するのかを，0 期に株式および負債で資金調達を行って 1 期間だけ生産を行った後に解散する企業を例にとって考えることにする。

　この企業の収益 X は，1 期末にその値が実現するが，0 期にはその値は不確実である。また，簡単化のため，1 期末には，企業は，収益 X 以外の資産は保有しないとする。一方，この企業は，0 期に株式 S および表面利率 R の負債（銀行借り入れや社債）D で資金を調達する。このとき，この企業の 0 期における企業価値は，0 期における株式と負債の市場価値の合計，すなわち，$V \equiv S + D$ となる。

　このような企業では，S および D それぞれの市場価値は資本構成に影響を受ける。しかし，その合計である企業の市場価値は資本構成に影響を受けない。以下の 2.2 では，このことを，デフォルト（債務不履行）が発生した際に有限責任が適用されるケースに関して明らかにしていく。

2.2 資本構成と企業の市場価値

　有限責任のもとでは，図 6-2 で示されているように，1 期末の企業の収益 X は，$X \geq (1+R)D$ のとき，$(1+R)D$ が負債の返済に充てられ，その残余分 $X-(1+R)D$ が株主に分配される。一方，$X < (1+R)D$ のとき，デフォルト（債務不履行）が発生し，全額が負債の返済に充てられる。したがって，デフォルトによる追加的なコスト（倒産コスト）がない限り，表面利率 R の負債 D の返済として 1 期末に支払われる金額は，$X \geq (1+R)D$ のとき $(1+R)D$，$X < (1+R)D$ のとき X となる。また，株式 S の保有者に 1 期末に支払われる分配金（配当）は，$X \geq (1+R)D$ のとき $X-(1+R)D$，$X < (1+R)D$ のときゼロとなる。

　議論を簡単化するため，資金供給者はリスク中立的であると仮定する。このとき，1 期末で解散する当該企業では，0 期における株式と負債それぞれの市場価値は，1 期末に株式および負債それぞれに支払われる金額の期待値の割引現在価値となる。したがって，割引率を r とし，$X \geq (1+R)D$ となる確率を q（すなわち，$X < (1+R)D$ となる確率は $1-q$）とすると，以上の結果から，

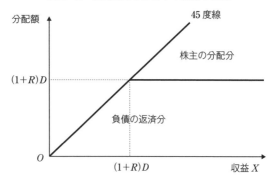

図6-2　有限責任のもとでの収益の分配

$$0\text{ 期の株式の市場価値 }(S) = q\frac{E(X|X\geq(1+R)D)-(1+R)D}{1+r} \tag{1}$$

$$0\text{ 期の負債の市場価値 }(D) = q\frac{(1+R)D}{1+r}+(1-q)\frac{E(X|X<(1+R)D)}{1+r} \tag{2}$$

となる。ただし，$E(X|X\geq(1+R)D)$は，$X\geq(1+R)D$という条件のもとでの0期における X の期待値，また，$E(X|X<(1+R)D)$ は，$X<(1+R)D$ という条件のもとでの0期における X の期待値である。

　上式から，0期における株式と負債それぞれの市場価値（S および D）は，負債 D の大きさに依存することは容易に確認できる。すなわち，企業の株式と負債それぞれの市場価値は，その時点の資本構成によって変化することがわかる。しかしながら，当該企業の0期における企業価値 V は，0期における株式と負債の市場価値の合計（$V\equiv S+D$）で，その合計値は資本構成に依存しない。

　すなわち，$EX=qE(X|X\geq(1+R)D)+(1-q)E(X|X<(1+R)D)$ となるので，上の2つの式から，

$$0\text{ 期の企業価値 }(V) = \frac{EX}{1+r} \tag{3}$$

となる。ここで，EX は0期における X の期待値である。EX は D とは無関係に決まる値なので，(3)式は，当該企業の0期における企業価値 V の値は，負債 D の大きさに依存しないことを示している。したがって，負債と株式が

MM 定理におけるその他の命題

　本文では，MM 定理として，企業の資金調達の方法と企業価値とは無関係であることを明らかにした。この結果は，とくに，MM 定理の第1命題とよばれる。これは，モジリアーニとミラーが，この命題の他に，2つの無関連性命題（irrelevance result）を同時に導出しているからである。

　その1つが企業価値は，企業の利益配分とは無関係であるという命題である。株式会社の最終利益は，配当として株主に還元されるか，内部留保として次期に持ち越されるかのどちらかである。一般には，どのようなタイミングで企業が配当（株主への利益配分）を行うかで，企業価値を反映した株価は変わる可能性がある。しかし，MM 定理では，理想的な資本市場においては，株主への利益配分をいつどのようなタイミングで行うかは，企業価値を反映した株価に影響を与えないことが示されている。

　もう1つが資本コストは資本構成には依存しないという命題である。本章第1節でみたように，企業は設備投資などを実施する際，内部資金に加えて，負債（社債，借入金）や株式（出資）を利用して外部資金を調達するが，資金調達にはそれぞれに資本コストがかかる。一般に，異なる資本コストがかかる資金調達手段を組み合わせることで生じる平均資本コストは，組み合わせの方法によって異なる可能性がある。これに対して，MM 定理では，理想的な資本市場においては，資金調達方法が異なっても平均資本コストは同じで，それを最小にする最適資本構成は存在しないことが示されている。

どのような構成であっても，それが企業の収益 X に影響しない限り，企業価値は資本構成に依存しないことになる。これで，MM 定理が証明されたことになる。

3　法人税や倒産コストの効果

3.1　法人税の効果

　これまでの2つの節では，新古典派理論で考えるような理想的な資本市場では，企業価値は資金調達の手段には依存せず，すべての資金調達のコストは同じとなることを明らかにした。しかしながら，実際の資本市場は，さまざまな点で不完全である。本節では，法人税や倒産コストが存在する場合に，MM

定理など，これまでの節の結果がどのように修正されるかを考察する。

　まず，法人税が企業の資金調達コストに与える影響としては，経済学上の費用の概念と会計上・税務上の費用の概念を区別して考えることが重要となる。たとえば，内部資金を使用した場合の機会費用や新株発行に伴う新規株主への分配金（配当）は，経済学的には資金調達の費用である。しかし，企業は機会費用を特定の相手に支払うわけではないので，会計上・税務上は費用として計上されることはない。また，株主（出資者）は，新規の株主であっても当該企業の所有者なので，株主に対する配当は会計上・税務上は利益処分となり，費用とは見なされない。

　このため，税務上の利益に課税される法人税は，負債（銀行借り入れや社債）で調達される場合には経済学上の利益に課税される。しかし，内部資金や新株発行で調達される場合には，課税対象の会計上・税務上の利益が経済学上の利益よりも大きくなるため，法人税の負担もその分重くなる。したがって，MM定理が成立するような理想的な資本市場のもとでも，法人税を考慮した場合，（有利子負債の利子以上の収益を獲得できる限り）負債による資本調達を行った方が，節税効果分，企業価値が高くなることになる。

3.2　倒産コストの効果

　もっとも，負債が大きくなればなるほど，レバレッジ（手持ちの少額の資金を使って，より多額の投資をする手法）は過大となり，その結果，デフォルトの確率も高まる。なぜなら，収益 X や利子率 R を所与とした場合，デフォルトは $X<(1+R)D$ のとき発生するので，負債 D が大きければ大きいほどデフォルトが起こりやすくなるからである。

　2.2で示したように，デフォルトが発生した場合でも，それに伴う追加的なコスト（倒産コスト）がなければ，MM定理は成立する。しかし，実際に企業が倒産した場合，それによってさまざまな企業価値の毀損（きそん）が生じることが多い。そのような倒産コストには，弁護士費用や裁判所への倒産申し立てなどに必要な予納金，倒産に伴うさまざまな権利の喪失といった直接コストだけでなく，倒産の影響による取引停止や販売減による逸失利益などによる間接コストも含まれる。

　倒産コストが存在する場合，負債の増加は，節税効果という点では好ましいが，倒産コストという点では好ましくないというトレードオフの関係が発生す

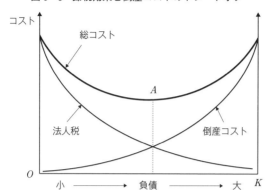

図6-3 節税効果と倒産コストのトレードオフ

る。この場合，図6-3で示されるように，最適な負債水準は，限界節税効果と限界倒産コストが等しくなる点 A で決まり，その点で企業価値が最大となる（節税効果と倒産コストのトレードオフ理論）。トレードオフ理論では，安全性の高い投資を多くもち高収益で課税所得の大きい企業は倒産する確率が小さいので，負債利用度を高めることが合理的とされる。逆に，安全性の低い投資が多く収益性の低い企業は倒産する確率が大きいので，負債の利用を抑えて，株式発行による資金調達が合理的とされる。

4 ペッキング・オーダー理論

4.1 情報の非対称性や不完備契約のもとでの資金調達

実際の金融資本市場は，さまざまな面で不完全である。前節でみた法人税や倒産コストの存在は，そのような不完全性の原因の1つである。しかし，それらに加えて，前章で議論した情報の非対称性や契約の不完備性の存在は，金融資本市場が不完全である大きな原因となっている。借り手に関する情報に関して，情報の非対称性や不完備契約が存在する場合，資金調達コストの大きさという面で，

　　　内部資金＜銀行借り入れ＜社債＜新株発行

という順の階層構造（financial hierarchy）が生まれるとする「ペッキング・オーダー理論」が知られている。

ペッキング・オーダー理論で，もっとも資本調達コストが安いと考えられているのは，キャッシュフローに代表される内部資金である。これは，内部資金であれば，貸し手と借り手は同一の経済主体なので，情報の非対称性は存在せず，契約の不完備性も問題にならないからである。したがって，企業が十分な内部資金を保有する場合，その内部資金を使って，不完全な情報からの制約なしに自分が必要と思うプロジェクトを実行することができる。

　これに対して，外部資金の場合は，資金供給者がコストをかけて資金需要者である企業の情報を収集しなければならないばかりでなく，コストをかけて収集した情報は必ずしも正確とはいえない。また，資金需要者にモラル・ハザードが存在するならば，資金供給者は貸し出しが行われたあとに，その資金が計画どおりに使われているかどうかや，行われたプロジェクトの成果が正確に報告されているかどうかを審査・監督（モニタリング）しなければならない。このため，内部資金が十分でない企業では，さまざまなコストが発生し，外部資金はその分だけ内部資金より費用の高い資金調達方法になってしまう。

4.2　外部資金の階層構造

　資金調達方法を外部資金に限定した場合，情報の非対称性や不完備契約のもとで資本調達コストがもっとも安いのは，銀行借り入れである。第1章で明らかにしたように，銀行は，貸出先の審査を行う専門業者であるだけでなく，銀行が委託された監視者として最終的な貸し手である預金者に代わって情報収集を一括して行い，企業行動をモニタリングすることができる。このため，銀行借り入れは，資金供給者が個別に情報収集をしなくてはならない社債や株式市場を通じた資金調達よりもコストを低くすることができる。とくに，銀行は借り手である企業と長期的な取引関係を結んでいることが多く，それによって情報の非対称性によるコストはかなり軽減されることになる。このため，資本調達コストの階層構造を重視する理論では，銀行借り入れが内部資金についで資本コストが低い資金調達の方法として位置付けられ，社債や新株発行より割安な資金調達の方法とされている。

　一方，社債は，銀行借り入れよりは割高であるものの，負債であることから，新株発行に比べて情報の非対称性や不完備契約のもとでの資本調達コストは低いと考えられている。これは，負債の場合，デフォルトが発生しない限り（すなわち，利子および元本が約定どおり支払われる限り），コストをかけたモニタリ

ングは必要ないが，株式の場合，業績に連動して株価や配当が変動するため，経営内容や企業業績に関する情報を逐次入手することが必要となるからである。このため，とくに事後の情報に関しては，社債など負債では，債務者がデフォルトを申し出たときのみモニタリングのコストが必要なのに対して，株式に関しては常に正確な情報の把握のためのコストが必要となる。したがって，デフォルト確率が小さい優良企業については，社債など負債による資金調達は，新株発行よりも情報入手の必要性は小さく，その分，情報の不完全性によるコストも少なくなる。

　加えて，経営者が外部の投資家より企業について詳しい情報をもっているという情報の非対称性から，経営者が新株発行（増資）をする場合，追加的なコストが発生する可能性もある。なぜなら，情報が非対称な場合，経営者は，株価が割安と判断すれば新株発行は不利なので実行せず，株価が割高なときにだけ株式を発行する傾向が生まれるからである。しかし，外部の投資家は経営者のこの傾向を知っていれば，新株発行は株価が割高であることのシグナルであると受け取り，結果的に株価を下落させる。したがって，仮に株価が割高でないときに新株発行した場合，外部の投資家は株価が割高と誤って判断する結果，企業にとっての資金調達コストは，株価の下落で上昇することになる。

5　経営者の規律付け

5.1　エージェンシー費用

　前節では，ペッキング・オーダー理論を紹介し，情報の非対称性や不完備契約のもとでは，外部資金と比べて内部資金による資金調達コストが小さく，信用割当も起こりにくいことを明らかにした。設備投資に関する実証研究でも，収益性など標準的な変数に加えて，内部資金が信用割当を減らすことで設備投資にプラスの影響を与えていることが示されている。しかしながら，たとえ内部資金による資金調達が情報の非対称性や不完備契約を解決するうえではもっとも優れているとしても，それが非効率な投資や支出につながる可能性があることには注意が必要である。

　株式会社では，依頼人（プリンシパル）である株主からの委任を受けて，代理人（エージェント）である経営者が経営を執行する。また，企業へ資金を供給する債権者は，その資金の運用を委任しているという意味で，経営者とは依

頼人と代理人の関係がある。しかし、「所有と経営の分離」が進む現代の企業では、代理人が誠実に職務を遂行しているか否かを依頼人が逐一監視することは非常に困難である。このため、ジェンセン（M. Jensen）らは、代理人である経営者が依頼人である株主や債権者の利益に反して自らの利益を優先した行動をとってしまう「利益の相反」が存在するとし、それに伴ってさまざまな非効率性（エージェンシー費用）が発生すると指摘した。

　このようなエージェンシー費用を軽減するには、外部資金による資金調達が経営規律付けに効果をもつことがある。なぜなら、企業が手元に保有する内部資金は、経営者が裁量的に使えるフリー・キャッシュとして、経営者の個人的な利益（たとえば、経営者自身の名声など）のために利用され、過大投資などの非効率性（エージェンシー費用）を生み出す可能性があるからである（これは、「フリー・キャッシュフロー仮説」とよばれる）。これを防ぐためには、負債や新株を発行することによって、経営者を社外から規律付けることが有効となる。なぜなら、内部資金とは異なり、外部資金は、資金の供給者の厳しいチェックを受けることなしには、通常、利用することはできないからである。

5.2　外部資金による規律付け

　株式市場では、過大投資を防止する規律付けは、株主総会での株主の議決権行使や、株主の一部が取締役などの経営責任を追及する「株主代表訴訟」によって可能である。また、買収者が取締役会の同意を得ないで買収を仕掛ける「敵対的買収」なども、株式市場を通じた規律付けといえる。このような市場メカニズムを通じた規律付けは、市場によるプレッシャーを過度に恐れる企業の行動の視野を近視眼的にしてしまうという問題点も指摘されている。しかし、その一方で、市場競争が激しい米国や英国などアングロ・サクソン型の市場では、馴れ合いなどによって会社内部で取締役などの経営責任が追及されない場合、それを克服する手段として、市場を通じた規律付けを積極的に評価する研究は少なくない。

　一方、日本型やドイツ型の金融市場では、銀行に代表される金融機関が、貸し出し前だけでなく貸し出し後も継続して借り手企業を審査・監督することで、経営者のモラル・ハザードを抑制し、非効率な投資を防止する規律付けの役割を果たしてきた。銀行は、借り手企業と長期的・継続的な取引関係を結ぶことによって、借り手企業の情報をより効率的に収集できると同時に、より長期的

な視野に立って融資活動を継続することが多い。このため，銀行によるモニタリングは，情報の非対称性を緩和し，経営上の近視眼的行動を抑止する機能がある。

　また，銀行貸し出しでは，長期にわたる設備資金の供給を，短期の貸し出しを何度も繰り返す「短期貸し出しのロール・オーバー」によって行うことで，融資先企業に対して事後的なモニタリングを頻繁に行うことが可能となる。短期貸し出しのロール・オーバーは，融資がこれまでと同じ条件で安定的に継続される限りにおいて，満期が長期の貸し出しと大差がない。しかし，満期が長期の貸し出しの場合，銀行がモニタリングの結果として企業情報を更新したとしても，それを融資条件の変更に反映することは難しい。これに対して，短期貸し出しのロール・オーバーでは，融資を更新する際に，モニタリングの結果として借り手のモラル・ハザードが発覚すると，融資条件を厳しくしたり，融資を打ち切ったりすることも可能である。このため，短期貸し出しのロール・オーバーでは，借り手がモラル・ハザードを起こさないという規律付けが働く傾向にある。

6　コーポレート・ガバナンス（企業統治）

6.1　コーポレート・ガバナンスとは？

　企業の経営がいかに指揮されるべきかという問題は，「コーポレート・ガバナンス」（企業統治）とよばれる。依頼人と代理人（プリンシパル＝エージェント）関係においては，代理人に対する十分な監視が困難なため，利潤の減少につながるモラル・ハザードを防止するための監視コストなどのエージェンシー費用が生じてしまう。コーポレート・ガバナンスでは，エージェンシー費用を軽減し，効率的な経営をするには，第三者による経営規律付けが重要となる。

　銀行借り入れ，社債発行，新株発行といった外部資金による資金調達は，そのような第三者による経営規律付けの1つである。金融のグローバル化に伴って，近年では，経営規律付けのあり方も国際的に標準化が進んでいる。ただ，伝統的には，コーポレート・ガバナンスがどのように機能するかは，銀行中心の日本型やドイツ型の金融市場と，公開市場が中心のアングロ・サクソン型の市場では異なっていた。表6-1はその概要をまとめたものである。

　日本型やドイツ型の金融市場では，融資前，融資開始後，返済時などあらゆ

表 6-1　日本型・ドイツ型とアングロ・サクソン型の金融市場

	日本型・ドイツ型	アングロ・サクソン型
企業の主たる資金調達の手段	銀行借り入れ	株式市場や債券市場など
主たる企業の規律付けの主体	銀行	株主や債券保有者
モニタリングの担い手		
事前的なモニタリング	銀行	格付け機関
中間的なモニタリング	銀行	社外取締役
事後的なモニタリング	銀行	公認会計士や外部監査人

る段階で，銀行がモニタリングを一手に引き受けて，企業の規律付けを効率的に行う傾向にあった。しかし，アングロ・サクソン型の金融市場では，伝統的に，事業の開始前から終了までの異なる段階に応じて，資金供給者以外の第三者による審査・監督（モニタリング）を通じた経営規律付けが行われてきた。

6.2　3つのタイプのモニタリング

　アングロ・サクソン型の金融市場では，事業の開始前の事前の情報に関するモニタリング（「事前的なモニタリング」）において，「格付け機関」（格付け会社）が重要な役割を果たしている。格付け機関は，債券を発行する企業からの依頼により，経営陣とのミーティング，財務分析，業界分析などに基づいて，その企業の信用度を「Aaa」「AAA」などの信用格付けという形で評価する。この格付けは公表され，投資家が債券などへの投資を行う際の参考データとなるほか，株価などに大きな影響力をもつ。格付け機関は，経営者の取り組みや財務面で問題があれば，格下げを行うことで，経営規律付けの一役を担っている。

　事業が開始された後の中間の情報に関するモニタリング（「中間的なモニタリング」）では，社外取締役などによる第三者的立場からの経営監視（コーポレート・ガバナンス）が重要となる。社外取締役は，取締役会において経営問題に関する意思決定を行うだけでなく，社内の取締役に代わり業務を執行する執行役の監督を行うことで事業が適切に実施されているかどうかをチェックし，隠れた行動のモラル・ハザードを防止する機能も担う。近年，日本でも，大企業を中心に，従来の監査役の業務監査に代わって，中間的なモニタリングを担う経営の監視機能として，社外取締役を中心に構成される監査委員会・指名委員会・報酬委員会を常設する「指名委員会等設置会社」が生まれている。従来型

の株式会社においては，取締役会が業務を執行しそれを監査役が監督するのに対し，指名委員会等設置会社においては，執行役が業務を執行しそれを取締役が監督することになる（指名委員会等設置会社では，取締役は業務を執行することができない）。

　加えて，事業が完了して資金の返済が行われる段階での事後の情報に関するモニタリング（「事後的なモニタリング」）では，公認会計士や外部監査人による会計監査の役割が重要となる。会計監査では，計算書類およびその附属明細書の監査を，会計監査人として選任された公認会計士または監査法人が実施し，外部監査人は，会計監査人の監査の方法・結果の相当性を判断する。それによって，経営者が虚偽の会計報告を行うといった隠れた情報のモラル・ハザードを防ぐ役割を果たしている。近年では，わが国でも企業情報のディスクロージャーの重要性が指摘され，それに伴って会計監査を行う公認会計士や監査法人の役割と責任が大きく高まっている。

7　継続的な取引の役割

7.1　情報の非対称性によるコストの軽減

　ペッキング・オーダー理論では，外部資金のなかで銀行借り入れが情報の非対称性に起因する非効率性を改善するより有効な手段とされる。これは，貸出先の審査を行う専門業者として，委託された監視者である銀行が借り手企業の情報収集を効率的に行うことができるからである。加えて，銀行は借り手である企業と長期的な取引関係を結んでいることが多く，それによって情報の非対称性によるコストはかなり軽減されることになる。

　情報の非対称性が存在するもとでも，特定の貸し手（銀行）と特定の借り手（企業）が継続的な取引関係を維持することによって，銀行側が借り手に関する豊富な情報を蓄積し，それによって将来の審査費用が節約できる。また，借り手も，貸し手との関係を維持したいと考える限り，貸し手を欺くことは得策ではなく，貸し手との関係を損ないかねないモラル・ハザードを起こさない傾向が強くなる。

　とりわけ，わが国のメインバンクは，単に企業に対する最大の貸し手であるばかりでなく，貸出先の企業と単なる貸借関係を超えた長期的・継続的関係をもつことが多く，株主となったり，必要に応じて人材を派遣したりするなどし

て，貸出先の企業の規律付けを行ってきた。このため，借り手企業とさまざまな面で継続的な取引関係を構築しているメインバンクは，銀行の情報生産の機能をより発揮しやすいと考えられている。企業集団のメンバー企業のように強いメインバンク関係をもつ企業と，そうでない企業の設備投資行動を比較した場合，強いメインバンク関係をもつ企業の設備投資の方が内部資金による制約（信用割当）が小さいという研究結果も報告されている。

　また，メインバンク（あるいは，企業集団）には，貸出先企業が苦境に陥った場合には率先して救済するという保険提供の機能（すなわち，リスク・シェアリング）があることが指摘されている。実際，企業集団に属する企業は属さない企業に比べて，平均利潤や平均成長率が低いが，他方で，時間を通じた利潤の変動は小さいという研究結果が報告されている。「イザというとき」にメインバンクが顧客企業を積極的に救済することで，企業集団に属する企業ほど財務危機（financial distress）からの立ち直りが早いことも，その保険機能の役割である。

7.2　ホールド・アップ問題

　仮に銀行と借り手企業との間の継続的な取引関係が情報生産やリスクの軽減に有益ならば，借り手企業にとって継続的な取引関係を銀行ともつことは資金の調達が容易になるとともに資本コストの節約にもつながる。したがって，メインバンクなどを通じた長期的な取引関係は，銀行・企業双方にとって利益を生む。しかし，継続的な取引関係による情報生産やリスクの軽減の機能が有効に働いている場合でも，メインバンクなど銀行との継続的な取引関係が常に借り手企業にとって望ましいとは限らない。というのは，継続的な取引関係によって情報生産やリスクの軽減などプラスの側面が生まれる反面，借り手企業にとってはメインバンクなど特定の銀行がその企業の情報を独占的に保有するという弊害も生まれるからである。

　誰もが参加することが可能な公開市場（株式市場や債券市場）とは異なり，銀行貸し出しは相対取引である。相対取引では，契約は当事者間の交渉によって行われるため，契約に際しては当事者間の交渉力が重要となる。ナッシュ交渉解（Nash bargaining solution）などの協力ゲームの理論が教えてくれるように，そのような交渉力を決定するうえでは，交渉が決裂した場合の利益を意味する威嚇点（threat point）の大きさが重要となる。これは，交渉が決裂してもそれ

図6-4 銀行と借り手の関係

① 関係が親密でないケース

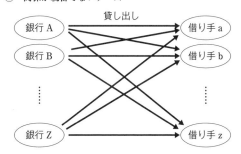

② 関係が親密なケース

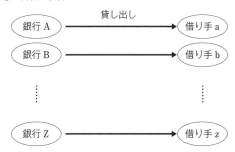

ほど損をしない主体は強い立場で交渉に臨めるが，交渉が決裂した場合に失う
ものが多い主体は交渉がまとまるように大幅な譲歩を強いられる傾向があるか
らである。

　相対取引であっても，図6-4の①で表されるように，貸し手と借り手の関
係が親密ではなく，借り手企業が多数の銀行と取引をしている場合には，特定
の銀行との交渉が決裂しても他の銀行から借り入れをすればいいだけなので，
相対取引の交渉で借り手が銀行に対して大幅な譲歩を強いられることは少ない。
しかし，図6-4の②で表されるように，貸し手と借り手の関係が親密で，借
り手企業が1つの銀行とだけ取引をしている場合，その銀行との交渉が決裂す
ることのコストは大きく，相対取引の交渉で借り手が銀行に対して大幅な譲歩
を強いられることになる。

　とくに，特定の銀行が企業に継続して融資を行っている場合，企業情報がそ
の銀行に独占されてしまうため，企業がこれまでの借り入れを取りやめ，他の

銀行から新たな融資を受けることは困難になる（すなわち，借り手企業にとって，交渉が決裂した場合の損失は大きくなる）。これは，他の銀行が当該企業の情報が少ないというだけでなく，当該企業の情報をもっているはずの銀行が融資を取りやめたことは，当該企業に対する他の銀行の評価を悪化させる傾向にあるからである。その結果，借り手企業は交渉力が低下しても従来の銀行から融資を受け続けるしかないという「ホールド・アップ（hold-up）問題」が発生する。ホールド・アップ問題が発生した場合，借り手企業は，融資が特定の銀行によって長い間継続されればされるほど，交渉力の面で不利となり，追加的なコストを払わなければ融資を継続できなくなってしまうという非効率性が発生する。

8　誰が銀行を監視するか？

8.1　銀行に対するモニタリング

　銀行は，委託された監視者として最終的な貸し手である預金者に代わって情報収集を一括して行うことで，情報の非対称性が存在する金融市場における非効率性を改善する。しかし，このような銀行の役割がうまく機能するには，借り手企業だけでなく，貸し手の銀行がモラル・ハザードを起こさないことが重要である。そのためには，銀行に対して適切な審査・監督（モニタリング）を実施するか，モラル・ハザードを起こさないようなインセンティブ（誘因）を銀行に与えることが必要となる。

　銀行をモニタリングする主体としては，銀行に対する資金供給者である預金者や株主も考えられる。たとえば，預金者は，銀行の経営が悪化すれば，預金の引き出しを行うことによって，銀行の経営者を規律付けることは可能である。また，銀行の株主は，株主総会を通じて経営に関する発言権があるだけでなく，銀行の経営が悪化すれば，株式の売却を通じて銀行の経営者を規律付けることができる。しかし，預金者や株主が得ることができる情報は限られており，その規律付けには限界がある。とくに，預金者は，預金保険制度を通じて，預金が一定額まで保護されているため，規律付けのインセンティブはきわめて小さい。

　このため，銀行のモニタリングには，通常，監督官庁の役割が重要となる。わが国では，かつては大蔵省が，そして2000年以降は金融庁（1998年に設立された金融監督庁を改組）がその機能を担ってきた。金融庁は，わが国の金融

の機能の安定を確保し，預金者，保険契約者，有価証券の投資者その他これらに準ずる者の保護を図るとともに，金融の円滑を図ることを任務として設置されている。金融庁は，金融機関などから財務会計情報やリスク情報などに関する報告を求め，それに基づく分析などを通じて金融機関の経営の健全性の把握を行うオフサイト・モニタリングを随時行うだけでなく，定期的に金融機関への立入検査（オンサイト・モニタリング）を行うことによって，金融機関の経営実態を効果的に把握するように努めている（日本銀行も，考査を行うことで，金融庁の検査を補完している）。

8.2 銀行のレント

しかし，監督官庁による銀行の検査・監督は，必ずしも十分とはいえない。この場合，銀行にモラル・ハザードを起こさないようなインセンティブを与えることが重要となる。一般に，代理人がモラル・ハザードを起こさないためには，代理人に報酬という形でのインセンティブ（誘因）を与えることが重要となる。銀行のレントの存在は，フランチャイズ・バリュー（営業基盤の価値）を高めることによって，銀行がモラル・ハザードを起こす可能性を小さくする面がある。

一般に，倒産コストが非常に低い場合，銀行は，ローリスク・ローリターンの借り手よりも，ハイリスク・ハイリターンの借り手を選択する傾向にある。これは，有限責任のもとでは，プロジェクトに失敗した場合でも，保有資産の価値を超えて責任を追及されることはないからである（隠れた行動のモラル・ハザード）。しかし，銀行が破綻すれば，そのフランチャイズ・バリューも同時に失われる。したがって，フランチャイズ・バリューを高くすれば，民間銀行は，自らの破綻を回避するべく，長期的な視野に立った慎重な融資活動を行うとともに，貸出先に対するモニタリングを積極的に行うと考えられる。

同様に，フランチャイズ・バリューを高くすれば，民間銀行は正しい情報を公表するインセンティブが高まる。なぜなら，銀行が財務内容を偽装し，本来返済できるはずの負債を返済できないと嘘をついた場合，フランチャイズ・バリューを失ってしまうからである。その結果，フランチャイズ・バリューが嘘をつくことで得られる利益を上回る限りにおいて，隠れた情報のモラル・ハザードも回避することが可能となる。

もっとも，銀行のモニタリングを監督官庁が行う場合や，銀行にレントを与

える政策がうまく機能するには，さまざまな強い前提条件が必要である。政策的介入によって生み出される銀行のレントは逆に深刻な非効率を経済に及ぼすこともある。その典型的な例が，銀行によるレント・シーキング（rent seeking）が発生するケースである。レント・シーキングが顕著となると，多くの資源はより多くのレントを獲得するためにのみ浪費され，その結果，生産的な投資へ振り向けられる資源は少なくなってしまうことになる。したがって，仮に貯蓄が預金という形で民間銀行に集められたとしても，銀行のレント・シーキングが活発である限り，その大半はレントを獲得するための贈賄へと振り向けられ，経済成長には全く貢献しないことになる。

9　経済の発展段階とモニタリング

9.1　銀行の役割

外部資金のなかでは銀行借り入れが，銀行が貸出先の審査を行う専門業者であることによって，情報の非対称性が存在する金融市場における非効率性を改善するより有効な手段とされる。しかし，どのような経済主体が投資先の審査を行ううえで優れているかは，各国の発展段階や歴史的経緯に依存する。

先進国からの技術導入を行う後発国の企業では，銀行貸し出しが情報生産やリスク分散の両面で債券市場や株式市場よりも逆に望ましい性質がある。発展途上の企業が先進国から技術を導入するには学習効果を通じて実用的な技術・技能を蓄積することが必要であり，それには長い時間を要することが多い。しかし，蓄積しようとしている技術・技能自体は，すでに先進国で使われてきたものであり，その内容はさほど専門的な知識がなくてもある程度理解可能なものである。したがって，後発国では，企業に対する情報生産は，企業のもつ技術・技能に関する事前的な審査よりも，企業の経営資源や財務内容を審査し，導入された技術や技能を，モラル・ハザードを伴うことなく，いかに効率的に活用しているかを何度もモニタリングすることの方が重要となる。

このようなモニタリングは，多数の参加者からなる公開市場よりも，委託された監視者としての銀行を通じた金融取引の方が，優れた情報生産機能があると考えられる。これら資金供給者は，借り手企業と長期的な取引関係をもつことによって，モニタリングの専門業者として企業のモニタリングを効率的に行うことができる。もちろん，技術の導入過程では，貸出先の企業がしばしば経

営危機に陥るというリスクもある。しかし，技術導入が適切に行われている限り，そのような経営危機は運転資金など手元流動性の不足が原因となることが多く，「イザというとき」の貸し手として企業を救済するうえでも，公開市場より銀行を通じた金融取引の方が優れていると考えられる。

9.2 公開市場の役割

もっとも，最先端の技術開発を行っている企業では，債券市場（社債市場）や株式市場といった公開市場を通じて資金調達を行うことが，情報生産やリスク分散の両面で，銀行貸し出しよりも望ましい性質がある。最先端の技術は，その評価に高度の専門知識が必要な場合が少なくなく，銀行の審査担当者にとって未知の部分があまりにも多い。したがって，その優劣は，多数の多様な参加者から構成され，技術に関する専門知識のある投資家も参加可能な公開市場を通じてチェックしていく方が効率的である。

また，最先端の技術は，ハイリターンであると同時にハイリスクである。このようなハイリスクを分散するうえでは，特定の貸し手がリスクを負担する銀行貸し出しよりも，幅広い投資家がリスクをシェアすることの方が好ましい。貸し出しでは，元本と利子を確実に回収することが求められるため，大きなリスクを負担することは難しい。リスクがあっても高いリターンを求める投資家が存在する公開市場の方が，ハイリスク・ハイリターンの資金調達には適しているといえる。

伝統的に英国や米国の技術水準は，産業革命以降，世界のトップ・ランナーであるものが多く，その意味で，これらの経済で債券市場や株式市場が発達したことは自然なことであったといえる。わが国でも，経済の成熟化に伴い，投資先の審査を専門的に行ううえで，多くの産業で，従来の銀行を中心としたシステムから債券市場や株式市場といった公開市場への転換が必要になっており，そのための金融市場の構造改革は大きな課題である。

10　クラウドファンディング

従来，企業が不特定多数から幅広く資金を調達するには，公開市場で社債や株式を発行することが必要であった。しかし，そうした公開市場は，多額の資金調達を可能とする一方で，企業にさまざまな基準や要件を満たすことが義務

付けられるなど，小規模な事業者には不向きなものである。このため，自己資金が限られる小規模な事業者は，従来は，銀行から融資を受けられない限り，新たなプロジェクトを立ち上げることは容易ではなかった。そうしたなか，近年，インターネットの急速な広がりによって，小規模な事業者であっても，不特定多数の人々から資金を調達することができるようになりつつある。不特定多数がインターネット経由で他の人々や組織に財源の提供や協力などを行う「クラウドファンディング」（crowdfunding）が，その代表的な手段である。

　クラウドファンディングは，特定のプロジェクトの資金調達を実現するために，多くの人々から小口の資金を集めるというコンセプトに基づいている。資金提供者は，各サービスのウェブサイトを閲覧し，そこで提供される情報から自分が共感したプロジェクトやサービスに資金を提供すると同時に，その後，事業者からプロジェクトの実施状況の報告を受けたり，リターン（見返り）としてサービスや商品を受け取ったり，利息や配当を得たりする。

　クラウドファンディングは，資金提供者に対するリターンの形態によって，金銭的な対価を受け取らない「寄付型」，事業者が提供する物品やサービスなどを受け取る「購入型」，金銭でリターンを受け取る「投資型」の3類型に大別される。また，「投資型」には，出資者が成果に応じて配当や商品などを受け取る「出資型」と，小額の資金を集めて貸付を行う「貸付型」（ソーシャル・レンディング）がある。

　わが国におけるクラウドファンディングは当初，寄付型と購入型が中心となって拡大した。これは，クラウドファンディングが2011年の東日本大震災を契機として注目され，復興を手助けする手段として拡大した経緯があったためである。しかし，規制緩和によって「投資型」クラウドファンディングを取り扱う業者の参入が容易になった結果，貸付型（ソーシャル・レンディング）を中心に，投資型クラウドファンディングも拡大しつつある。

　一般に，小規模な事業者であっても，製品開発やイベントの開催には多額の資金が必要となることが多い。クラウドファンディングでは，インターネットを通じて不特定多数の人々に比較的少額の資金提供を呼びかけ，一定額が集まった時点でプロジェクトを実行することで，そのための資金調達を可能にしている。ソーシャルメディアの発展によって小規模な事業者のプロジェクトの立ち上げや告知が容易になったことで，クラウドファンディングによる資金調達はますます活発になりつつある。

人々から寄付や事業資金を集めてプロジェクトを実行すること自体は，新しい発想ではない。しかし，インターネットが普及していなかった時代には，小規模な事業者が幅広い人々から資金を集めることはほぼ不可能であった。クラウドファンディングは，そこにインターネット上のプラットフォームという仕組みが介在することにより，そのような資金調達を可能にした。事業者の情報が幅広い資金提供者に直接伝わる点や，不特定多数の資金提供者のニーズを把握できる点などが新しく，それによって，事業者は新たな資金調達の手段を，また資金供給者は新たな資金活用の選択肢を得ることができるようになったといえる。

▓ 関連文献の紹介 ▓

清水克俊・堀内昭義『インセンティブの経済学』有斐閣，2003 年
　　→情報の非対称性や不完備契約に起因するモラル・ハザードの問題を，金融システムを中心に論じている。
花崎正晴『コーポレート・ガバナンス』岩波書店（岩波新書），2014 年
　　→エージェンシー問題や不完備契約の問題が存在する金融市場におけるコーポレート・ガバナンスの課題を多角的に論じている。
福田慎一編『金融システムの制度設計——停滞を乗り越える，歴史的，現代的，国際的視点からの考察』有斐閣，2017 年
　　→第 1 章で，本章と同じ視点から，金融と経済の発展を論じている。
神田秀樹『会社法入門（新版）』岩波書店（岩波新書），2015 年
　　→企業金融の法的な面の基礎となる会社法を，専門外の読者にもわかるように平易に解説している。

Summary

　経済の停滞によって銀行のバランスシートが悪化した場合，銀行貸し出しの減少（信用収縮）が発生する可能性がある。本章では，このような貸し手の銀行側（供給サイド）に起因する銀行貸し出しの減少を考察する。銀行のバランスシートが悪化した場合，規制当局には，不良債権問題などに取り組むことで銀行の健全性の回復に努めると同時に，その副作用にも十分に配慮した政策的な対応が求められる。本章では，バーゼル合意など，金融規制のあり方とその問題点に関しても説明する。

1 貸し出しの低迷の原因

1.1 クレジット・クランチ（信用収縮）

　第5章および第6章では，貸し出しなど企業の資金調達の問題を，主として借り手企業（需要サイド）に起因する問題に焦点を当てて説明してきた。本章と次章では，貸し手の銀行側（供給サイド）に起因する問題に焦点を当てて，銀行の融資枠の縮小や融資条件の急激な厳格化を伴うクレジット・クランチ（信用収縮）という現象を考察する。

　新古典派の資金貸借市場では，経済の停滞によって資金需要が低下（資金需要曲線の左シフト）すれば，貸出額は減少する。また，第5章で説明したように，経済の停滞によって借り手の返済確率に関する情報の非対称性が拡大すれば，その分，信用割当も起こりやすくなり，資金需要に変化がない場合でも貸出額は減少する。しかしながら，経済の停滞によって銀行のバランスシート（具体的には，貸借対照表の資産の部）が悪化した場合，それらとは異なるメカニズムで，「キャピタル・クランチ」とよばれる銀行貸し出しの減少が発生する可能性がある。

　図7-1は，日銀が行う企業へのアンケート調査結果をまとめた「短観」（企業短期経済観測調査）のうち，金融機関の貸出態度に関する判断項目に関する結果を示したものでる。図では，「貸出態度が緩い」と答えた企業の割合（％）から「貸出態度が厳しい」と答えた企業の割合（％）を差し引いた値の推移が描かれている。したがって，大きなプラスの値をとっている時期ほど貸出態度は緩い傾向にある一方，大きなマイナスの値をとっている時期は貸出態度が厳しい傾向にあることになる。

　図から，金融機関の貸出態度が厳しくなったのは，バブルが崩壊し，株価など資産価格が大きく下落した1990年代初頭，大きな金融機関がいくつも破綻し，わが国で深刻な金融危機が発生した90年代末，および世界的に金融危機が拡大した2000年代末であったことが読み取れる。なかでも，わが国で金融危機の拡大した1990年代末に貸出態度がもっとも厳しく，この時期，銀行のバランスシートの悪化が，その貸出態度の厳格化を通じて貸し出しの減少につながった可能性を示唆している。

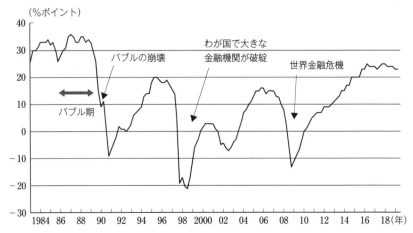

図7-1　金融機関の貸出態度

注：全規模・全産業ベース。
出所：日本銀行『短観』（企業短期経済観測調査）。

1.2　バランスシートの悪化と貸出行動

　銀行のバランスシートの悪化がその貸出行動に負の影響を与える理由としては，大きく分けて2つ考えられる。まず第1は，経営状態が悪化した場合や事実上破綻状態になった場合に，銀行の有形・無形の資産価値（フランチャイズ・バリュー）が失われるケースである。このとき，貸し出しの回収不能などによって銀行のバランスシートが悪化している状況では，資産価値が失われないように銀行は財務内容の健全性を回復させるため，リスクの高い貸し出しを回避する傾向が生まれる。とりわけ，自己資本比率は銀行に対する格付けとも密接に関連しており，自己資本比率が高いことがその信用力を示すうえでも重要となっている。したがって，損失処理などによって自己資本比率が低下すれば，銀行は自身の財務内容の健全性を回復させるために，貸出先の健全性にかかわらず，貸し出しを回収する可能性が発生する。

　第2は，当局の「規制」という観点からキャピタル・クランチに注目する立場である。第3節以降でみるように，「バーゼル合意」に基づく銀行の自己資本比率規制のもとでは，国際業務を行う銀行は自己資本比率（リスクアセット・レシオ）を一定以上に保つことが必要である。また，国際業務を行わない銀行も，自己資本比率規制を一定以上に保つことが要求されている。したがっ

て，当局の規制が有効であれば，自己資本比率が低下した場合，銀行は規制をクリアすべく貸出量を圧縮し，その結果，キャピタル・クランチが発生する可能性が生まれる。

2 不良債権

2.1 不良債権とは？

前節でみたように，企業の資金調達は，資金を供給する銀行に起因する問題によっても影響を受ける。なかでも，大きな不良債権が発生した場合，銀行の資金供給行動はしばしば大きく制約を受けることが知られている。

「不良債権」とは，貸出先の業績不振などによって，回収困難な債権のことをさす。具体的には，経営が破綻あるいは実質的に破綻している貸出先に対する債権，または破綻する危険がある貸出先に対する債権のことを不良債権という。このような不良債権には，元本または利息の支払いが3カ月以上滞っている貸出金や，当初の条件どおりに返済できず，金利の減免（引下げ）や元本の返済が猶予されている貸出金も含まれる。元本または利息が返済できないデフォルト（債務不履行）が起こると，銀行には大きな損失が発生するため，不良債権の増加は銀行行動にさまざまな形で影響を与えることになる。

2.2 不良債権の基準

銀行にとって，返済の可能性の低い債権を的確に把握し，それらに対して早期の手当てをすることは重要である。このため，わが国の銀行は，経営の健全性を確保するために，金融庁の「金融検査マニュアル」や各銀行が定める自己査定基準などによって貸し出しなどの資産の価値を定期的に自ら査定し，その結果に基づいて償却・引当てといった財務上の処理を行っている。「自己査定」では，債務者ごとに査定し，正常先，要注意先，破綻懸念先，実質破綻先，破綻先の5つの債務者区分に分ける。そして，2つの基準をもとに，不良債権の開示を行っている。

その1つは，「金融再生法に基づく開示債権」で，貸出金と貸付有価証券などのその他の債権が対象となる。そこでは，債権を，正常債権，要管理債権，危険債権，破産更生債権およびこれらに準ずる債権の4つに分類し，このうち正常債権を除いたものが不良債権の開示額となる。もう1つは，「銀行法に基

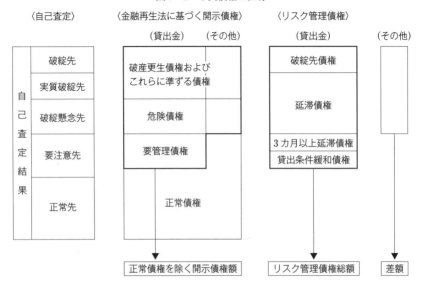

図7-2　不良債権の区分

〈自己査定〉　　〈金融再生法に基づく開示債権〉　　〈リスク管理債権〉

づくリスク管理債権」で，こちらは貸出金のみが対象となり，不良債権が，貸出条件緩和債権，3カ月以上延滞債権，延滞債権，破綻先債権の4つに区分される。

　図7-2は，自己査定と，2つの基準の不良債権がどのように対応しているかを示したものである。自己査定の破綻先と実質破綻先が開示債権の破産更生債権およびこれらに準ずる債権に対応し，自己査定の破綻懸念先が開示債権の危険債権に相当する。また，貸出金に限定すれば，自己査定の破綻先がリスク管理債権の破綻先債権に対応し，自己査定の実質破綻先と破綻懸念先がリスク管理債権の延滞債権に相当する。また，開示債権の要管理債権はリスク管理債権の3カ月以上延滞債権（元金または利息の支払いが3カ月以上延滞している貸出債権）と貸出条件緩和債権（債権の回収を促進することを目的に債権者に有利な一定の譲歩を与える約定条件などの改定を行った貸出債権）に相当し，それらは自己査定の要注意先よりは狭い概念となっている。

　不良債権を正確に把握することは，銀行の健全性を維持し，金融危機を予防するうえで重要である。その一方で，銀行に対する不良債権の審査を厳格化すると，前節で指摘したようなキャピタル・クランチを起こす恐れもある。このため，規制当局は，不良債権など銀行の健全性に関するディスクロージャーを

徹底すると同時に，それがもたらしかねない副作用にも十分に配慮し，必要に応じて政策的な対応を行うことも求められている。

3　バーゼル合意（バーゼルI）

3.1　銀行の自己資本比率規制

1980年代以降，世界各国で金融の自由化・国際化が進展するなかで，国際的な銀行業務に従事している各国の銀行の競争条件を均等化させ，国際銀行システムの健全性・安定性を強化することが，各国の金融監督当局にとって重要な課題となってきた。監督当局が相互協力のうえ，平時より各種の連絡や協調体制を確保しておくことは，国際金融システムを安定化させるうえできわめて重要である。BIS（Bank for International Settlement，国際決済銀行）内に設けられたバーゼル銀行監督委員会は，こうしたプルーデンス政策の国際協調を議論する場であり，これまでにさまざまな提言を行ってきた。その代表的なものの1つが，銀行の自己資本比率規制に関する国際統一基準を設定した「バーゼル合意」である。

最初の「バーゼル合意」（バーゼルI）に基づく銀行の自己資本比率規制（しばしば，「BIS規制」とよばれる）は，金融機関の健全性の確保と国際的な金融機関の競争条件平等化の確保という2つを目的として，1988年7月に決定された。具体的には，バーゼルIにおける銀行の自己資本比率規制では，国際業務を営む銀行に対して，オフバランス取引を含む連結ベースにおいて，

$$\text{自己資本比率（リスクアセット・レシオ）} = \frac{\text{自己資本相当額}}{\text{リスクアセット相当額}} \tag{1}$$

が8%以上となることを義務付けた。

日本でも，1993年3月決算以降，国際業務を営むすべての銀行（国際統一基準行）にこの自己資本比率規制が適用されるようになり，国際業務を営む日本の銀行は，自己資本比率が8%以下に低下する可能性がある場合，基準を満たすべくその資産内容を改善させなければならなくなった。また，1990年代後半からは，日本国内のルールとして，国内業務のみを行う銀行（国内基準行）も，自己資本比率（リスクアセット・レシオ）を4%以上に保つことが必要となった。

3.2 自己資本比率の分子と分母

バーゼルⅠでは，自己資本比率の分子である「自己資本相当額」は，「Tier 1（基本的項目）」＋「Tier 2（補完的項目）」－「控除項目」，と定義された。このうち，Tier 1（基本的項目）には，資本金（普通株式，非累積的永久優先株），資本準備金，連結剰余金，繰延税資産などがカウントされた。このため，たとえば貸出金の回収が困難となって不良債権が増加し，銀行の資産が毀損した場合，Tier 1 の連結剰余金などが減少し，その結果，自己資本比率の値も減少することとなった。

また，Tier 2（補完的項目）には，Tier 1 の金額を上限として，有価証券含み益（45% が算入対象），一般貸倒引当金，負債性資本調達手段等（永久劣後債など）が算入可能となった。このため，株価の下落などによって有価証券含み益が減少すれば，その 45% 相当分の Tier 2 も減少し，それだけ自己資本比率の値も減少することとなった。

一方，自己資本比率の分母である「リスクアセット相当額」は，資産カテゴリー別のリスクでウェイト付けされた加重総資産を中心に算出された。バーゼルⅠでは，資産カテゴリー別のリスク・ウェイトは，現金および中央政府・中銀向けの債権（国債など）が 0%，抵当権により完全に保全された住宅用貸付が 50% なのに対して，民間向け債権，営業用土地・建物・動産などが 100% のウェイトを掛けられた。このため，リスクアセット相当額は，総資産に占める国債保有比率が増加すれば減少し，総資産に占める貸出額の比率が増加すれば増加するという性質があった。その結果，自己資本比率規制のもとでは，分子の自己資本相当額が減少した場合，銀行は貸し出しを抑制して国債保有を増やす誘因を高めることになった。

4　早期是正措置

バーゼル合意では，国際業務を行う銀行と国内業務のみを行う銀行にそれぞれ，自己資本比率を一定の値以上にすることが義務付けられた。「早期是正措置」は，このルールをベースに，金融当局である金融庁が，自己資本比率の基準を下回った銀行に対して，業務の改善を図るために発動するものである。銀行の破綻を早期に防ぎ，経営の健全性を確保することを目的として，1998 年 4月に導入された。早期是正措置は，銀行の経営状態の判断指標である自己資本

バーゼル銀行監督委員会とバーゼル・コンコルダット

　　金融監督の国際協調は，1974 年のバーゼル銀行監督委員会の創設が始まりである。その直接の動機となったのが，為替投機の失敗で巨額な損失を出したドイツのヘルシュタット銀行の経営破綻（1974 年 6 月）である。同行から米ドルを対欧州通貨で買っていた米国の銀行が，ドイツ時間の午前中に欧州通貨を支払ったにもかかわらず，その日の午後に営業停止が発表されたため，ニューヨークで米ドルを受け取れなくなり，大きな損失を被った（このような外国為替決済の時差に伴う決済リスクは，「ヘルシュタット・リスク」とよばれる）。ヘルシュタット銀行の破綻の影響がドイツ国内にとどまらず，ドイツ国外にも波及したことを踏まえて，通貨価値・外国為替相場の安定の分野に加え，金融システムの安定の分野においても各国が協力していくことが重要であるという認識が主要国の中央銀行の間で生まれたことが，バーゼル銀行監督委員会の創設の背景である。

　　バーゼル銀行監督委員会の最初の成果は，銀行の国外拠点監督に際しての各国監督当局のガイドラインを定めた「バーゼル・コンコルダット」である。これは，国外に進出した銀行の活動が銀行監督を免れることを防ぐために各国の監督当局が協力するためのガイドラインであった。具体的には，親銀行所在の母国監督当局と当該銀行が国外に進出した受入国監督当局の間で銀行監督上の責任分担を明確にしたうえで，銀行監督上の隙間ができないように母国監督当局と受入国監督当局の間で情報交換などを通じて協力することを促す内容であった。その後，バーゼル・コンコルダットは，1982 年のイタリアのアンブロシアーノ銀行の破綻を契機に，83 年に大幅な改訂が行われ，その後も，いくつかの追補，訂正がなされている。

比率の大きさをもとに段階的に発動される。

　まず，銀行の自己資本比率が，バーゼル合意の基準未満になった場合，経営改善計画の提出および実施の命令が出される。以下，自己資本比率が低下するにつれて，自己資本充実計画の提出・実施，配当・役員賞与の禁止・抑制などの措置，あるいは大幅な業務縮小や業務停止命令が出され，自己資本比率が 0% を割った段階で業務の一部または全部の停止命令となる。

　さらに，2002 年以降，自己資本比率が悪化していない銀行に対する予防的措置として，「早期警戒制度」も導入されている。これは，金融庁が金融機関の経営状況を監視し，収益や自己資本比率の悪化などがみられる場合に，早い

段階で是正措置をとる制度で，金融機関に収益性や資産内容などの報告を求め，必要に応じて経営改善を促すことを目的としている。また，金融庁は，早期是正措置の厳格化を発表し，銀行法に基づく事務ガイドラインの改正を行った。これにより，早期是正措置による命令を受けた金融機関に対する自己資本比率の改善期間は，3年から1年に短縮された。

　バーゼル合意およびそれをベースとした早期是正措置に共通した特徴は，国際業務を行う銀行と国内業務のみを行う銀行で，要求される自己資本比率が異なることである。これは，破綻した場合の影響が国際業務を行う銀行の方が大きいからである。しかし，日本におけるこのような国際基準と国内基準のダブル・スタンダードは，自己資本相当額が大きく毀損し，当面は回復の見込みがない場合，国際統一基準行に国内基準行へ移行するインセンティブを高める。その結果，金融危機が発生した際，それまで国際業務を行っていた銀行が国際業務を取りやめ，海外向けの融資を回収する傾向を生み出す。この傾向は，とくに1990年代末に東アジア向けの融資で顕著となり，東アジア地域ではその影響で経済危機（アジア通貨危機）が深刻化したという批判もある。

5　貸し渋り──分母問題

　銀行の自己資本比率規制は，銀行の健全性を維持し，システミック・リスク（第9章第8節参照）を防止するためには重要な規制である。しかし，バーゼルIでは，自己資本相当額のうち，Tier 1（基本的項目）は不良債権の増加によって銀行の健全性が劣化した場合，また Tier 2（補完的項目）は株価の低迷によって含み益が減る場合，それぞれ毀損するため，自己資本比率には，プロシクリカル（pro-cyclical）な性質（好況期に上昇する一方，不況期には下落するという性質）があった。その結果，バーゼルIの自己資本比率規制では，不況期に貸し出しの低迷を招き，経済の低迷をさらに深刻化させる懸念があった。

　たとえば，簡単化のため，貸し出しと国債のみを資産として保有する銀行を考え，そのバランスシート（貸借対照表）を図7-3のように表そう。このとき，バーゼルIでは，貸し出しと国債のリスク・ウェイトはそれぞれ100％と0％だったので，初期時点（好況期）の貸出額と純資産（自己資本）をそれぞれ L_0 と W_0 とすると，自己資本比率（リスクアセット・レシオ）は $\frac{W_0}{L_0}$ となった。したがって，$\frac{W_0}{L_0} \geq 8\%$ である限り，この銀行は，初期時点でバーゼル合意の国際

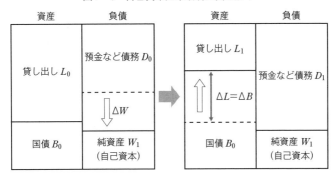

図7-3　自己資本比率規制と貸し渋り

注：$W_0/L_0 \geq 8\% > W_1/L_0$，および $W_1/L_1 \geq 8\%$。$W_0 \equiv W_1 + \Delta W$。

基準を満たしていることになった。

　しかし，不況期に入って，収益の悪化や不良債権処理などのために銀行の純資産が $W_0 \equiv W_1 + \Delta W$ から W_1 へと ΔW だけ毀損した場合，初期時点の資産構成のもとでは，自己資本比率は $\dfrac{W_1}{L_0}$ となり，8% を下回る可能性がある。8% を下回った場合でも，もし銀行が増資（新株発行）などによって純資産を元の水準まで高めることができれば，バーゼル合意の国際基準は満たされる。ただ，不況期に，銀行が増資することは，たとえ可能であっても（銀行の株価が低いなどの理由によって）コストが高い。一方，仮に増資が全くできないときでも，貸し出しを L_0 から $L_1 \equiv L_1 - \Delta L$ へと減らし，国債保有を B_0 から $B_1 \equiv B_0 + \Delta B$ へと増加させた場合，自己資本比率（リスクアセット・レシオ）は $\dfrac{W_1}{L_1}$ となる。したがって，$\dfrac{W_1}{L_1} \geq 8\%$ である限り，この銀行は，初期時点でバーゼル合意の国際基準を満たすことができた。

　ここで注意すべき点は，$\Delta L = \Delta B$ である限り，銀行の資産総額（総資産）は全く変化していないことである。すなわち，バーゼルIでは，銀行は貸し出しという危険資産を減らして，国債という安全資産を増やすという資産の組み換えを行うことによって，総資産や自己資本を変えることなく，その自己資本比率を高めることができたのである。その結果，バーゼルIでは，不況期に，銀行は自己資本比率規制をクリアすべく，国債を増加させる一方で，貸し出しを減少させる傾向にあった。この傾向は，「貸し渋り」や「貸し剝がし」とよばれ，わが国でも 1990 年代末の金融危機の際にその影響が社会的に問題となった。

6 自己資本相当額の課題——分子問題

　バーゼルⅠの自己資本比率では，通常の自己資本比率の定義と異なり，自己資本相当額（分子）のなかに，狭義の自己資本以外のものが数多く含まれていた。そのため，銀行の自己資本の毀損以上に自己資本相当額が急速に減少する可能性がある一方，実際には自己資本が大きく毀損した場合でも，表面上はその減少を打ち消す会計上の操作も可能であった。

　たとえば，自己資本相当額のうち，Tier 2（補完的項目）には，Tier 1（基本的項目）の金額を上限として，有価証券含み益の 45%（含み損の場合には 100%）が算入可能であった。このため，伝統的に株式の保有が認められてきた日本の銀行では，Tier 1 がほとんど変化しない場合であっても，株価の下落などによって有価証券含み益が減少すればその 45%（含み損の場合には 100%）相当分の Tier 2 も減少し，それだけ自己資本比率の値も減少する傾向にあった。

　一方，自己資本相当額の Tier 1 には優先株（株主配当や会社精算時に残った財産の分与を普通株に優先して受けられる株式）が資本金の一部として，また Tier 2 には劣後債（普通社債に比べて元本と利息の支払いの順位が低い社債）が算入可能となっていた。このため，自己資本が大きく毀損した場合でも，優先株や劣後債を発行することで，銀行は自己資本比率を回復させることができた。

　優先株は，配当金や残余財産の分配を，他の種類の株式（普通株）よりも優先的に受け取ることができる株式である。配当の支払いが厳しくなった場合に普通株への転換が認められることはあるものの，通常，株主総会における議決権は制限される。また，劣後債は，償還や発行体の解散または破綻時に他の債務への弁済をした後の余剰資産により弁済される債券である。このため，普通の債券（社債）による資金よりは株式発行などにより得られる自己資本に近い性格の資金となる。いずれも，株式会社の支配関係（株主比率）を変えることなく自己資本相当額を増やすことができるので，株主比率を変化させる普通株の発行に比べて，銀行にとって自己資本比率を高めるうえで受け入れやすい手段であった。

7　優先株や劣後債──持ち合いと資本注入

7.1　持 ち 合 い

前節でみたとおり，バーゼルⅠでは優先株と劣後債がそれぞれ Tier 1 と Tier 2 に算入可能であった。このため，金融機関同士が互いに優先株や劣後債を持ち合うと，実質的には何ら健全性が改善していない場合でも，自己資本比率を形式的に改善させることが可能であった。

たとえば，自己資本不足に陥った 2 つの金融機関 A と B を考え，それぞれのバランスシートを，図 7-4 のように表そう。図では，金融機関 A および B の貸出額と純資産（自己資本）は，それぞれ L_A と W_A および L_B と W_B である。このとき，バーゼルⅠでは，貸し出しと国債のリスク・ウェイトはそれぞれ 100% と 0% だったので，各行の自己資本比率（リスクアセット・レシオ）は，それぞれ $\frac{W_A}{L_A}$ および $\frac{W_B}{L_B}$ となる。したがって，$\frac{W_A}{L_A}<8\%$ および $\frac{W_B}{L_B}<8\%$ である限り，いずれの銀行も，初期時点（図 7-4 の左側のバランスシート）では，バーゼルⅠの国際基準を満たしていない。

しかし，金融機関 A および B がそれぞれ優先株または劣後債を発行し，もう一方の金融機関に保有してもらうと，バーゼルⅠの国際基準は満たされることがある。図 7-4 の右側は，このようなバランスシートを表したものである。図では，金融機関 A が優先株 PS_A や劣後債 SD_A を発行し，それを金融機関 B がすべて保有する一方，金融機関 A が優先株 PS_B や劣後債 SD_B を発行し，それを金融機関 B がすべて保有するケースが示されている。優先株および劣後債は，いずれもリスク・ウェイトが 100% のリスク資産である一方，それぞれ Tier 1 と Tier 2 に算入可能であった。

このため，バーゼルⅠでは，持ち合い後の各行の自己資本比率（リスクアセット・レシオ）は，それぞれ $\frac{W_A+PS_A+SD_A}{L_A+PS_B+SD_B}$ および $\frac{W_B+PS_B+SD_B}{L_B+PS_A+SD_A}$ となる。これらはいずれも，PS_A+SD_A や PS_B+SD_B が十分に大きい場合，$\frac{W_A}{L_A}<8\%$ および $\frac{W_B}{L_B}<8\%$ であっても，8% を超えた。したがって，優先株または劣後債の十分な持ち合いが行われる限り，いずれの銀行も，持ち合い後（図 7-4 の右側のバランスシート）では，バーゼルⅠの国際基準を満たすことになった。

このような優先株や劣後債の持ち合いは，1990 年代前半，生命保険会社（生保）と銀行の間で顕在化した。生保は銀行と異なってバーゼル合意の対象

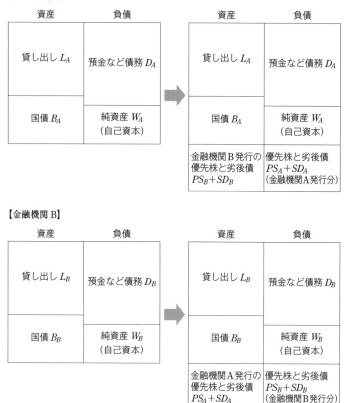

図7-4 優先株や劣後債の持ち合い

【金融機関A】

資産	負債		資産	負債
貸し出し L_A	預金など債務 D_A		貸し出し L_A	預金など債務 D_A
国債 B_A	純資産 W_A （自己資本）		国債 B_A	純資産 W_A （自己資本）
			金融機関B発行の優先株と劣後債 $PS_B + SD_B$	優先株と劣後債 $PS_A + SD_A$ （金融機関A発行分）

【金融機関B】

資産	負債		資産	負債
貸し出し L_B	預金など債務 D_B		貸し出し L_B	預金など債務 D_B
国債 B_B	純資産 W_B （自己資本）		国債 B_B	純資産 W_B （自己資本）
			金融機関A発行の優先株と劣後債 $PS_A + SD_A$	優先株と劣後債 $PS_B + SD_B$ （金融機関B発行分）

ではない。しかし，生保には，ソルベンシー・マージン比率というバーゼル合意に相当する規制があり，生保はこの基準をクリアする必要があった。このため，銀行と生保は，互いの優先株や劣後債を持ち合うことで，それぞれ自己資本比率とソルベンシー・マージン比率を高めようとしたと考えられる。

7.2　公的資金の投入（資本注入）

　銀行は，民間企業ではあるが，破綻した場合の社会的な影響は，他の民間企業よりもはるかに大きい。このため，銀行の健全性が大きく毀損した場合，その自己資本比率を高めるために，公的資金が資本金に注入されることが多い。

生命保険会社のソルベンシー・マージン

　生命保険会社のソルベンシー・マージン（支払い余力）は，責任準備金を超える自己資本の部分に相当する。責任準備金は，通常予測される範囲のリスクの発生を前提とした生命保険会社の負債に相当する。これに対して，ソルベンシー・マージンは，通常の予測範囲を超えて発生するリスクに対応するものである。各生命保険会社の健全性を測るためのソルベンシー・マージン比率は，ソルベンシー・マージンを各生命保険会社のリスク（通常の予測を超えるリスク）で正規化された指標であり，算出式は以下のとおりである。

$$
ソルベンシー・マージン比率（\%）\\
= \frac{ソルベンシー・マージン}{リスク総額 \times 0.5} \times 100 \tag{2}
$$

ここで，分母のリスク総額に 0.5 が乗ぜられているのは，米国のソルベンシー・マージン基準である RBC 基準にならったためである。このため，ソルベンシー・マージン比率が 200% のとき，ソルベンシー・マージンが通常の予測を超えるリスクに見合っていることになる。

　(2)式の分子であるソルベンシー・マージンには，資本の部合計や内部留保に加えて，株式や土地含み益（あるいは含み損），劣後債務などが含まれている。一方，(2)式の分母に当たるリスク総額は，保険リスク，予定利率リスク，資産運用リスク，経営管理リスク，から構成される。このうち，資産運用リスクは，株価暴落・為替相場の激変などにより資産価値が大幅に下落するリスク，および貸付先企業の倒産などにより貸し倒れが急増するリスクで，対象資産の残高に一定のリスク係数を掛けて求められる。

　銀行のリスクアセット・レシオと生命保険会社のソルベンシー・マージン比率は，政策当局が自己資本の大きさによって金融機関の健全性を測る指標である点で共通している。また，業態の違いから定義上でさまざまな相違があるものの，自己資本相当額をリスクアセット相当額で除したものであるという点では，リスクアセット・レシオとソルベンシー・マージン比率は共通している。したがって，株価の下落によって株式含み益が減少した場合や，不良債権の処理によって剰余金が減少した場合，銀行のリスクアセット・レシオと生命保険会社のソルベンシー・マージン比率は，ともに下落する性質がある。また，他の条件を所与として，リスクアセット・レシオやソルベンシー・マージン比率を改善させるには，保有する資産を，株式や貸出金といったリスクの大きい資産から，国債などリスクの少ない資産へ変換することが必要となる。

公的資金による資本注入は，通常，銀行が，優先株式や劣後債を政府ないしその関係機関に発行するという形で行われる。

　普通株ではなく，優先株式や劣後債が発行される理由は，普通株で株主総会の議決権をもつことは，政府による民間企業の経営への介入につながるため，平時には望ましくない面があるからである。また，普通株よりも返済順位の高い優先株式や劣後債をもつことで，銀行が破綻した場合の公的資金の損失を少なくすることも可能となる。

　わが国でも，1997年11月の大きな金融機関（山一證券と北海道拓殖銀行）の破綻を経験して，金融システムに対する不安がこれまで以上に高まるにつれ，98年2月に初めて公的資金枠が破綻処理と予防的な資本注入のために安定化法（金融機能安定化法）で創設され，翌月，公的資金を使った銀行の優先株式や劣後債の購入や劣後ローンが行われた（第1次資本注入）。しかし，第1次資本注入は，銀行の経営の実態にそぐわない横並び的なもので，注入金額も限定的であったため，その後も新たに大きな金融機関（日本長期信用銀行と日本債券信用銀行）が破綻するなど，金融危機はさらに悪化した。

　このため，1998年10月に金融再生法が創設され，金融機関の破綻処理の枠組みが大きく進展すると同時に，早期健全化法が創設され，新しい予防的な資本注入の仕組みが定められた（安定化法はそれに伴い廃止）。同法に基づき，1999年3月以降，東京三菱銀行を除く大手15行に対し，資本注入が実施された（第2次資本注入）。第2次資本注入は，必要な銀行により多く資本注入をするものであっただけでなく，規模も第1次資本注入の約4倍であった。この資本注入を機に，わが国の主要行の自己資本比率（リスクアセット・レシオ）は徐々に回復し，銀行の健全性が悪化したことに伴う経済危機も少しずつ解消していった。

8　繰延税金資産（税効果会計）

　法人税等の金額は，税法上の課税所得（＝益金－損金）に税率を掛けて算出されるが，この「課税所得」と企業会計上の「利益」（＝収益－費用）は一致しない場合がある。これは，企業会計上は費用とされても，税法上は直ちに損金と認められない場合があるためである。この場合，決算の時点では税法上の損金とされないため税金を多めに支払うことになるが，将来，税法上の損金とさ

公的資金とは？

　非金融事業法人とは異なり，金融機関にはしばしば公的資金が投入される。公的資金投入の目的は，金融システムの安定化のためであり，個別の金融機関の救済のためではない。とくに金融機関だけに公的資金が投入される理由は，金融機関は，預金などで受け入れたお金を企業・個人などに対して融資するという金融仲介業務や，口座の付け替えにより各種経済取引を決済するという決済業務を営むからである。このような業務を行う金融機関は，経済のインフラとしての公共性をもっており，経済活動が円滑に行われるためには，金融機関を通じたお金の流れが滞らないことが必要不可欠である。このため，公的資金の枠組みにより，金融機関の破綻に伴う混乱を最小限にとどめたり，金融機関の資本を増強して健全性を高めたりすることによって，経済の潤滑油である金融取引が滞ることのないようにしている。

　公的資金の代表的なものは銀行に対する資本注入で，それには7.2で言及した1998年3月の金融機能安定化法に基づく資本増強（第1次資本注入）や99年3月以降の早期健全化法に基づく資本増強（第2次資本注入）があった。現在は，2000年の預金保険法（危機対応）に基づく資本増強，および02年の組織再編法に基づく資本増強に加え，地域金融機関を対象とした04年以降の金融機能強化法に基づく資本増強が可能となっている。1998年から2003年にかけて行われた資本増強は総額で約12.3兆円にも及び，金融システムの安定化に大きく寄与した。また，その多くはその後に返済されており，投入された公的資金が必ずしも国民の負担（税金での穴埋め）になったわけではない。

　なお，銀行に対する公的資金には，資本注入以外にも，破綻処理に関わる資金援助や健全金融機関からの不良資産買い取りなどがある（本章の第10節を参照）。このうち，破綻処理に関わる資金援助とは，金融機関が破綻した場合，受け皿金融機関への営業譲渡や合併が円滑に行われるように預金保険機構が行うもので，受け皿に引き渡すのが適当でない不良資産を破綻金融機関から買い取る「資産買い取り」と，受け皿金融機関への引き渡しの際に破綻金融機関の債務超過の穴埋め分を受け皿金融機関に贈与する「金銭贈与」に大別される。資産買い取りに関しては，回収状況に応じて損益が出る性質のものであるが，金銭贈与は，預金者保護の観点から行われるもので，すべてが預金保険機構の損失となる。また，健全金融機関からの不良資産買い取りは，金融再生法に基づくもので，買い取り価格やその後の経済状況によっては損益が出る性質のものである。

れた時点では逆に，先に多く支払った分について控除し，税金を少なめに支払うことになる。この差を調整する会計上の仕組みが「税効果会計」である。この仕組みのもとでは，初めの時点で多めに支払った税金に相当する金額を「繰延税金資産」として資産計上し，損金とされた時点で取り崩すことになる。

たとえば，銀行は貸出先の破綻に備えて，貸出先の債権の一定割合を貸倒引当金としてあらかじめ損失を計上するが，損金算入限度額（税務上損失として処理できる限度額）を超えて貸倒引当金を計上した場合には，超過額について，会計上は損失となるにもかかわらず，税務上は損失とはならない。将来的に貸出先が実際に破綻して現実に損失が出た場合には税務上の損失とされるが，それまでは，課税所得がそれだけ多くなり，税金の支払いが生じる。しかし，税効果会計を適用すると，この部分が会計上，前払額として資産計上される。これが繰延税金資産である。

繰延税金資産は，バーゼル I では，自己資本相当額の Tier 1（基本的項目）に含まれるため，銀行の自己資本比率を大きく高める効果があった。繰延税金資産は，将来の会計期間に帰属すべき税金費用（損金）を当期に前払いしたものなので，将来それに対応する課税所得が派生する限りにおいて，合理性のある資本の 1 つである。しかし，自己資本が大きく毀損した銀行では，繰延税金資産の自己資本相当額への寄与度が大きくなる傾向にあり，過度の繰延税金資産に依存した自己資本相当額は，健全性の観点から好ましいとはいえない。このため，現在のバーゼル合意では，繰延税金資産は限定的にしか Tier 1 に含めることができなくなっている。

9　バーゼル II からバーゼル III へ

9.1　バーゼル II

これまでの節でみてきたように，当初のバーゼル合意（バーゼル I）は，各国の銀行の競争条件を均等化させ，国際銀行システムの健全性・安定性を強化するうえで重要な役割を果たした一方で，キャピタル・クランチなどさまざまな弊害も伴ってきた。このため，銀行の自己資本比率規制をどのように改善していくかは大きな政策課題であり，さまざまな検討が行われてきた。

その最初の試みの 1 つが，「バーゼル II」である。バーゼル II は，急速な勢いで進展するリスクの多様化・複雑化に対応するため，2004 年には自己責任

型・市場規律型の新しいバーゼル合意として決定された（わが国では，2007年3月末より全面実施）。バーゼルⅡでは，自己資本比率（リスクアセット・レシオ）の分子に当たる「自己資本相当額」の範囲に大きな変更はなく，最低所要自己資本比率も国際統一基準行が8％，国内基準行が4％のままであった。しかし，自己資本比率の分母に当たる「リスクアセット相当額」の計算方法が，リスクをより正確に反映するものへと変更された。

　バーゼルⅠでは，自己資本比率の分母である「リスクアセット相当額」において，それを計算する際に用いられるリスク・ウェイトが資産カテゴリー別に固定されており，実際に銀行が直面しているリスクとは対応していない面が強かった。たとえば，貸し出しや保有する有価証券には，投資対象先の健全性にかかわらず常に100％のリスク・ウェイトが掛けられていた。しかし，貸し出しや株式保有であっても，相対的にリスクの高いものと低いものがあるだけでなく，資産の組み合わせや資産・負債の総合管理（ALM）によってリスク分散をできる可能性がある。バーゼルⅡは，このようなリスク管理手法を前提としてリスク・ウェイト付けされた加重総資産を中心に算出された。

　具体的には，貸し出しに伴う信用リスクの計算方法に関して，今まで一律のリスク・ウェイトで行っていたものを，計測手法に標準的手法と内部格付手法の選択肢を銀行に与えることで精緻化が図られた。標準的手法では，中小企業向け貸し出しは，小口分散によるリスク軽減効果を考慮してリスク・ウェイトを軽減が行われる一方で，貸出先企業の信用力に応じたリスク・ウェイトの使用が可能となり，延滞債権は引当率に応じてリスク・ウェイトを加減できるようになった。また，内部格付手法では，各銀行が有する行内格付けを利用して借り手のリスクをより精密に反映する方式がとられ，債務者ごとのデフォルト率，デフォルト時損失率などを各国共通の関数式に入れてリスク・ウェイトは計算されるようになった。さらに，バーゼルⅡでは，対象となるリスクの適用範囲を，それまでの「信用リスク」と「市場リスク」に加えて，事務事故や不正行為などによって損失を被るリスクとして「オペレーショナルリスク」を新たに含めるようになった。

　バーゼルⅡによって，優良な貸し出しのリスク・ウェイトは小さくなり，バーゼルⅠのように，不況期に優良な貸出先でも融資が減らされるといった極端な「貸し渋り」は起こりにくくなった。しかし，「自己資本相当額」は見直されなかったため，バーゼルⅡにおいても，自己資本比率にプロシクリカル

な性質（好況期に上昇する一方，不況期には下落するという性質）は依然として存在し，不況期に貸し出しが減少し，国債保有が増加するという傾向は残った。

9.2　バーゼル III

バーゼル II では，自己資本比率の分母に当たる「リスクアセット相当額」の計算方法がリスクをより正確に反映するものへと変更されたが，分子に当たる「自己資本相当額」の範囲には大きな変更がなかった。このため，2008 年〜09 年に発生した世界的な金融危機を防げなかったことを教訓に，主要国の銀行監督当局で構成されるバーゼル銀行監督委員会は，2010 年 9 月に「バーゼル III」の導入を公表した。バーゼル III は，国際的に業務を展開している銀行の自己資本の質と量の見直しが柱で，普通株や内部留保などからなる「中核的自己資本」（＝普通株等 Tier 1）を，投資や融資などの損失を被る恐れがある「リスク資産」に対して，一定割合以上もつように義務付けるものである。金融危機の再発を防ぎ国際金融システムのリスク耐性を高める観点から，自己資本比率規制が厳格化された。

図 7-5 は，バーゼル III における自己資本比率規制を，バーゼル I や II と比較する形で図示したものである。もっとも大きな変更点は，従来は Tier 1 と Tier 2 の合計である「自己資本」の比率が 8% 以上であることのみが規制の対象であったのに対して，バーゼル III では，Tier 1 と Tier 2 を合計した「総自己資本」だけでなく，普通株式・内部留保などからなる「普通株等 Tier 1」という狭義の Tier 1 や，それにその他 Tier 1 を加えた「広義の Tier 1」に関しても，それぞれ比率に関して規制が設けられたことである。具体的には，自己資本がリスクアセット相当額に対して最低限満たさなければ比率を，普通株式等 Tier 1 は 4.5%，広義の Tier 1 は 6.0%，総自己資本（Tier 1 + Tier 2）は 8.0% とした。

加えて，普通株等 Tier 1 に関しては，「資本保全バッファー」が 2.5% だけ上乗せされる自己資本比率規制も導入された。この上乗せ部分の保有義務は，自己資本比率規制にプロシクリカルな性質があることを踏まえたもので，過剰な与信の拡大などが起こりやすい局面（好況期）において，銀行部門が将来の潜在的な損失に備えるための資本的余裕をもつことを目的としたものである。資本保全バッファーがあれば，仮に不況期に自己資本が毀損しても，毀損が資本保全バッファーの範囲内であれば，普通株式等 Tier 1 の比率を 4.5% 以上

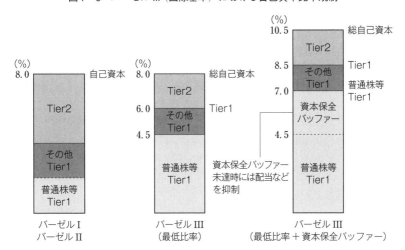

図7-5　バーゼルⅢ（国際基準）における自己資本比率規制

に保つことができる。このため，不況期に自己資本が毀損しても，銀行が自己資本比率を回復させるために，国債保有を増やし貸し出しを減少させるという副作用がなくなることが期待されている。

　それまでの自己資本相当額に含まれたさまざまな追加項目を除き，中核的自己資本（＝普通株等 Tier 1）に自己資本を限定することで，バーゼルⅢでは，仮に銀行が経営危機に見舞われても，返済不要の普通株などによる資金を十分にもっていれば，損失を穴埋めできて危機を回避できるという考え方となっている。わが国では，バーゼルⅢにおける自己資本比率規制は，2013年から段階的に導入され，19年から全面的に適用された。

　なお，バーゼルⅢでは，以上のような自己資本比率に関する量の規制に加えて，資本の質の向上も図られ，Tier 1や Tier 2の適格要件がさまざまな形で厳格化された。とくに，金融システム内でのリスクの蓄積防止の観点から，他の金融機関によって保有される株式などは原則として普通株式等 Tier 1に含まれなくなった。これによって，7.1で論じたような金融機関同士の持ち合いによって自己資本比率を改善させるという会計上の操作はできなくなった。また，繰延税金資産の普通株式等 Tier 1への組み入れはバーゼルⅡよりさらに厳しくなり，のれん以外の無形資産も普通株式等 Tier 1には含まれなくなった。

バーゼルⅢ関連のその他の規制

　規模が大きい金融機関は，経営危機に陥った場合でも，その経済全体への影響の大きさから，大きすぎてつぶせない（too-big-to-fail）面がある。そのような側面は，グローバルにビジネスを展開する金融機関でさらに大きい可能性がある。他方，経営危機に陥ったそれら金融機関を救済するには，巨額の公的資金が必要になってしまう。このため，バーゼルⅢでは，大きすぎてつぶせない金融機関を，「システム上重要な金融機関」（SIBs: Global Systemically Important Banks）として指定し，さらなる追加的な資本の積み立てを求める上乗せ規制を課している。十二分な自己資本を確保することで，大きすぎてつぶせない金融機関が経営危機に陥ることがないようにすることが目的である。

　また，バーゼルⅢでは，本文中で説明した自己資本比率規制の厳格化に加えて，さまざまな規制が金融機関に課せられている。定量的な流動性規制（流動性の高い資産の確保を求める「流動性カバレッジ比率」，「安定調達比率」）や，過大なレバレッジの積み増しを制限する「レバレッジ比率規制」が，その代表的なものである。

　流動性規制は，2008～09年の世界的な金融危機において，流動性リスク管理の不備が金融機関の流動性危機に直結したという反省から導入された。流動性カバレッジ比率は，パニックで取り付けが起こり，預金が流出したときでも，銀行が手元にある資金で対応できるようにする規制である。また，安定調達比率は，金融機関が，長期な資産の運用をする際に，長期的に安定的な資金調達手段を確保するように規制するものである。

　一方，レバレッジ比率規制は，金融機関の過剰なリスクテイクを防ぐため導入された。金融機関が少ない資金で大きな金額の取引をすることを防止するため，貸借対照表に計上されないデリバティブなど「オフ・バランス資産」を考え，それを含めたリスク資産全体に対して自己資本を充実させることを求めている。

　なお，バーゼルⅢは国際統一基準行のみが規制の対象であるため，国内基準行にはバーゼルⅢの規制は及ばない。しかし，金融庁は，バーゼルⅢを踏まえて，国内業務のみを行う銀行に対しても，自己資本比率規制の厳格化を求めている。そこでは，損失吸収力の高い普通株式および内部留保を中心に，優先株式や一般貸倒引当金などを加えたものを「コア資本」とし，コア資本÷リスクアセット相当額として定義された自己資本比率が4％以上とすることが求められている。

10　銀行の破綻処理

10.1　秩序ある処理と預金者保護

　不良債権が大幅に増加し，自己資本比率が著しく低下した場合，銀行でも破綻処理を行う必要が出てくる。しかし，第9章でみるように，銀行は，決済システムを担うなどの理由から，その破綻が他の金融機関に危機の連鎖を生み出すなど，事業会社に比べて経済全体に及ぼす影響がきわめて大きい。このため，銀行が破綻した場合，通常の「倒産」とは異なる「秩序ある処理」が必要となる。わが国では，1990年代末まではそのための仕組みが不十分であったが，今日ではさまざまな制度が整備されるようになってきている。破綻処理の枠組みは，資産と負債の両方で整備されている。

　まず破綻した銀行の負債に関する処理は，預金者保護がもっとも重要な問題となる。預金は銀行にとって最大の負債項目であるだけでなく，多くの人々にとって，もっとも重要な金融資産で，決済にも幅広く利用されている。このため，預金を引き出せない事態が発生すると，日々の生活に深刻な悪影響が及ぶ。また，第9章でみるように，要求払い預金では，預金者がパニックになって引き出しに殺到する「銀行取り付け」が起こる可能性があり，その場合，経済に多大な非効率が発生する。このような理由から，信用秩序を維持するには，銀行が破綻した場合でも，預金者を保護することが不可欠である。

　「預金保険制度」は，そのための仕組みで，銀行が破綻した場合でも一定額の預金が保護されることとなっている。万が一，金融機関が破綻した場合でも，預金者の保護や資金決済の履行の確保を図ることによって，信用秩序を維持することがその制度の目的である。現行の預金保険制度では，利息の付かない決済用預金は全額保護される一方，定期預金や利息の付く普通預金など（一般預金など）は，預金者1人当たり，1金融機関ごとに，元本1000万円までとその利息などが保護されることになっている。預金者を保護するための資金は，まずは銀行が預金保険機構に支払った預金保険料でまかなわれるが，それが不足する場合には公的資金（税金）も使われる。

　もっとも，預金であっても無制限に保護されるわけではない。現行の制度でも，保護される金額を超える預金は，破綻した銀行の残余財産に応じて支払われるため，一部支払われない可能性がある。銀行が経営破綻した場合，預金保

険機構が上限を設けて預金者への払い戻しを保証する制度は、「ペイオフ」とよばれる。上限を超える預金が保護されないことを「ペイオフ」とよぶ場合もある。

　なお、銀行の負債には、預金以外にも、社債・債券や借入金などもある。これら負債は、預金保険制度では保護されないため、銀行が破綻した際には一部あるいは全額が返済されない可能性がある。多くの銀行では、このような返済されない可能性がある負債は多くないため、預金保険制度のもとでは、金融機関が経営破綻した場合、預金者の保護に巨額な公的資金（税金）の投入が必要となることが懸念される。このため、破綻の影響が大きい巨大銀行に対しては、経営難に陥った際に公的資金で救済しなくてもすむように、資本や社債の積み増しを求める TLAC（Total Loss-Absorbing Capacity, 総損失吸収力）とよばれる規制が近年導入されている。そこでは、バーゼル合意による自己資本比率規制に加え、債権者に元本の削減・免除を要求できる債券や預金保険の対象外の預金を増やすことで、銀行が破綻した場合でも公的資金を使わないですむような仕組みが目指されている。

10.2　受け皿銀行とバッドバンク

　銀行の破綻処理の枠組みは、資産の処理に関しても整備されている。そこでは、破綻した銀行の資産を、別の銀行に引き継ぐ資産と引き継がない資産の2つに分類することが必要となる。また、破綻した銀行の事業を継続する「受け皿銀行」（承継銀行）と、引き継がない資産（清算される資産）を保持する「バッドバンク」（bad bank）に新旧分離を行うことにより、金融システムの維持を目指す手法が重要となる。

　破綻に至った銀行であっても、すべての貸し出しが回収不能に陥っているわけではない。借り手のなかには、財務内容が健全で、借り入れの返済を滞りなく行うことができるものも少なくない。しかし、そのような健全な借り手であっても、情報の非対称性が存在するもとでは、第6章第7節で説明したホールド・アップ問題が存在し、他の銀行から新たに融資を受けることは容易ではない。したがって、銀行が破綻した場合、健全な借り手の保護という観点から、不良債権化していない貸し出しに関しては、優良な資産として別の銀行にスムーズに引き継いでいく必要がある。破綻した銀行の業務を引き継ぐのが、「受け皿銀行」である。受け皿銀行は、場合によっては公的資金から不良債権処理

のための「金銭贈与」を受けつつ，破綻した銀行の業務の一部を引き継ぐこととなる。

　もっとも，破綻した銀行の業務を引き継ぐ銀行をすぐにみつけることは，容易なことではない。このため，一定の期間内に受け皿銀行が現れないときには，その破綻金融機関の取引先の連鎖破綻などの金融秩序の崩壊を防止するために，受け皿銀行がみつかるまで一時的に業務を受け継ぐ受け皿銀行を政府が設立することが重要となる。わが国では，業務を一時的に引き継ぐことを目的とした「公的受け皿銀行」（ブリッジバンク）を，預金保険機構が全額出資する子会社として設立することが認められている。ブリッジバンクは，原則 2 年，最大 3 年に限って存続が認められており，最終的な受け皿銀行（再承継銀行）に事業を承継したあとは清算される。

　一方，破綻した銀行では，多くの貸し出しが回収不能になるなど，不良債権が巨額なものとなっている。しかも，その処理には多くのリソースを費やすことが必要で，巨額な不良債権の存在は銀行の正常な業務を大きく制約する。このため，このような不良債権を，受け皿銀行が引き継ぐことは適切ではない。しかし，不良債権は放置すればさらに増え，その結果，信用収縮が起こるなど市場の健全な機能が失われ，金融システムの崩壊を招く可能性もある。このため，回収不能に陥った貸し出しに関しては，受け皿銀行に引き継がず，不良な資産としてそれを専門とする別の機関で処理（＝「資産買い取り」）していくことが望ましい。

　バッドバンク（bad bank）は，不良債権化した「継承されない資産」を引き受け，回収・処分を行う資産管理会社である。公的資金を使って，銀行の不良債権を価格査定して買い取ることで，市場の回復を行い，金融システムの崩壊を防止することがその役割である。わが国では，1999 年に設立された「整理回収機構」がバッドバンクの役割を担っている。

　■ 関連文献の紹介 ■
　武藤敏郎編『甦る金融――破綻処理の教訓』金融財政事情研究会，2010 年
　　→金融機関の破綻処理に関して，各国の事例を中心に解説している。
　林文夫編『金融の機能不全』経済制度の実証分析と設計，第 2 巻，勁草書房，2007 年
　　→バブル崩壊後に日本の金融システムがいかなる機能不全に陥ったのかを取り扱っ

た専門書。難解だが重要なテーマを取り扱っている。

宮内惇至『金融危機とバーゼル規制の経済学——リスク管理から見る金融システム』
勁草書房，2015 年

→日本の金融当局における実務経験を踏まえて，リスク管理と規制・監督のあり方
などについて実務・理論の両面から議論している。

第8章
過剰債務問題と追い貸し

Summary

　バブル崩壊後のわが国では，銀行の不良債権問題が過剰債務
に陥った借り手企業の事業再生の障害となり，結果的に経済の
回復を遅らせたとする主張は少なくない。本章では，社会的に
存続することが望ましい企業の存続を難しくする過剰債務問題
を説明すると同時に，金融機関が経営再建の見込みが乏しい先
に貸し出しを継続または拡大する追い貸しが発生するメカニズ
ムを説明する。

1 過剰債務問題

1.1 負債残高の高止まり

前章では，不良債権問題が銀行の自己資本を低下させることを通じて貸し出しの低迷（クレジット・クランチ）を招く可能性を議論した。しかし，バブル崩壊後のわが国では，銀行の不良債権問題は，貸し出しの低迷を招いただけでなく，過剰債務に陥った借り手企業の事業再生の障害となり，結果的に経済の回復を遅らせたとする主張は少なくない。

図8-1は，財務省の『法人企業統計調査』に基づいて，金融業，保険業以外の業種の負債残高を対 GDP 比でみた場合，1975 年以降どのように推移したのかを示したものである。図から，1970 年代から 80 年代にかけてトレンド的に上昇を続けてきた負債残高は，80 年代後半のバブル期にその増加率を高め，90 年代半ばまで上昇を続けていたことが読み取れる。しかも，負債残高は 1990 年代後半も高止まりし，本格的に減少を始めたのは 2000 年代に入ってからであることもわかる。

日本経済は 1990 年代初頭のバブル崩壊以降，成長率が大きく鈍化し，多くの企業の業績が大幅に悪化した。それにもかかわらず，1990 年代を通じて負債残高が高止まりしていたことは，採算が悪化した企業の多くが多額の債務を削減できずにいたことを示している。バブル崩壊後の日本経済では，不況を克服できず，経済改革も停滞した 1990 年代は，しばしば「失われた 10 年」とよばれた。失われた 10 年において，過剰債務が日本企業の再生に大きな障害となっていたことを示唆するものである。

新古典派理論では，仮に借り手が債務超過の状態にあったとしても，事業を継続することで生み出される価値が事業の中止で回収できる価値よりも大きい限り，事業は継続される。これは，より大きな価値を生み出すプロジェクトは社会的に望ましいものであり，他の条件を所与とすれば，それを継続することは非効率なことではないからである。しかし，企業が過去に大きな負債を抱えている場合，事業の継続が社会的に望ましい企業であっても，負債が足かせとなって事業が継続されないことがある。これが，「過剰債務問題」（debt-overhang）である。

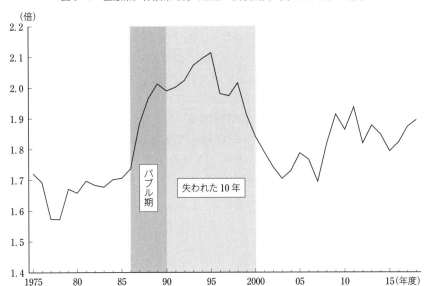

図 8 - 1　金融業，保険業を除く企業の負債残高（対 GDP 比）の推移

注：全産業（除く金融保険業）・全規模ベース。
出所：財務省『法人企業統計調査』。

1.2　事業を継続すべき条件

　過剰債務問題がどのようなケースで発生するかを理解するため，企業が事業を継続することによって現在から将来にかけて生み出されることが期待される利潤の割引現在価値 X に関して，次の 3 つのタイプの不等号が成立しているケースをそれぞれ考えよう。

$$X>D>L \tag{1}$$

$$D>X>L \tag{2}$$

$$D>L>X \tag{3}$$

ただし，D は既存の負債残高，L は事業を中止したときの清算価値をそれぞれ表す。

　上の 3 つの不等号のうち，条件(1)では借り手企業の返済能力を表す X が負債総額 D を上回っている。したがって，条件(1)が満たされる限り，借り手企業は事業を継続することで，自力で負債を返済することができる。これに対し

て，条件(2)および条件(3)では，$D>X$であるため，借り手は事業で生み出される利益では負債の全額を返済することができない「債務超過」の状態にある。ただし，同じ債務超過にある借り手でも，条件(2)を満たす借り手と条件(3)を満たす借り手では，事業を継続すべきかどうかの判断は異なる。

なぜなら，当該企業は，条件(2)を満たす不等式 $X>L$ のもとでは，事業を継続すれば事業を中止したときの清算価値以上の価値を生み出すことが期待できるのに対して，条件(3)を満たす不等式 $X<L$ のもとでは，事業を継続しても清算価値以下の価値しか生み出さないからである。したがって，同じように債務超過（$D>X$）であっても，条件(2)を満たす借り手企業は事業を継続する方が社会的には望ましいが，条件(3)を満たす借り手企業は事業を中止する方が社会的には望ましいことになる。

1.3 過剰債務問題の背景

1.2でみたように，条件(2)を満たす借り手企業の事業は，生み出す価値が負債をすべて返済できるほど大きくない「債務超過」の状態にあっても，社会的には継続する方が望ましい。これは，事業を中止する場合には既存の資産の清算価値（スクラップ・バリュー）しか回収できないが，事業を継続すればそれよりも大きな価値を将来の利潤から生み出すことができるからである。既存の負債は，事業を継続するか否かにかかわらず，サンク（sunk）した埋没費用（サンク・コスト）であり，その値は不変である。したがって，プラスの利潤（清算価値より大きい価値）を生み出す事業を継続することは，本来は既存の債権者にとっても損失を小さくするという意味で望ましいことなのである。

もっとも，条件(2)のもとで事業を継続するためには，既存の債権者がその債権を部分的に放棄する必要がある。これは，債権が放棄されない限り，借り手企業は既存の債権者に全額を返済する義務が残り，事業を継続するうえでの大きな障害となるからである。既存の債権者による債権放棄を伴う場合，事業の継続には借り手と債権者との間で再交渉が必要となる。しかし，既存の債権者が多数存在するケースでは，債権者間の協調は難しく，再交渉が成立しなくなることも多い。

2　多数の債権者と再交渉

2.1　債権者間の非協力ゲーム

既存の債権者が多数存在する場合，債権者間の協調は難しく，再交渉が成立しない可能性がある。たとえば，n 人の債権者が均等に借り手企業（債務者）に請求権をもっている状況を考えてみよう。このとき，各債権者の請求権は，債権者が自発的に債権放棄を行うか，債務者が法的に破綻しない限り，$\frac{D}{n}$ のままである。ただし，債権者が誰も債権放棄に応じない場合，債務超過（すなわち，$D>X$）にある企業は事業を継続することはできない。このため，債務者が法的に破綻（すなわち，法的整理）することなく，事業を継続するには，「私的整理」とよばれる債権者の債権放棄が必須となる。

いま，n 人の債権者が全員再交渉に応じ，均等に債権放棄に同意して事業を継続したとすると，各債権者の損失は，$\frac{1}{n}(D-X)$ となる。この損失は，$X>L$ である限り，債権者が誰も債権放棄に応じないことで事業が中止（清算）された場合に各債権者が被る損失 $\frac{1}{n}(D-L)$ よりも小さい。しかし，この債権放棄のスキームでは，各債権者が抜け駆けを行って債権放棄に応じない可能性がある。なぜなら，他の債権者が債権放棄に同意する場合，各債権者は自らの権利を行使することによって債務 $\frac{D}{n}$ を全額回収し，自分だけ損失をゼロとすることができるからである。

非協力ゲームのナッシュ均衡では，各債権者が他の債権者の行動を所与として，自らの利益が最大になるように行動する。債権放棄を行うかどうかに関する非協力ゲームの場合，他の債権者が債権放棄に応じるとき（したがって事業が継続されるとき），各債権者は自分だけ債権を放棄しない抜け駆けを行う方が損失を少なくできる。このような状況のもとでは，各債権者が債権放棄に応ずることはますます難しくなり，結果的に非協力ゲームでは債権放棄のスキームが成立しなくなってしまう。

2.2　債権者が 2 人のケースの例

図 8-2 の利得行列は，このような状況を，債権者が 2 人のケースで示したものである。各債権者が回収できる金額は，2 人とも債権放棄をして事業を継続した場合にはそれぞれ $\frac{X}{2}$，どちらも債権放棄せずに事業を中止した場合に

図 8-2　過剰債務問題を生み出す利得行列
——債権者が 2 人のケース

債権者 A ＼ 債権者 B	債権放棄をする	債権放棄をしない
債権放棄をする	$\left(\dfrac{X}{2},\dfrac{X}{2}\right)$	$\left(X-\dfrac{D}{2},\dfrac{D}{2}\right)$
債権放棄をしない	$\left(\dfrac{D}{2},X-\dfrac{D}{2}\right)$	$\left(\dfrac{L}{2},\dfrac{L}{2}\right)$

注：括弧のなかは，各債権者の利得（回収額）を表す。
　　左が債権者 A の利得，右が債権者 B の利得である。

はそれぞれ $\dfrac{L}{2}$ となる。一方，1 人だけ債権放棄をして事業を継続し，もう 1 人が債権放棄をしない場合，回収できる金額は，債権放棄をしない者は $\dfrac{D}{2}$ なのに対して，債権放棄をした者は $X-\dfrac{D}{2}$ となる。いま仮に $X<\dfrac{D+L}{2}$ とすると，条件 (2) のもとでは，各債権者は，もう 1 人の債権者が債権放棄をするか否かにかかわらず，債権放棄をしない方が回収できる金額が大きくなる。したがって，各債権者が相手の行動を所与として自らの利得を最大化する結果として実現するナッシュ均衡は，「どちらの債権者も債権放棄をしない」（したがって事業は中止される）ことになる。

　ここで注意すべき点は，ナッシュ均衡において各債権者が受け取る額 $\dfrac{L}{2}$ は，各債権者が協力して債権放棄を行った場合に受け取る額 $\dfrac{X}{2}$ よりも小さいことである。すなわち，個々の債権者が自らの利得を最大化するように行動した結果，債権者全員が協調すれば達成できた利得よりも小さい利得しか各債権者は得られなくなったのである。このような状況はゲーム理論でよく知られている「囚人のジレンマ」であり，各債権者の利己的な行動が結果的にすべての債権者の利得を低下させたことを示している。

　一般に，全員が債権放棄に応じないというナッシュ均衡は，債権者の数が多ければ多いほど発生しやすくなることを確認することができる。債権者の数が十分に大きい場合，1 人の債権者の抜け駆け的な行動は，他の債権者の利得にはさほど影響を与えない。その結果，他の債権者がどのような行動をとろうと，すべての債権者にとって債権放棄に応じない方が必ず損失は少なくなる。すなわち，多数の債権者が存在する場合，ナッシュ均衡のような非協力ゲームでは，誰も債権放棄に応じないことによる非効率性が過剰債務問題として発生する。

3 再交渉によるモラル・ハザード

　既存の債権者による債権放棄を伴う再交渉が難しくなるもう1つのケースが，債務者にモラル・ハザードが発生する場合である。一般に，情報の非対称性が存在するケースや契約が不完備なケースでは，貸し手は借り手の努力水準をモニターできなかったり，プロジェクトが成功したのか失敗したのかを立証できなかったりすることが多い。この場合，仮にプロジェクトが失敗した借り手に対して簡単に債権放棄に応じるとすると，借り手にプロジェクトを成功させるための努力を怠るインセンティブ（隠れた行動のモラル・ハザード）や，成功したプロジェクトが失敗したと虚偽の報告をするインセンティブ（隠れた情報のモラル・ハザード）が生まれる。これは，努力を怠って失敗した場合や，成功を失敗と偽って報告した場合でも，借り手は債権放棄によって必要返済額を減額してもらえるからである。

　しかし，貸し手にとって，このような借り手のモラル・ハザードが発生することは決して望ましいものではない。借り手に努力を怠るインセンティブや虚偽の報告を行うインセンティブがあるなかで安易に債権放棄に応じることは，貸し手にとって結果的に損失を拡大させることにつながるからである。このため，貸し手が債権放棄に応じる場合には，借り手企業にリストラを徹底させたり，その事業内容の監視を強めたりすることで，借り手がモラル・ハザードを起こさないためのさまざまな手立てが必須となる。

　ただ，どんな手立てを使っても借り手のモラル・ハザードを防ぐことができない場合，貸し手は借り手の報告内容にかかわらず債権放棄に応じないことが次善（second best）の解決策となることが多い。なぜなら，事業が失敗しても債権放棄が行われない場合，借り手は努力を怠ったり，虚偽の報告をしたりするインセンティブがなくなるので，努力を怠ったことによる失敗や，成功を失敗と偽る報告を防止できるからである。その結果，モラル・ハザードを防ぐことによる便益が事業を中止することのコストを上回る限り，貸し手と借り手の間で再交渉は成立せず，条件(2)を満たす企業であっても事業は継続されなくなってしまう。

4 過剰債務問題を克服するための工夫

4.1 優遇措置とペナルティ

前節で指摘したようなモラル・ハザードがない場合，条件(2)を満たす企業は，債務超過であったとしても，債権放棄を行うことで事業を継続させることが望ましい。しかし，第2節でみたように，債権者が多数存在する場合，そのような債権放棄による過剰債務問題の解決は容易ではない。そのため，過剰債務問題を克服するには，いくつかのスキーム（枠組みを伴った計画）を講じることが必要となる。

その1つのスキームは，債権放棄が必要な債権者に補助金の意味合いをもつ優遇措置を講ずることで債権放棄をしやすくすると同時に，債権放棄に消極的な債権者にある種のペナルティを科すことである。1990年代末に深刻な金融危機を経験した日本でも，債権放棄をスムーズに行うため，この種のスキームがいくつか講じられてきた。

2001年に取りまとめられた「私的整理ガイドライン」は，優遇措置を講ずるスキームの1つである。私的整理ガイドラインのメリットは，ガイドラインに基づく債権放棄などがされた場合，税務上損金算入が認められて無税償却ができるため，債権者の同意が得られやすい点にある。ただし，ガイドラインに基づく債権放棄は私的整理なので，あくまで債権者と債務者との合意によって，債務の一部を猶予してもらったり，減免してもらったりして，会社を再生させることが必要となる。その結果，合意形成の際にメインバンクの負担があまりに大きくなりすぎる傾向があり，再建計画の実行がなかなか進まないことも少なくなかった。

一方，小泉政権下で2002年に発表された「金融再生プログラム」は，優遇措置に加えてペナルティを科すスキームの1つである。これは，不良債権処理を加速させるためのプランで，米国流の厳しい資産査定の内容をもち，大手銀行の不良債権を2004年度に半減させるという目標を掲げるなど，銀行に追加のリストラや増資計画を迫るスキームであった。

金融再生プログラムでは，金融システムの枠組み，企業再生の枠組み，金融行政の枠組みに分けて，目標と具体的な取り組みが示されている。金融システムの枠組みでは，2005年4月のペイオフ完全実施（政府により全額の払い戻し

保証されていた預金が，金融機関が破綻した場合，元本1000万円とその利息までしか払い戻し保証されないこと），中小企業向け貸し出し状況の監視，主要銀行の不良債権比率の半減，経営危機に陥った金融機関に対する政府と日本銀行による特別支援などが実施された。また，企業再生の枠組みでは，特別支援を介した企業再生などが実施され，金融行政の枠組みでは貸出資産の査定強化，繰延税金資産の監査強化，ガバナンスの強化などが実施された。

4.2　第三者機関

過剰債務問題を克服するもう1つのスキームは，中立的な立場の第三者を通じて債権者間の調整を行うことである。なかでも，第三者が小口の債権を買い取り，大口の債権者と協調して過剰債務を抱える企業の再建に取り組むことは，過剰債務を抱える企業の事業再生をスムーズに行ううえで有効である。

過剰債務問題を伴った金融危機に際して「バッドバンク」とよばれる資産管理会社を設立し，公的資金を使って金融機関の不良債権を買い取るスキームはその代表的なものである（第7章第10節を参照）。事業を継続する受け皿銀行（承継銀行）＝グッドバンク（良い銀行）と清算される資産を保持するバッドバンク（悪い銀行）に新旧分離することで，金融システムを維持しながら借り手企業の事業再生がスムーズに行われることを目指すスキームである。わが国では，住宅金融債権管理機構（危機に陥った住専の債権債務の処理を行った機構）および整理回収銀行（破綻した東京協和信用組合および安全信用組合の2信組の受け皿銀行を改組したもの）が1999年4月に合併して成立した「整理回収機構」が，バッドバンクの代表例である。整理回収機構は，破綻金融機関に加え，健全金融機関などからも不良債権の買い取りを行った。

また，2003年4月に設立された産業再生機構（07年3月解散）は，債権を非主力取引銀行から割引価格で集中して買い取り，主力取引銀行と協力して債権放棄を行うことで再建を進めるというものであった。第2節でみたように，過剰債務問題が発生した場合，メインバンクと非メインバンクの金融機関で調整が困難なために再生計画が進まない。産業再生機構は，このような状況に対応して，公的な機構がメインバンクと非メインバンクの金融機関の間を中立的な立場から調整して債権を買い取り，集約を行うことで再生計画を実行する仕組みであり，事業再生を支援するうえで一定の成果をあげた。

過剰債務に悩む企業の私的整理の問題を，公正な第三者が関与して解決を図

Column ■ ■ ━━━━━━━━━━━━━━━━━━━━━━━━━━━━━━━━
住専問題と2信組事件

　バブル崩壊後の日本経済では，不動産関連を中心とした貸し出しの焦げ付きから不良債権が増加し，1997年秋から98年にかけて，大型の金融機関が破綻するなど，金融危機が深刻化した。しかし，それ以前でも，規模は限定的ながら，危機的な側面がいくつか顕在化し，公的資金を使って問題の収拾が図られた事例が存在する。その代表例が，住専問題と2信組事件である。

　住専（特定住宅金融専門会社）は，1970年代，金融機関などの共同出資により個人向け住宅ローンのための住宅専門金融機関として設立された。しかし，バブル崩壊によって，バブル期に銀行や農協系金融機関の融資を受けて急拡大した不動産関連の貸付けに巨額な不良債権が発生した。住専の危機は，農協系金融機関へ被害が拡大する恐れから，政治問題化した。日本政府は1996年に住専法を作り，住専7社がもつ貸付け債権は住宅金融債権管理機構に移し債権回収を図り，それに公的資金導入を行った。破綻した住専7社は解散，整理回収機構によって経営責任や融資責任が追及された。

　一方，2信組は，1994年に経営破綻に陥った東京協和信用組合，安全信用組合の2信用組合をさす。破綻後，元理事長らが背任容疑で逮捕され，捜査の過程で政治家の親族の会社に不正な金が流れたことが判明し，事件は政界に波及した。住専問題と同様に国会で大きく取り上げられたが，結果的に，2信組の預金と資産を受け継ぐ受け皿銀行として東京共同銀行（その後，整理回収銀行へ改組，整理回収機構に合併）が作られ，問題の処理が行われた。

━━━━━━━━━━━━━━━━━━━━━━━━━━━━━━━━━━━━━━━ ■ ■ ■

る機能は，その後，事業再生ADRの制度に引き継がれている。ここで，ADR（Alternative Dispute Resolution）とは，裁判外紛争解決手続きのことである。事業再生ADRは，経営危機に陥った企業が，中立な第三者機関であるADR事業者の手によって，債権者・債務者間の話し合いをもとに自主的な整理手続きによって問題解決を図るために，新たに設けられた制度である。

　事業再生ADRでは，債権者に債権回収や担保設定行為の禁止を要請し，債権者会議の招集を行う。また，弁護士や公認会計士などから手続き実施者を選定し，債権者会議の合意を経て，債務者の再生計画案についての助言や調査を行い，中立の立場から債務調整を進める。なお，事業再生ADRは私的整理の

一種ではあるが，後にみる民事再生法と同様に，債権者には債権放棄に関わる損失の無税償却が認められ，債務者にも債務免除に関わる免除益に税制上の優遇措置が認められている。

5　再生型の法的整理

債権者が自発的に債権放棄を行う私的整理とは異なり，債務者を法的に破綻（倒産）させる法的整理は，仮に借り手企業が事業継続できた場合でも，追加的な倒産コストが発生することが少なくない。これは，第6章第3節でも説明したように，実際に企業が倒産した場合，弁護士費用や裁判所への倒産申し立てなどに必要な予納金，倒産に伴うさまざまな権利の喪失といった直接的なコストに加え，倒産の影響による取引停止や販売減による逸失利益なども含む間接的なコストが発生するからである。しかし，私的整理がまとまらない場合，「再生型の法的整理」による企業再生が問題の解決として有効な場合が少なくない。

過剰債務に陥った企業の再生を行う際の大きな問題は，既存の債権者に対する返済に優先権があることである。このため，債務超過である企業に対しては，仮に社会的に望ましい新たに価値を生み出す事業があっても，既存の債権者が債権放棄を行わない限り，他の貸し手から新規融資が受けられない。再生型の法的整理の大きな特徴は，既存の債権者がもつこのような優先権を一時的に凍結し，新規融資を行う貸し手に返済の優先権を与えることによって，新たに価値を生み出す事業を立て直すことである。

法的整理が行われた債権に対するこのような新規の貸し手に対する優先権は超優先権（super-priority）ともよばれ，米国では再生型の倒産処理手続きに関する連邦破産法第11条（「チャプターイレブン」とよばれる連邦破産法の第11章）がこれを規定している（なお，清算型の倒産処理手続きには，連邦破産法の第7章が適用される）。連邦破産法第11条を適用した企業では，すべての債権回収や訴訟がいったん停止され，事業を継続しながら，過去の負の遺産を法律によって強制的に断ち切り，存続価値のある企業を目指して経営再建に専念できるため，比較的短期間での再建が可能となる。

第6章第7節でみたように，わが国ではかつてメインバンクが「イザというときの貸し手」として債権者間の調整を行っていた。このため，従来の法的整

理は事業継続が社会的にも望ましくない企業に適用される「清算型の法的整理」（破産や特別清算）が大半で，再建型の法的整理に関する制度の設計は十分でなかった。しかし，バブル崩壊以降，従来型のメインバンクの役割が大きく低下したことに伴い，2000年代になって，わが国でも再生型の法的整理の枠組みが整備された。

2000年に施行された「民事再生法」は，そのような枠組みの1つである。従来の和議法よりも再建計画（再生計画）の可決要件を緩和する一方で，その履行確保を強化するなど，使い勝手のよい再建型の倒産法制の構築を目指したものであった。主として中小企業の再生に用いられることを想定したものであったが，経営陣の刷新が法律上必須ではないため，当初は大企業の再生型の法的整理でも利用された。

一方，「会社更生法」は，経営困難ではあるが再建の見込みのある株式会社について，事業の維持・再生を目的としてなされる更生手続きを定めるために制定された法律である。ただ，従来の会社更生手続きにおいては，これまでの経営陣が事業の経営権を喪失し，管財人がその経営に当たることが求められていたため，それほど積極的な利用はなかった。しかし，その後運用の拡張が行われ，一定の条件を満たした場合には，更生手続き開始申し立て時の取締役を管財人として引き続き業務の運営に当たらせる運用が行われるようになった。その結果，上場企業など大企業の再生型の法的整理では，民事再生法ではなく，会社更生法が活発に利用されるようになっている。

企業が倒産し，民事再生法や会社更生法など再生型の法的整理に基づいた手続きを開始した後に，旧経営陣に経営を任せつつ，新たな資金を融資することは，「DIPファイナンス」とよばれる（DIPとは「debtor in possession〔占有を継続する債務者〕」の略）。米国では，国が金融機関のDIPファイナンスを奨励しているため，破産後，再生手続きに入った企業に対して盛んに融資が行われてきた。他方，日本では従来，国によるDIPファイナンスへのサポートがないため，不良債権をもつリスクを負いたくない金融機関は総じて融資に消極的であった。そのため，DIPファイナンスは日本政策投資銀行など政府系金融機関が主に行ってきた。しかし，近年では，一般の金融機関によるDIPファイナンスも徐々に増えつつある。

6 追い貸し

6.1 追い貸しとは？

　これまでの節では，社会的に存続することが望ましい企業の存続を難しくする過剰債務問題を取り扱ってきた。しかし，不良債権問題が深刻となった経済では，貸し渋りの問題や過剰債務問題とは逆に，金融機関が経営再建の見込みが乏しい先に貸し出しを継続または拡大する「追い貸し」が発生することが指摘されている。「追い貸し」の問題は，「ソフト・バジェット問題」（採算のとれない相手に対して問題を先送りするために支援を継続してしまい，その結果，経営が悪化しているにもかかわらず生き延びてしまうという現象）とも関連付けて議論されることが多く，それが社会的には清算することが望ましい非効率な「ゾンビ企業」を延命させ，経済全体の効率性を低下させるという見解が一般的である。

　追い貸しは，企業が事業を継続することによって現在から将来にかけて生み出される期待利潤の割引現在価値 X に関して，1.2 の条件(3)を満たす不等号，すなわち，$D>L>X$ が成立しているケースで発生すると考えられる。ただし，D は既存の負債残高，L は事業を中断したときの清算価値をそれぞれ表す。この不等号は，当該企業が債務超過の状態にあるだけでなく，事業を継続しても清算価値以上の価値を生み出すことができないことを表している。このため，この企業の事業は，社会的には中止することが望ましい。追い貸しは，このように社会的には中止することが望ましい事業をもつ企業に，融資を継続する状況に対応している。

6.2 問題の先送り

　図8-3は，わが国の主要行の不良債権比率の推移を，金融再生法開示債権に関して示したものである。日本経済は，1990年代初頭のバブル崩壊以降，長い不況に陥り，不良債権が大きく増加した。とくに，1997年秋から98年にかけて大きな金融機関の破綻が発生し，金融危機は深刻なものとなった。しかし，不良債権比率はその後も増え続け，それがピークとなるのは2002年3月であった。このような不良債権の処理の遅れは，日本経済に大きなダメージを与えたが，追い貸しはそのような遅れを生み出した1つの原因だったと考えら

図8-3　主要行の不良債権比率

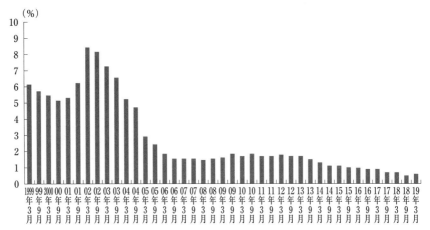

注：不良債権は金融再生法開示債権に基づく。
出所：金融庁。

れている。

　追い貸しの原因としてもっとも幅広く指摘されている議論は，金融機関側の「問題の先送り」である。以下では，①将来に対する楽観的な見通し，②不良債権処理に関する会計上の裁量，③モラル・ハザード，④債権者間の利害調整，⑤大きすぎてつぶせない（too-big-to-fail），の5つに焦点を当て，金融機関側の「問題の先送り」のインセンティブを考察し，「追い貸し」の原因を検討することにする。

7　追い貸しの原因

7.1　将来に対する楽観的な見通し

　不良債権化した企業へ貸し出しが継続された1つの原因としては，企業の収益性や地価の動向などマクロ経済状況（ファンダメンタルズ）に対する金融機関の楽観的な見通しがあったことを指摘できる。たとえば，1990年代初頭，バブルの崩壊は日本経済に大きな負の遺産をもたらした。しかし，バブル崩壊直後は，日本経済の低迷がその後長期にわたって継続すると予想する人はむしろ少数派であった。とくに，貸出先の担保価値に直結する地価の動向に関しては，1990年代前半は依然として「土地神話」が根強く存在し，やがては反転

するという期待も少なくなかった。

　結果的には，楽観的な見通しは実現せず，地価はよりいっそう下落を続けた一方，不良債権問題はその後さらに深刻なものとなってしまった。しかし，上述のような将来に対する楽観的な見通しが支配的であった場合，当時の金融機関が不良債権の増加を一時的なものと判断し，その処理を先送りすることはむしろ自然なことであったといえる。

　もっとも，金融機関で将来に対する楽観的な見通しが支配的であったのは，1990年代前半である。1990年代半ばにはいくつかの金融機関が破綻し，不良債権問題の深刻さは顕在化していた。したがって，楽観的な見通しで，1990年代前半は「追い貸し」が発生したとしても，90年代半ば以降にはそのような「追い貸し」は徐々に減少していったと考えられる。

7.2　不良債権処理に関する会計上の裁量

　金融機関側の「問題の先送り」の第2の原因として，銀行の不良債権処理に関して会計上の裁量が存在したことを指摘する意見も有力である。バブル崩壊後の株価・地価の低迷やその後の不良債権の増加は，1990年代を通じて銀行のバランスシートを毀損し，銀行の自己資本比率を大きく劣化させた。バランスシートの悪化による自己資本比率の低下は，一方では健全な企業向けの貸し出しを減少させるキャピタル・クランチを発生させた可能性がある。しかし，「バーゼル合意」に基づく銀行の自己資本比率規制ではその自己資本比率を会計上の裁量によってある程度下落を抑えることも可能であった。とくに，不良債権処理に関しては，金融庁による資産査定が厳格化されるまで，銀行側にその計上方法に関してある程度裁量の余地があった。

　会計上の裁量によって不良債権の増加を抑制するには，不採算な企業を延命させるための「追い貸し」も1つの手段であった。このため，自己資本比率を低下させたくない銀行にとっては，「追い貸し」を行うインセンティブが存在した。会計上の裁量によって不良債権による損失を業務純益以下に抑えることができれば，自己資本比率の低下を顕在化させることなく，不良債権を処理できる。したがって，一定の条件のもとでは，自己資本比率の低下を抑制することをターゲットとする銀行にとって，会計上の裁量によって不良債権の追加的な計上を回避するインセンティブが存在したといえる。

　なお，不良債権に関する検査は，1999年以降，大手行から徐々に厳格化さ

れ，その計上方法に関する銀行側の裁量の余地も次第に小さくなっていった。また，企業会計でも，金融資産を取得価格（簿価）ではなく各期末の時価で再評価する「時価会計」が2001年3月期決算から導入された。したがって，会計上の不良債権処理の先延ばしが「追い貸し」の主たる原因であるとすれば，「追い貸し」は1990年代後半に主に発生し，2000年代初頭以降はとくに大手行についてはなくなっていったと考えられる。

7.3 モラル・ハザード

「問題の先送り」の第3の原因としては，金融機関側のモラル・ハザードを指摘することができる。1990年代の日本経済では，金融機関の健全化や破綻処理に関するルールが未整備で，その基本ルールがはっきり決定されたのは90年代の末のことである。とくに，深刻な不良債権の実態が次々と判明するなかで，金融危機のマクロ経済への悪影響を軽減するため，不良債権処理に対してさまざまな優遇政策が経過措置として講じられた。

このような優遇措置が，金融危機の影響を軽減し，マクロ経済の安定を図るうえで重要な役割を果たしたことは否定できない。しかし，その一方で，金融機関の側に不良債権問題を抜本的に解決しなくても，やがては政策当局による救済措置が講じられるであろうという期待を生み出した可能性もある。そして，このような新たな優遇的救済措置に対する期待が，銀行に不良債権問題を先送りするモラル・ハザードを生み出し，それが「追い貸し」につながったといえる。会計上の裁量と同様に，このようなモラル・ハザードの存在も，金融検査の厳格化に伴い，2000年以降，大手行を中心に次第に小さくなっていったと考えられる。しかし，一部の中堅・中小銀行に関しては，2000年代になっても存続した可能性は否定できない。

7.4 債権者間の利害調整

「問題の先送り」をもたらしたと考えられる第4の原因としては，債権者間の利害調整問題を指摘できる。第2節でみたように，債権者が複数存在する場合，債権者間の利害調整は難しく，不良債権問題の解決につながる債権放棄は速やかに行われにくくなる。このような債権者間の利害調整の問題は，社会的に存続が望ましい企業の再生の際だけでなく，収益の回復の見込みが低い高債務先の清算を行う場合にも同様に発生する。その結果，債権者が複数存在する

場合，企業の清算を行う際の債権者間の利害調整が難航し，不良債権問題の解決が長引くことになる。

　債権者間の利害調整が難しいのは債権者の数が多い場合なので，このような過剰債務問題が不良債権処理の「先送り」につながるのは，債権・債務関係が複雑な大企業であることが多い。ただし，中堅・中小企業でも，債務残高および債権者数が大きい企業では経営再建の見込みが乏しい場合でも清算が行われず，貸し出しを継続または拡大する「追い貸し」が行われた可能性はあったといえる。

7.5　大きすぎてつぶせない（too-big-to-fail）

　不良債権問題の「先送り」をもたらしたと考えられる第5の原因としては，「大きすぎてつぶせない」（too-big-to-fail）の考え方を指摘できる。バブルが崩壊し，大きなキャピタル・ロスを被った大企業のなかには債務の累積が巨額になった企業も少なくなかった。これらの大企業は，従業員数も多く，取引先企業も多岐にわたるなど，日本経済へ与えるインパクトが大きい。したがって，これら大企業が仮に収益性の低い高債務先であっても，短期間に大規模な貸出回収を行うことに，マクロ経済的だけでなく，社会的，政治的などさまざまな点から抵抗があった可能性がある。

　わが国では，バブルが崩壊し，大きなキャピタル・ロスを被った典型的な産業は，地価の下落の影響がもっとも顕著な形で現れる不動産業や建設業であった。また，店舗拡大を大規模に行っていた小売業のなかにも巨額なキャピタル・ロスを被った企業が少なくない。したがって，以上のような「大きすぎてつぶせない」の考え方が正しければ，建設・不動産・小売業に属する大企業を中心に，経営再建の見込みが乏しい先でも貸し出しを継続または拡大する「追い貸し」が行われていた可能性がある。

8　銀行主導の事業再生

8.1　デューデリジェンスとリストラクチャリング

　本章の第1節で説明したように，借り手企業が債務超過に陥った際，その事業を継続すべきかどうかは，継続したときの企業価値 X が中止したときの清算価値 L を上回るかどうかに依存する。このため，債務超過に陥った企業に

対しては，その収益性やリスクなどを総合的かつ詳細に調査して企業価値を査定する「デューデリジェンス」（due diligence）とよばれる企業の資産価値を適正に評価する手続きが重要となる。

　デューデリジェンスの結果，$X<L$ であることが判明すれば，借り手企業を清算することが必要で，前節で述べたような追い貸しによって事業を継続させることは望ましくない。一方，$X>L$ であることが判明すれば，債権放棄を行って，借り手企業を再生して事業を継続させることが必要となる。後者の場合，債権放棄が行われた後の借り手企業の再生は，通常，大口の貸し手である銀行が主導する「リストラクチャリング」を伴う形で行われる。

　リストラクチャリングは，事業の縮小や撤退，および統廃合といった不採算部門の整理を行うとともに，成長事業や高収益事業へ経営資源を集中して業績の回復を図る成長戦略である。銀行にとっても，貸出先企業のリストラクチャリングを行い，その過剰債務を削減することは，新たな不良債権が発生する芽を摘み取るという意味で重要な課題である。

8.2　コスト削減のリストラクチャリング

　一般に，業績が悪化した企業のリストラクチャリングを行う際には，事前に借り手企業が銀行に再建計画を提出し，その内容に同意してもらう必要がある。あらかじめ再建計画を作成することで，再生に向けたロードマップ（roadmap，行程表）を明確にすることができるからである。しかし，その際に銀行が借り手企業に求める再建計画は，多くの場合，コスト削減によって企業が潜在的に抱える下方リスクを減らすことを目指すものが多く，企業の急成長につながる将来を見据えた投資計画などは重視されない傾向にある。これは，負債（debt）の債権者である銀行にとって重要なのは，貸出金の元本と利息を確実に回収することだからである。このため，現行の計画で元本と利息を確実に回収できる限りにおいて，仮に借り手企業が急成長を遂げる可能性のある別の計画があっても，銀行がそれを積極的にサポートすることは少ない。

　リストラクチャリングで企業を再生する際のこのような銀行のスタンスは，株主など持分権（equity）への出資者が，出資先企業の潜在的な成長可能性を重視するのとは対照的である。持分権への出資者にとっては，企業の利益の一部を配当や株の値上がり益（キャピタル・ゲイン）を得ることが重要となる。このため，持分権への出資者であれば，仮にリスクの大きい経営計画であって

も，高い収益率が期待される限りにおいて，企業が急成長を遂げる可能性のある計画を積極的にサポートするはずである。しかし，銀行主導の再建計画では，そのようなサポートを行うインセンティブは生まれにくい。

わが国では，2000年代前半，企業のリストラクチャリングによる再生が銀行主導で行われた結果，下方リスクを減らすためのコスト削減が広がった一方で，リスクは大きいが高い収益率が期待される経営計画は敬遠される傾向が強かった。そうしたなかで，不良債権処理の進展とともに多くの日本企業の利益自体は大幅に改善したが，技術革新や価格競争力の改善に向けた取り組みは限定的なものにとどまってしまった。

コスト削減は，企業の当面の利潤を回復させるうえでは有効であった。ただ，それを短期間で行おうとした場合，賃金のカットに加えて，すぐには成果が出にくい研究開発部門などのコスト削減が拡大する傾向が生まれる。2000年代のわが国では，そのような企業のコスト削減重視の体質が，やがては価格競争力の低下につながり，デフレ経済を拡大させていったと考えられる。

■ 関連文献の紹介 ■

福田慎一『「失われた20年」を超えて』世界のなかの日本経済──不確実性を超えて1，NTT出版，2015年
→わが国の債権放棄の事例を過剰債務問題の観点から考察している。

翁百合『金融危機とプルーデンス政策──金融システム・企業の再生に向けて』日本経済新聞出版社，2010年
→第II部で産業再生機構を中心に事業再生の問題を取り扱っている。

安孫子勇一『知っておきたい金融論──バブル後日本の金融の大きな変化』晃洋書房 2006年
→金融制度全般を平易に説明しながら，不良債権問題などバブル崩壊後の日本経済が直面する金融問題を論じている。

Summary

　本章では，短期金融市場の取引に焦点を当て，その参加者の
範囲や取引の内容を説明する。短期金融市場は，市場参加者が
金融機関に限られないオープン市場と，金融機関相互間の資金
運用・調達の場であるインターバンク市場の2つに分けられる。
コール市場は後者の中心的な存在であり，そこでは，中央銀行
（わが国では日本銀行）が，公開市場操作などによる資金の供
給や吸収を通じて市場金利に影響を与え，マクロ的な資金過不
足に関する金融調節を行っている。

1 短期金融市場の種類

1.1 短期金融市場とは？

　金融市場は，取引の形態から，個々の借り手が特定の貸し手と1対1で交渉によって取引を行う相対取引と，不特定多数の取引者によって金利や取引量が決定される市場取引に分類できる。また，後者の市場取引は，取引の期間の長さから，債券市場や株式市場のような長期金融市場と，取引期間が1年以内の短期金融市場に分類することができる。これまでの章では，銀行貸し出しなど相対取引や社債や株式といった長期金融市場を取り扱ってきた。本章では，短期金融市場の取引に焦点を当て，その参加者の範囲や取引の内容を説明する。

　短期金融市場の取引には，銀行などの金融機関に加えて，一般事業会社，国・地方公共団体などさまざまな経済主体が短期資金の運用・調達を目的として参加している。また，短期市場では，中央銀行（わが国では日本銀行）が，公開市場操作など資金の供給や吸収を通じて市場金利に影響を与え，マクロ的な資金過不足に関する金融調節を行っている。

1.2 オープン市場とインターバンク市場

　図9-1に示されているように，短期金融市場は，市場参加者が金融機関に限られないオープン市場と，金融機関相互間の資金運用・調達の場であるインターバンク市場の2つに分けられる。オープン市場には，コマーシャル・ペーパー（CP）など民間が発行する短期の債券を売買する市場や政府が発行する債券を短期的に売買する市場などがある。オープン市場においては，金融機関に加えて，一般事業法人なども活発に資金の運用・調達を行っている。

　一方，インターバンク市場は，国内の金融機関同士が取引を行うコール市場が中心で，金融機関に発生する一時的な資金の過不足を日々調整する場として金融機関のみが取引を行っている。近年では取引が減少しているが，手形を媒介に金融機関が貸借を行う手形市場もインターバンク市場である。また，邦銀の外貨調達（外銀の円貨調達）に利用されることが多い為替スワップ市場，海外の金融機関との取引を行うユーロ円市場，無担保コールレートの金利スワップなどの短期金利デリバティブ市場もインターバンク市場に含められることがある。

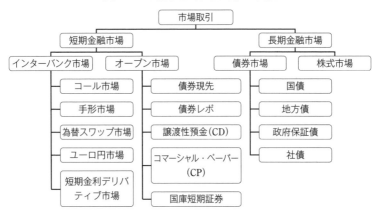

図 9-1　金融市場（市場取引）の種類

わが国の短期市場の規模は，金融の自由化・国際化のなかで，1980年代半ば以降，大きく拡大してきた。とりわけ，オープン市場は，新しい市場の創設や取引条件の緩和・多様化によって，その取引規模が飛躍的に拡大した。その結果，日本銀行（日銀）が1990年代末にゼロ金利政策という極端な金融緩和を開始するまでは，短期金融市場では市場での需給条件を敏感に反映する金利が形成されるようになっていた。

2　オープン市場

オープン市場は，一般の事業法人が自由に参加できる短期金融市場である。わが国のオープン市場は，CD，債券現先，債券レポ，CP，国庫短期証券などの取引市場から成り立っており，そこでは金融機関，証券会社，事業法人，外国企業，公的機関などさまざまな経済主体が参加している。

このうち，債券現先は，一定期間後に一定価格での反対売買を約束して行う債券の購入（売却）取引である。債券現先市場は，証券会社の重要な資金調達手段としてオープン市場で最初に発達した取引で，証券会社は売り現先を行うことで資金を調達している。債券現先取引は，表面上は債券売買だが，実質的には債券を担保とする短期の資金貸借取引であり，類似の取引として債券貸借取引（債券レポ）がある。

CDは，譲渡性預金（negotiable certificate of deposit）の略称で，第三者に譲

渡可能な銀行の預金証書のことをさす。銀行が企業の余裕資金を吸い上げる手段として考え出された取引市場で，わが国の自由金利商品の先駆けとなった市場である。

　CPは，コマーシャル・ペーパー（commercial paper）の略で，信用力のある優良企業が割引方式で発行する無担保の約束手形である。CPは，一般企業や金融機関が短期の運転資金（商品仕入れや経費の支払いなど，企業が日々活動をしていくうえで必要な資金）を調達するためにオープン市場で発行するもので，CP発行企業は企業の信用力を反映した金利で資金調達を行うことができる。CPは，近年，わが国の一般企業や金融機関が短期資金を調達する手段としてその役割を増している。

　国庫短期証券は，日本政府が一時的に生じる資金不足を補うために発行する短期の割引債である。国庫の一般会計や特別会計の一時的な資金不足を補うためや，国債の償還に伴う借り換えのために発行され，外国為替平衡操作（外国為替市場への介入）に使われるケースもある。期間は2カ月，3カ月，6カ月，1年の4種類がある。

3　コール市場

3.1　コール市場とは？

　オープン市場とは異なり，貸し借りを行う参加者が金融機関に限られる短期金融市場が，インターバンク市場である。インターバンク市場では，民間金融機関が日々，短期的な資金の過不足を相互に調達している。とくに，「コール市場」の取引では，取引の翌日を返済期日とするオーバーナイト物などごく短期の金融取引が大半を占めている。以下では，わが国のインターバンク市場として，主にコール市場について説明する。コール市場は，1901年の金融恐慌の苦い経験に基づき，「金融機関相互の資金繰りを最終的に調整しあう場」として自然発生的に成立・発展した，わが国でもっとも歴史のある短期金融市場である。

　金融機関は，個人や企業から預金などで資金を調達する一方，運転資金や設備資金の貸し出しや，債券・株式といった有価証券の売買などで資金を運用している。しかし，これらの取引の結果，最終的に生じる資金運用額と資金調達額は一致しないことが多く，その差額をコール市場で調整している。このよう

な資金繰りの最終調整がコール市場で行われているのは，コール市場が，超短期の運用・調達手段として資金の受け渡しが速やかに行われるという最終調整に必要な条件を満たしているからである。

コール取引には，借り手が貸し手に対して担保を預ける有担保コールと，担保を預けない無担保コールがある。各コール取引で支払われる金利が「コールレート」であり，日銀は，現在，無担保オーバーナイト物（無担保で翌日には返済する超短期の資金のやり取り）のコールレートを，金融調節を行ううえでの目標レートとしている。これは，市場参加者が他の取引のレートを決める際，無担保オーバーナイト物コールレートを重要な判断材料の1つとして考えることが多く，また，日銀の金融調節は，当日約定・当日決済の取引で期間が短い取引のレートほど影響力を及ぼしやすいことなどの事情を反映したものである。

3.2 日本銀行の金融調節

第11章でみるように，かつて，わが国の中央銀行である日銀の金融調節は，公定歩合とよばれる金利による金融機関への貸し出しが中心であった。しかし，現在では，金融機関を相手に国債や手形などの売買を行う「公開市場操作」（オープン・マーケット・オペレーション，略してオペ）によって，日銀は金融調節を行っている。

オペには，入札を行った当日に資金決済を行う即日オペと，入札を行った数日後に資金決済を行う先日付オペがある。日銀では，金融機関全体でみた資金量の先行きを予想し，先日付オペなどを用いて事前に資金量の大まかな調整を行ったうえで，当日の市場取引の動向などを観察しつつ，最終的にその日必要と判断される資金量に調整すべく即日オペを実施している。

金融機関はさまざまな期間の取引をさまざまな市場で行っている。このうち，1週間後に必要とされる資金は，必ずしもすぐに調達する必要はない。これに対して，今日中に必要な資金は，あらかじめ調達を終えておくか，その日のうちに決済される取引を通じて「流動性」を確保する必要がある。このような金融機関による流動性の調達は，コール市場，とくに無担保コール市場を中心に行われる。このため，日銀のオペは，コール市場における金融機関の流動性の調達に影響を与えることで，コールレートに対しても大きな影響を与えることができる。

4 決済とは？

4.1 決済とリスク

われわれが財・サービスの取引を行うと，お金や品物などを支払ったり引き渡したりする債権・債務とよばれる義務が生じる。「決済」とは，これら債権・債務のうちお金に関するものについて，実際にお金の受け渡しを行うことで債権・債務の関係を解消することをいう。

決済を行う際，取引相手が近くにいるとは限らない。この場合，隔地者間で直接現金を輸送せず，支払人（債務者）から受取人（債権者）へ資金を移動する仕組みを利用して決済を行う「為替取引」が一般的となる。為替取引のための送金方法として，かつては「送金小切手」が用いられることもあったが，最近では銀行を通じた「振込」が中心となっている。また，情報通信技術の発達によって，銀行以外の業者が資金移動業として為替取引を行うケースも増えている。

しかし，為替取引による決済が完了するまでの間は，大きく分けて２つのリスクがある。１つは，お金を払ってくれるはずだった相手の倒産などによって，自分が受け取れると期待していたお金が受け取れなくなる可能性で，これは「信用リスク」とよばれる。もう１つは，人から受け取れるはずだったお金が，自分が使いたいタイミングまでに払ってもらえず，その結果，自分が行わなければならない支払いができなくなる可能性で，これは「流動性リスク」とよばれる。

4.2 決済システム

普通預金などの要求払い預金は，いつでも現金に換えて引き出せるという特徴がある。このため，現在の決済システムでは，現金に加えて，銀行預金が家計や企業の決済手段として広く利用されている。銀行預金を用いる決済では，銀行だけでなく，中央銀行が重要な役割を果たしている。銀行預金を通じた決済でも，取引の当事者が同一の銀行に預金口座をもっている場合，同じ銀行にある当事者の口座の間で振替を行うだけですむ。しかし，取引の当事者が異なる銀行に口座をもっている場合，銀行間の決済は金額が大きいため，通常は，銀行が中央銀行にもっている当座預金間で振替が行われる。

図 9-2　銀行間の決済の仕組み

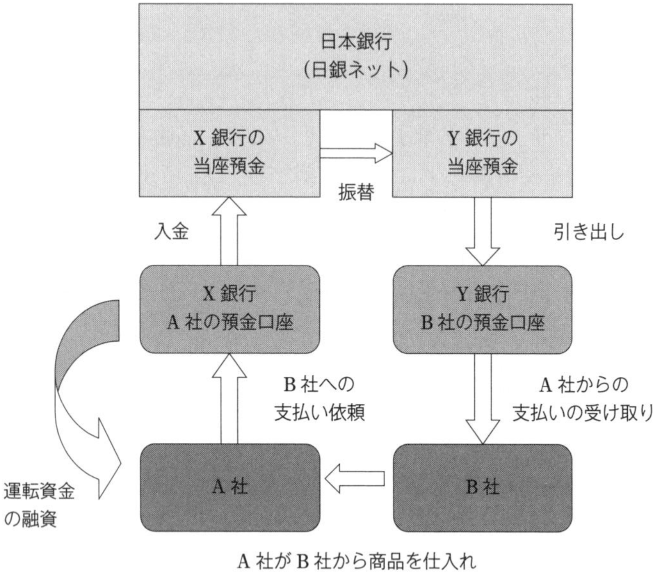

たとえば，取引の当事者（A 社と B 社とする）のうち，A 社が X 銀行に，B 社が Y 銀行にそれぞれ口座をもっている場合を考えよう。この場合，図 9-2 で示されているように，B 社から商品を仕入れた A 社が B 社に対して支払いを完了するには，A 社から B 社の預金口座への支払い依頼を受けた X 銀行が，B 社の預金口座がある Y 銀行に対して銀行間決済を行う必要がある。現在のわが国の決済システムでは，このような銀行間の決済は，通常，X 銀行が日銀にもっている当座預金の残高を依頼された金額だけ減らし，Y 銀行が日銀にもっている当座預金へ振り替えることで完了する。

なお，決済に際し，A 社が X 銀行に十分な預金残高をもっていれば，A 社から X 銀行への支払いはその預金残高の減少という形で完結する。しかし，仮に A 社の預金残高が一時的に不足する場合，X 銀行が A 社に対して運転資金を融資するのが通常である。運転資金の融資は，かつては手形割引（A 社が受け取った満期前の手形を X 銀行へ裏書譲渡し，満期日までの利息に相当する額や手数料を差し引いた金額で換金すること）や手形貸付（A 社が振り出した手形を担保として X 銀行に差し入れて，お金を借りること）で行われてきた。しかし，近年では，A 社の X 銀行における預金残高を一時的にあらかじめ設定した限度

額の範囲内でマイナスにすることで事実上の借り入れを行う当座貸越が主流となっている。

　日々巨額な支払いが行われている現在の決済システムでは，銀行間の決済は中心的な役割を果たしており，それを媒介するため，日銀当座預金を使った振替が幅広く利用されている。そこでは，日銀当座預金を使ったやり取りをオンライン処理で決済する日銀ネットが，決済の効率性を高めているだけでなく，決済に伴うリスクの軽減に大きく役立っている。銀行など金融機関は，日銀当座預金と自らが人々から預かった銀行預金の2つを使って，世の中の決済の流れをスムーズにしているといえる。

5　預金準備制度

5.1　預金準備制度とは？

　「預金準備制度」とは，銀行など金融機関に対して，受け入れている預金の一定比率以上の金額を当座預金として中央銀行に預け入れることを義務付ける制度である。預け入れなければならない最低金額は，「法定準備額」あるいは「所要準備額」とよばれている。また，預金額に対する法定準備額の比率は，「法定準備率」とよばれている。

　わが国では，各銀行などは，受け入れた預金に法定準備率を掛けたものの各月の1日から月末までの平均をその月の法定準備額とし，この法定準備額をその月の16日から翌月の15日までの間（積み期間）に日銀当座預金に積み立てることが義務付けられている。このため，各銀行などは，日銀当座預金を常に法定準備額以上にしておく必要はない。しかし，その反面，積み期間の最終日には，法定準備額を満たさなければならないため，資金繰りが逼迫する銀行もある。

5.2　預金準備制度の役割

　わが国の預金準備制度は，1957年に施行された「準備預金制度に関する法律」により，導入された。預金準備制度は，元来，予期せぬ預金の引き出しに備えるため，銀行に資金の一部を中央銀行に強制的に預けさせておくために始められたものである。しかし，今日では，預金準備制度に基づく日銀当座預金は，金融機関の決済手段として幅広く利用されている。また，預金準備制度は，

新しいタイプの決済手段

近年，情報革命の進展に伴い，銀行が伝統的に取り扱ってきた形態以外の決済が，さまざまな形で普及している。それらは，支払いのタイミングによって，大きく「前払い」「即時払い」「後払い」に分類できる。

「即時払い」は，商品・サービスの提供を受けると同時に支払いを行う方法である。現金払いはその典型的なものだが，金融機関が発行するデビットカード（決済すると即時に代金が口座から引き落とされる仕組み）や宅配業者の代金引き換えなども即時払いの手段である。銀行振込などによる送金も，広い意味では即時払いに分類できる。即時払いでは，商品・サービスの提供と代金の支払いが同時に行われるため，相手の信用状態がわからない場合でも，お互い安心して取引できるメリットがある。

わが国では，小口の支払いに際しては，現金による即時払いがもっとも利用されている決済手段である。しかし，近年では，現金を使わない「キャッシュレス決済」が急速に広がりつつある。ただ，わが国のキャッシュレス決済では，デビットカードのような即時払いよりも，「前払い」や「後払い」による決済が一般的である。

「前払い」は，商品・サービスの提供を受ける前に支払いを行う方法で，それには，旧来の商品券などに加えて，利用する前にチャージを行うプリペイド方式の「電子マネー」がある。電子マネーは，交通系や流通系のICカードが幅広く利用されているが，最近ではスマートフォンを使ったQRコード決済や，サーバに価値を記録するネットワーク型電子マネーも増えている。しかし，買い手にとっては，支払いをしたのに商品・サービスの提供を受けられないというリスクがある。このため，利用者の資金の保全という観点から，前払い式の支払い手段の発行者には保証金を供託させるなどの義務が課されている。

一方，「後払い」は，商品・サービスの提供を受けたあとに支払いを行う方法で，クレジットカードによる決済がその代表的なものである。携帯電話事業者が提供するキャリア決済（商品代金を月々の通信料金と合わせて一括で支払う方法）なども，それに含まれる。最近では，後払い型の電子マネーも生まれている。買い手にとって，後払いは支払いを遅らせることができるため，有利な支払い手段である。また，商品・サービスが提供されてから支払うことになるため，商品を受け取れないときの損害を避けられる。しかし，売り手にとっては，後払い決済の場合は代金未回収のリスクがある。このため，信用力の低い買い手は，クレジットカードなど後払いの支払い手段を利用できないことがある。

法定準備率の変更を通じて，金融政策の手段として利用することもできる（第11章第1節）。

決済手段であるお金を受け払いしたり，証券を受け渡したりするための仕組みを，一般に「決済システム」とよぶ。決済システムには，コンピュータ・ネットワークなどの物理的なもののほか，決済に関する契約，慣行上のルールや，場合によっては関係法令も含まれる。わが国の金融機関の間の決済システムでは，預金準備制度のもとで金融機関が日銀に保有している当座預金（日銀当座預金）による決済が重要な役割を果たしている。また，決済を安全かつ効率的に運営するための仕組みとして，日銀と民間金融機関との決算処理をオンラインで行うネットワークシステムである「日銀ネット」が，わが国の決済システムにおいて中心的な役割を果たしている。

6　要求払い預金

当座預金や普通預金など「要求払い預金」は，いつでも好きなタイミングで引き出しが可能な銀行預金で，預金者にとっては必要に応じて資金を回収できるというメリットがある。銀行は，要求払い預金を提供することで預金者の決済機能の中枢を担っている。しかし，銀行にとってみると，要求払い預金は，預金者の都合によっていつ資金が引き出されるかわからないという流動性リスクを秘めたものである。このため，銀行が要求払い預金を受け入れる限りにおいて，このような流動性リスクを考慮する必要がある。

要求払い預金に内在する流動性リスクを考えるうえで有益な考え方の1つが，ダイアモンド（D. Diamond）とディビッグ（P. Dybvig）によって提示されたモデルである。このモデルは，要求払い預金の役割と「銀行取り付け」の問題を考察するために構築された。そこでの大きな特徴は，銀行が受け入れた預金が，「流動資産」と「非流動資産」の両方で運用されているという点である。国債などの流動資産は，収益率は低いが，資金がいつでも回収可能であるという意味で流動性が高い。一方，非流動資産は，長期的には収益率が非常に高いが，短期的には資金の回収が難しく，それを流動化した場合の収益率は流動資産よりもかなり低くなる。

設備資金など長期の貸し出しは，そのような非流動資産の代表的なものである。銀行がひとたび非流動資産に貸し出しを行うと，貸出先のプロジェクトが

終了する「長期」には非常に高いリターンが得られる。しかし，プロジェクトが未完成な「短期」で資金を回収する必要が出てきた場合，プロジェクトを未完成なまま中断しなければならなくなる。その場合，回収できる資金はきわめて限られ，その結果，流動化による収益率は流動資産の収益率すら大きく下回ることとなる。このため，銀行は，非流動資産の流動化をしなくてもよいように，短期的に予想される預金引き出し額に相当する流動資産を保有することが必要となる。

　要求払い預金を受け入れることの大きな問題は，銀行が，毎期，どの預金者が預金をどれだけ引き出すかはわからないことである。しかし，預金者の数が十分に多い場合，統計学で知られる大数の法則から，銀行は，預金全体の何パーセントが通常，引き出されるかを過去の経験からほぼ正確に知ることができる。このため，銀行取り付けが起こらない平時には，銀行は預金の予想引き出し額を流動性資産として手元に保有することによって，要求払い預金の払い戻しに応じることが可能となる。その結果，非流動資産である長期プロジェクトは最後まで実行され，社会的に望ましい成果が生み出される。すなわち，平時には，プロジェクトの実行期間中に預金者がどれくらいの資金を引き出すかがあらかじめわかっているため，銀行はそれに見合った投資プロジェクトを選択することによって，長期プロジェクトの中断という非効率な状況を回避できることになる。

　銀行には，短期で受け入れた預金（要求払い預金）を貸し出しなど長期の資産に変換する機能（期間変換機能）がある。銀行は，長期プロジェクトが不必要に中断されることがない限りにおいて，その機能を達成することができるといえる。

7　銀行取り付け

7.1　銀行取り付けとは？

　前節でみたように，平時には銀行は預金の予想引き出し額に相当する流動資産を保有することによって，短期的な要求払い預金の引き出しに応じることできる。しかし，何らかの事情で予想以上に短期的な預金の引き出しが起こった場合，銀行は非流動資産を流動化しない限り，預金の引き出しに応じることができなくなる。すなわち，予想以上の銀行引き出しが起こった場合，銀行は資

金回収に応ずるため非流動資産である貸し出しを予期せぬ形で中断しなければならないという非効率性が発生する。

　非流動資産を流動化する場合でも，流動資産と流動化した非流動資産の合計が預金総額を下回らない限り，銀行は預金者の要求どおり預金を払い戻すことが可能なので，預金者が本来必要のない引き出しに殺到することはない。しかし，プロジェクトの中断によって回収できる資金は投入した資金に比べて非常に小さいので，流動資産と流動化後の非流動資産の合計は払い戻さなければならない預金を下回ることが多い。この場合，銀行は預金をすべて払い戻すことが不可能になるので，引き出す必要のある預金者だけでなく，本来は引き出す必要のなかった預金者までもが，預金を引き出し，少しでも多くの預金を回収しようと銀行に殺到することになる。

　このようなパニック的な状況が，「銀行取り付け」である。銀行取り付けが起こると，本来であれば長期的に大きな成果を生み出すことのできたはずの長期プロジェクトに対する銀行貸し出しが停止し，社会的に大きな非効率が発生してしまうことになる。

7.2　取り付けが起こる条件

　パニック的な状況で発生する銀行取り付けを考えるうえで注意が必要なことは，

$$預金総額 \leq 流動資産 ＋ 非流動資産 \tag{1}$$
$$短期の予想預金引き出し額 \leq 流動資産 \tag{2}$$

の2つの条件が満たされる限り，引き出す必要のある預金者だけが引き出す状況では銀行取り付けが発生せず，銀行は払い戻しが必要なすべての預金者の引き出しに応じることができるという点である。しかし，

$$預金総額 ＞ 流動資産 ＋ 流動化後の非流動資産 \tag{3}$$

である場合，何らかのきっかけで本来は預金を引き出す必要のなかった預金者が引き出しはじめると，銀行は預金者の要求どおり預金を払い戻すことが不可能となり，銀行取り付けが発生することになる。

　図9-3は，このような取り付けのメカニズムを図解したものである。図9-3①は，預金を引き出す必要のある預金者だけが預金を引き出す状況を示した

図9-3　要求払い預金と銀行取り付け

① 銀行取り付けのないケース

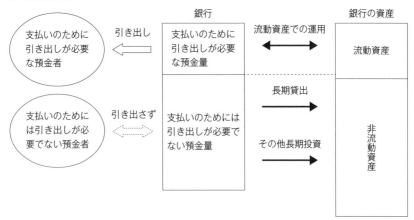

② 銀行取り付けが起こるケース

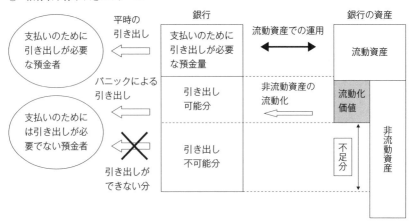

ものである。この場合，預金引き出し額が流動資産を下回っていることから，銀行は非流動資産を流動化しなくても，引き出しが必要なすべての預金者の払い戻しに応じることができる。これに対して，図9-3②は，パニックが起こり，預金を引き出す必要のない預金者も引き出す状況を示したものである。このとき，預金引き出し額が流動資産を上回るので，銀行は払い戻しに応じるために非流動資産を流動化しなくてはならない。しかし，流動化した非流動資産の価値は非常に小さいため，すべての預金者の払い戻しには応じることができず，

結果的に銀行取り付けが発生してしまう。

7.3　政府の介入

　以上のような銀行取り付けは，預金者が「取り付けは起こらない」と予想すれば実際にも起こらないのに対して，「取り付けが起こる」と思えば実際に起こるという「自己実現的期待」の性質をもっている。このようなパニックによる銀行取り付けを防ぐには，政府による政策的な介入が必要となる。

　その1つとしては，銀行が預金者に対して一定限度額を超える支払いを拒否することができる「支払い停止条項」を設定することも考えられる。わが国でも，第2次世界大戦直後の混乱のなかで，預金封鎖が実施された。しかし，今日では，銀行取り付けが起こらないようにするため，大きく分けて2つの手段が講じられている。

　その1つが，中央銀行による「最後の貸し手」（lender of last resort: LLR）である。銀行取り付けが起こった際に中央銀行が最後の貸し手として銀行に緊急融資を行うことで，銀行の流動性（預金の引き出しに備えたお金）を十分に確保することで，パニックによる取り付けを防ぎ，資金決済の履行の確保を図る政策手段である。

　もう1つが，預金者の保護によって信用秩序を維持することを目的とした「預金保険制度」である。預金保険は，銀行取り付けに備えて事前にすべての銀行から保険料を徴収し，その保険料を使って取り付けが起こった銀行を支援する仕組みである。わが国では，「預金保険機構」がそのような役割を担っている。預金保険機構では，取り付けが保険料で補えない規模で発生した場合には，危機対応として公的資金を使うことで，預金のパニック的な引き出しがいかなる場合でも発生しないようなセーフティーネットが敷かれている。ただ，安易な預金者保護は，預金者のモラル・ハザードにつながる可能もある。このため，預金保険のもとでも，保護される預金に上限を設け，その上限内で預金者に払い戻しを行う「ペイオフ」の制度が作られている（第7章第10節を参照）。

8 信用創造とシステミック・リスク

8.1 信用創造メカニズム

　銀行は，預金者から集めた資金を貸し出すことによって赤字主体へ資金を供給する金融仲介機関である。通常，貸出金利は預金金利より高いため，銀行は，預金を企業などに融資することで利益をあげることができる。このため，銀行は，預金のうち預金準備制度のもとで日銀当座預金に預ける支払準備（預金準備）以外は貸し出しにまわすインセンティブ（誘因）が大きい。

　一方，銀行が貸し出した資金は，市中で決済に利用された後，再び銀行に預金されるのが一般的である。このため，銀行は再度預けられた預金をもとに，預金準備以外を再び貸し出しにまわすことが可能となる。その結果，銀行は，最初に受け入れた預金（本源的預金）以上の預金を創造することが可能となる。これが，「信用創造」とよばれるメカニズムである。

　たとえば，本源的預金を D 円，支払準備率（預金に対する支払準備の比率）を r_d としよう。また，簡単化のため，銀行から貸し出された資金は，再び全額が預金されるものとしよう。このとき，図9-4で表されるように，D 円の預金は，$r_d D$ 円だけ預金準備となる一方，貸し出しを経て $(1-r_d)D$ 円だけ再び銀行に預金される。同様にして，$(1-r_d)D$ 円の預金は，$r_d(1-r_d)D$ 円だけ預金準備となる一方，貸し出しを経て $(1-r_d)^2 D$ 円だけ再び銀行に預金される。

　このように D 円の預金は $(1-r_d)D$ 円，$(1-r_d)D$ 円の預金は $(1-r_d)^2 D$ 円の

図9-4　信用創造メカニズム

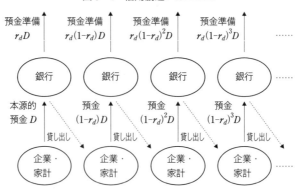

預金，$(1-r_d)^2D$ 円の預金は $(1-r_d)^3D$ 円の預金，と次々と新たな預金を生み出していく。その結果，経済全体として，

$$D+(1-r_d)D+(1-r_d)^2D+(1-r_d)^3D+(1-r_d)^4D+\cdots=\frac{D}{r_d} \qquad (4)$$

という預金が最終的に行われることになる。これが，信用創造メカニズムである。

　支払準備率 r_d は 1 より小さいので，最終的な預金 $\frac{D}{r_d}$ 円は，本源的預金の D 円よりも大きい。たとえば，r_d が 1％ であれば，本源的預金の 100 倍の預金が最終的に行われることになる。このように銀行預金の信用創造メカニズムは，本源的預金よりはるかに多い預金を生み出すことで，経済全体に資金を潤沢に供給することを可能にする。

8.2　システミック・リスク

　もっとも，信用創造メカニズムは，予期せぬ預金の引き出しが発生すると，経済の不安定性を増幅する大きな要因となる。なぜなら，予期せぬ預金の引き出しが発生した場合，銀行は貸出先から資金を回収する必要が出てくるが，借り手企業がその資金回収に応ずるためは，別の銀行に預けておいたお金を予期せぬ形で引き出さなければならないからである。したがって，ひとたび資金回収が始まると，多数の銀行で預金を引き出そうとするパニックや取り付けが起こり，それによって金融システムの決済の機能が停止してしまうことになる。

　このように銀行など金融機関の 1 つが破綻した場合の影響が経済全体に波及するリスクは，「システミック・リスク」（systemic risk）とよばれる。システミック・リスクは，1 つの金融機関が破綻などから決済不能となった場合に，決済関係を通じて他の金融機関にもその影響が及び連鎖的に決済不能を引き起こし，金融システム全体の機能が失われてしまうリスクである。システミック・リスクは，信用創造を伴う銀行システムが潜在的に抱えている不安定要因である。

　銀行が決済不能となった場合，預金者が日々の支払いのためのお金を引き出せなくなるだけでなく，借り手企業も日々活動をしていくうえで必要な運転資金を調達できなくなる。運転資金を調達できない場合，その企業が決済不能となって倒産する可能性が生まれるだけでなく，その企業から支払いを受けるはずだった取引先企業の資金繰りも悪化させ，最悪の場合にはそれら取引先企業

も決済不能となるリスクを高める。したがって，多数の銀行が連鎖的に決済不能となるシステミック・リスクを防止することは，安定した経済活動を維持するには不可欠であり，それには政府や中央銀行など政策当局に期待される役割が大きい。

9　相殺と即時グロス決済

債権・債務の関係は，通常，実際にお金の受け渡しを行うことで解消する。しかし，相手に対して同種の債権をもっている場合，双方の債務を対等額だけ消滅させることで，債権・債務の関係を解消することもできる。これが，「相殺」である。相殺は，互いの債権を弁済する手間を省き，決済を簡略化する。

たとえば，A 氏が B 氏に対して 10 万円の貸出債権をもち，逆に B 氏も A 氏に対して 8 万円の代金支払いの債権をもっているとする。A 氏が B 氏に 10 万円の返還を請求したとき，B 氏は A 氏に対して 8 万円の反対債権で対等額について差し引きをすると主張すれば，A 氏の B 氏に対する 2 万円の債権だけが残ることになる。相殺が行われる場合，B 氏はこの 2 万円だけを支払えば足りることになる。

各金融機関間の決済でも，相殺はしばしば用いられてきた。とくに，日銀ネット（資金決済をオンラインで処理するネットワークシステム）を通じた「時点ネット決済」では，1 日に数回設けられた決済時点まで振替指図をためておき，決済時点ごとに，各金融機関の受取総額と支払総額を算出し，差額部分のみが振替決済される。時点ネット決済は，取引をまとめて集中決済するため，金融機関が用意する決済資金が少なくてすむというメリットがある。

しかし，時点ネット決済は，ある金融機関が決済不能になると，その金融機関の取引を除いたうえで決済をすべてやり直さなければならなくなるため，全金融機関の決済が停止してしまうというリスクを伴う。また，支払いを受けられなくなった金融機関が連鎖的に決済不能となるシステミック・リスクが発生する可能性もある。

このため，日銀は 2001 年 1 月から，日銀ネットの決済方法を，「即時グロス決済」で行うことを決めた。即時グロス決済（Real Time Gross Settlement: RTGS）は，日銀が，金融機関からの振替指図を 1 件ずつ，相殺をせずに即時に決済する方法である。即時グロス決済には，1 件ずつ即時に決済を行うため，

金融機関が決済不能となってもその影響を受けるのは取引相手（支払いを受ける側）の金融機関だけですみ，連鎖的に決済不能を引き起こすシステミック・リスクを回避させることができるというメリットがある。ただし，即時グロス決済では，金融機関は時点ネット決済に比べて多額の決済資金を用意しなければならなくなるというデメリットもある。

10　マクロ・プルーデンス政策

10.1　マクロ・プルーデンスとは？

「マクロ・プルーデンス」とは，金融市場全体のリスクの状況を分析・評価し，それに基づき制度設計や政策対応を図ることを通じて，金融システムの安定を確保することをいう。いわゆるミクロ・プルーデンスが投資家や預金者保護という観点から個々の金融機関の健全性を確保するのに対し，マクロ・プルーデンスでは，経済全体のコスト最小化という観点から，金融システムを構成する金融機関や資本市場とそれらの相互連関など，実体経済と金融システムの連関がもたらす影響が重視される。

今日の金融市場では，個々の金融機関レベルでみた場合には限定的と考えられるリスクであっても，多くの金融機関が同一方向での拡大や縮小を行えば，想定以上の市場価格の変動や信用の拡大・収縮が引き起こされ，金融システム全体を不安定化させるシステミック・リスクが高まる。とくに，新しい金融技術の普及や多様な機関投資家の出現とともに，リスクの所在や規模を把握しにくい状況が生まれている。マクロ・プルーデンスは，このようなリスクを分析・評価し，それに基づき金融システム全体の安定を維持することを目的とする。

マクロ・プルーデンス政策には，市場全体の動向を分析・評価することに加えて，システミック・リスク抑制のために金融機関に勧告をしたり，政策手段を行使したりする機能が含まれる。このうち，金融市場全体の状況やリスクの分析・評価に関しては，多くの中央銀行や国際機関が金融システムレポートなどを定期的に公表することを通じて行っている。一方，システミック・リスクを抑制するための対応としては，監督当局・中央銀行が検査・考査やモニタリングを通じて金融システム全体にわたるリスクを把握しながら個別金融機関に働きかけを行うことが，重要な政策手段となる。

マクロ・プルーデンス政策では，検査対象にとって不利な仮定（ストレス）を設定し，その結果として自己資本など健全性の指標が基準内に収まるかどうかを判断する「ストレステスト」とよばれるリスク管理手法がしばしば使われる。過去の歴史をみると，金融市場では，ブラックマンデーやアジア通貨危機，リーマン・ショックなど，通常の市場環境下では考えられないような大幅な価格変動が起こりうることがある。ストレステストでは，マーケット（金融市場）での不測の事態が生じた場合に備えて，ポートフォリオ（ポジション）の損失の程度や損失の回避策をあらかじめシミュレーションしておくことで，現在のポジションが抱える潜在的なリスク量を計測し，不測の事態に備えることを目的とする。

10.2　中央銀行の役割

　ミクロ・プルーデンスを実践していくうえでは，金融庁など監督当局が主導的な役割を果たす。しかし，マクロ・プルーデンスでは，監督当局に加えて，中央銀行が重要な役割を果たす。これは，中央銀行が，金融政策の実施や日銀ネットなど決済システムの運営などを通じて金融資本市場の把握に努めていることに加えて，金融システムの安定確保のため，個別金融機関などに対する最後の貸し手としての機能を有していることによる。

　システミック・リスクが顕在化する前に政策当局が過度に金融市場に介入することは，金融市場の活性化を阻害し，健全な経済成長の障害につながる可能性もある。このため，かつての中央銀行は，危機が起これば最後の貸し手として必要な流動性を市場に供給し，危機を押さえ込む必要があると考える一方で，危機が顕在化する前に予防的な金融政策を実施することに慎重であった（この考え方は，米国の中央銀行である FRB がそうであったことから，「FED ビュー」とよばれる）。

　しかしながら，金融の自由化・グローバル化のなかで，深刻なシステミック・リスクが発生する可能性がこれまで以上に高まっている。このため，今日では，マクロ・プルーデンスという観点から，リスクが顕在化する前に予防的な金融政策を実施し，危機の原因となりうる過度の信用拡大を押さえ込む必要性も認識されるようになってきている（この考え方は，国際決済銀行 BIS が以前から主張していたことから，「BIS ビュー」とよばれる）。

　「物価の安定」と「金融システムの安定」が整合的である限り，中央銀行は

金融政策をマクロ・プルーデンス政策としても用いることができる。たとえば，景気が悪化して，物価が下落すると同時に，貸し出しが極端に減少する信用収縮が起これば，市場に出回る貨幣量を増加させる金融緩和政策は，物価の下落を食い止めるだけでなく，金融システムの安定にも寄与する。逆に，景気が過熱し，物価が上昇すると同時に，貸し出しが過度に増加していれば，中央銀行は金融引き締めを行うことで，物価の上昇と信用の拡大を同時に抑えることが可能である。

　ただし，「物価の安定」と「金融システムの安定」は，常に整合的とは限らない。物価が下落しているにもかかわらず，銀行貸し出しが大幅に拡大し，株価や地価などの資産価格が過度に上昇している状況がそのようなケースである。このようなケースでは，金融緩和政策は，物価の下落を抑えるうえでは有効だが，信用の拡大や資産価格の上昇をさらに加速させることで，金融システムを不安定化させかねない。この場合，中央銀行は，2つの相反する目的を達成しなければならないというジレンマに直面することとなり，マクロ・プルーデンス政策も難しいかじ取りを行わなければならなくなる。

▧ **関連文献の紹介** ▧

翁百合『金融危機とプルーデンス政策——金融システム・企業の再生に向けて』日本
　経済新聞出版社，2010 年
　　⇒第Ⅰ部でプルーデンス政策をマクロとミクロの観点から取り扱っている。
東短リサーチ株式会社編・加藤出編集代表『東京マネー・マーケット（第 8 版）』有
　斐閣，2019 年
　　⇒わが国の短期金融市場の仕組みを平易に解説している。
日本銀行金融研究所編『日本銀行の機能と業務』有斐閣，2011 年
　　⇒第 4 章から第 6 章で，決済に関する問題を日本銀行の機能と業務の観点から説明
　　している。

Summary

　数多くの金融資産のなかで，もっとも流動性が高いのが貨幣である。本章では，貨幣の役割やその需要動機について議論する。貨幣には価値尺度，価値の保蔵手段，交換手段という 3 つの機能が存在し，貨幣の範囲はどの機能を念頭に置くかによって大きく異なる。なかでも，交換手段としての貨幣は，今日の交換経済では欠くべからざるものであり，取引動機は貨幣需要を説明するうえで非常に重要である。

1　貨幣の機能

1.1　不 換 貨 幣

　流動性（liquidity）とは，ある資産が経済の交換手段に変換される容易さの度合いを表す。前章では，短期金融市場でいつでも支払い可能な流動資産が重要となることを明らかにした。ただ，流動資産であっても，支払いの容易さやその一般受容性によって流動性の程度は異なる。数多くの金融資産のなかで，もっとも流動性が高いのが「貨幣」である。本章では，貨幣の役割やその需要動機について議論する。

　歴史的にみると，交換手段としての貨幣は，内在的価値をもつ「商品貨幣」（commodity money）から始まっている。これは，貨幣を発行する主体である政府に十分な信認がない場合，貨幣が一般に受け入れられるためには具体的な価値の裏付けが必要であったからである。金が貨幣価値の裏付けとして用いられる「金本位制」（gold standard）は，その代表例であった。しかし，社会が成熟し，政府が十分に信認を得るようになると，管理通貨制度のもとで，内在的価値をもっていない「不換貨幣」（fiat money）が政府によって発行される。今日では，ほとんどの国の貨幣は，不換貨幣が一般的となっている。

　経済活動を営む人々にとって，貨幣を保有することは不可欠である。貨幣はなぜ経済活動に重要なのであろうか。一般に，貨幣には，価値尺度，価値の保蔵手段，交換手段の3つの機能がある。

1.2　価値尺度と価値の保蔵手段

　価値尺度は，各国が国内で共通の通貨単位をそれぞれ採用することで，一国内での価格を同一の価値尺度で表示し，利便性を高める機能である。日本国内の取引は円という単位で，また米国内の取引は米ドルという単位でそれぞれ表示されているのは，その典型的な例である。価値尺度としての貨幣は，概念的なもので，必ずしも実在する必要はない。たとえば，国際機関のIMF（国際通貨基金）が公表するSDR（特別引き出し権）という単位は価値尺度であるが，実際にSDRという通貨が存在するわけではない。ただ，ほとんどの国では，実在する貨幣が価値尺度として利用されている。

　一方，価値の保蔵手段は，資産の価値を安全かつ流動性を保って保蔵する機

能である。収益性から考えた場合，株式や債券といった金融資産を購入するのが平均的には有利な方法であるが，リスクも大きい。これに対して，貨幣は，インフレによってその実質価値が目減りするというリスクはあるものの，資産価値を安定して維持するという意味で安全性に魅力のある価値の保蔵手段の1つと考えられている。また，貨幣は流動性がもっとも高い金融資産であるため，流動性リスクが高まると，いつでも支払いに使うことができる金融資産としてその重要性は高くなる。

2　交換手段としての貨幣

2.1　欲求の二重の一致を必要としない交換

　貨幣のもっとも重要な機能が，「交換手段」である。交換手段としての貨幣は，取引がスムーズに決済されるうえで重要な役割を果たす。一般に，物々交換の世界において取引が成立するためには，自分の購入しようとしている財と相手が売却しようとしている財が一致し，かつ自分が売却しようとする財と相手が購入しようとしている財が一致する「欲望の二重の一致」が必要である。しかし，この条件が満たされる可能性は非常に少なく，その結果，物々交換による取引は通常は成立しない。

　たとえば，バナナを売却してミカンを購入したいと考えているAさん，ミカンを売却してリンゴを購入したいと考えているBさん，リンゴを売却して

図 10 - 1　交換手段としての貨幣

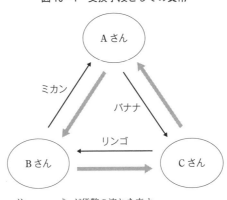

注：　➡　が貨幣の流れを表す。

バナナを購入したいと考えているCさんの3人が，物々交換をしようとする経済を考えてみよう。この経済では，たとえばAさんとBさんとの間で物々交換は成立しない。なぜなら，Aさんが購入したいミカンを保有するBさんは，Aさんが売却しようとしているバナナを必要としないからである。その結果，ミカンを売りたい人がいるにもかかわらずAさんはミカンを購入できないことになってしまう。同様に，この経済では，物々交換を前提とする限り，他のいかなる人たちの間でも取引が成立せず，同じ品物を売りたい人と買いたい人がいるにもかかわらず，その売買は行われないことになる。

交換手段としての貨幣は，まさにこのような物々交換の問題点を克服するところにある。すなわち，貨幣によって交換が媒介される場合，仮に自分がもっている財を相手が必要としない場合であっても，貨幣を支払うことによって相手から自分が必要な財を購入することができるのである。図10-1は，このような貨幣経済の交換パターンを前ページで述べた例に基づいて示したものである。図から，たとえば，AさんはバナナをCさんに売却することによって貨幣を得る一方，その貨幣を支払うことによって必要なミカンをBさんから手に入れることができることがわかる。

2.2　一般受容性

もちろん，貨幣がこのようにすべての財と交換可能であるという性質をもつためには，貨幣で支払えば必ず財を購入できるという「一般受容性」が社会で成立する必要がある。このため，交換手段として取引を媒介する貨幣は，通常，誰もが信頼する経済主体によって発行されることが重要となる。今日，紙幣や硬貨が政府や中央銀行によって発行されている大きな理由の1つはこの点にあり，これによって貨幣は人々が交換相手を探索する際のコストを大幅に節約する役割をもつのである。

政府や中央銀行が発行する紙幣や硬貨は，国内で「強制通用力」（＝金銭債務の弁済手段として用いることができる法的効力）がある「法定通貨」である。法定通貨は，日常的な買い物や商取引の決済，税金，賃金など国内のさまざまな支払いにおいて，受け取りを拒否することができないので，一般受容性を満たしやすい交換手段といえる。

ただ，法定通貨であっても，一般受容性が常に満たされるとは限らない。確かに，日本や米国など主要先進国では，自国の法定通貨がきわめて信頼性の高

い通貨として一般に受け入れられている。しかし，経済基盤が脆弱で，政治も不安定な発展途上の国々では，しばしば法定通貨であっても信頼性が低いと見なされ，一般受容性がないことがある。とくに，深刻な政治的・経済的混乱に陥った国では，自国通貨への信認が著しく低下し，その国の法定通貨でない米ドルなどが取引手段や貯蓄手段として使用される「ドル化」が自然発生的に起こることもある。

　他方，法定通貨ではなくても，人々が一般受容性があると考えれば，幅広く交換手段として利用される可能性がある。たとえば，第1章第8節で説明したブロックチェーンを活用した暗号資産（仮想通貨）は，政府や中央銀行のような中央集権的な管理機関は存在しない。しかし，強制通用力がない通貨であっても，そのすべてがインターネット上の口座にあるウォレットにデータとして保存されると同時に，送金や決済などに使うことができる。

　現状では，法定通貨ほどの信頼性はなく，交換手段として暗号資産が使われるシーンは限定的である。とくに，ブロックチェーンを使ったビットコインなど初期の暗号資産は，一時は将来の新しい貨幣として注目を浴びたが，価値の変動があまりにも多いことから投機的に保有される面が強く，交換手段には適しないと考えられるようになっている。価値が大きく変動すると，人々はその貨幣を用いて取引や貯蓄などを行うことをためらうことになるからである。

　しかし，近年では，価格変動リスクを緩和する暗号資産として，「ステーブルコイン」が登場している。ステーブルコインは，ブロックチェーンの技術を利用するという点では従来の暗号資産と同じであるが，法定通貨との相対価格を安定的に保つ仕組みが内在しているという特徴がある。今後，国によっては法定通貨よりも一般受容性をもつという事態が起こりうるかもしれない。

3　貨幣の範囲

3.1　現金通貨と預金通貨

　これまでの節でみてきたように，貨幣には価値尺度，価値の保蔵手段，交換手段という3つの機能が存在し，これらの機能がそれぞれ異なる役割を果たしている。このため，われわれが通常「貨幣」とよぶ場合でも，その範囲は貨幣のどの機能を念頭に置くかによって大きく異なってくる。

　貨幣の概念をもっとも狭く捉える考え方が，価値尺度や身近な交換手段を重

米国のフリー・バンキング

　米国では建国以来，連邦政府の権限を強化すべきだとした連邦主義者と，それに反対して州の権限を擁護した州権主義者の対立が続き，中央銀行の役割を担う「連邦準備制度」（Federal Reserve System）が設立されたのは，他の主要国よりも大きく遅れた 1913 年であった（世界最古の中央銀行は，スウェーデンのリクスバンクで 1668 年に設立された。英国のイングランド銀行はそれよりやや遅れた 1694 年に，またフランス銀行は 1800年に設立された。日本銀行は 1882 年に設立された）。連邦主義者たちは，米国にも英国のイングランド銀行のような中央銀行を設立しようと努力し，1791 年には 20 年間の免許期間をもった合衆国銀行が設立された。しかし，免許の更新が州権主義者の反対で認められなかったために，合衆国銀行は免許期間の終了とともに消滅した。1816 年に再度の試みが行われ，第 2次合衆国銀行が同じく 20 年間の免許期間で設立されたが，やはり免許期間の終了とともに廃止された。

　その後は長い間，米国では中央銀行が存在せず，法律を満たしさえすれば，民間銀行が自由に銀行券を発行できる「フリー・バンキング時代」がしばらく続くことになる。銀行券発行の裏付けとしての債券などの州への預託義務は強化されたが，銀行の設立自体は容易になった。その結果，フリー・バンキング時代には，数多くの銀行によって銀行券が発行された。

　銀行券の取引所における自主規制や銀行同士での交換における制度も生まれたので，フリー・バンキングであっても，銀行券の乱発などが野放図に起こることはなかった。しかし，それら銀行券が対等に交換されたわけではなく，交換は，発行銀行の信用度を考慮した評価に基づく割引率で行われた。また，中央銀行不在のもとでは，周期的な金融恐慌の発生といった事態は防止できなかった。1913 年に中央銀行的な役割を担う連邦準備制度が設立され，米国におけるフリー・バンキング時代は終了した。

　今日では，米国のフリー・バンキング時代のように，一国内で複数の銀行がそれぞれ銀行券を発行する国は，ほとんどない。数少ない例外は，香港である。香港では，香港金融管理局の監督のもと，額面 20 ドル以上の紙幣が香港上海銀行，スタンダードチャータード銀行，中国銀行（香港）の 3 行により発行されている。ただし，香港金融管理局が事実上の中央銀行として機能しているため，米国のフリー・バンキング時代とは異なり，それぞれの額面貨幣価値は同じで，使用および流通において使い分ける必要はない。

視する立場である。この場合の貨幣は，政府が発行する日本銀行券（1万円札など）と補助通貨（500円硬貨など）からなる「現金通貨」が中心となる。

しかし，貨幣の機能を幅広い交換手段にまで広げて考えた場合，その範囲はもう少し広くなる。というのは，われわれが日常の取引の決済に使用する貨幣は，現金通貨ばかりでなく，小切手やクレジット・カードが一般的になっているからである。このため，一般的な交換手段としての機能を重視する立場から貨幣を捉えた場合，貨幣は現金通貨のみでなく，預金の出し入れが自由であるという意味で比較的流動性の高い「預金通貨」（すなわち，当座預金や普通預金などの要求払い預金）が含まれることになる。

一方，貨幣の範囲をもっとも広く捉える考え方が，価値の保蔵手段としての機能を重視する立場である。この場合の貨幣の概念としては，要求払い預金のように取引のためにいつでも引き出せるという流動性よりも，定期性預金のようにできるだけその価値を高める収益性が重要となる。このため，貨幣を広義に捉える場合には，貨幣として，現金通貨や預金通貨に加えて，「準通貨」とよばれる定期性預金が加えられる。

3.2 マネーストック

中央銀行が公表するさまざまな貨幣の概念を数量的に捉える指標が，「マネーストック」である。マネーストックは，貨幣の範囲をどのように考えるかに依存するため，さまざまな種類のものが日本銀行によってマネーストック統計として公表されている（マネーストック統計は，かつてマネーサプライ統計として日本銀行から公表されていたものに相当するが，2008年6月から範囲の大幅な見直しを行った後，マネーストックとして公表されている）。

その代表的なものの1つが，狭義のマネーストックを表す「M1」である。この指標は，現金通貨に預金通貨（要求払い預金）を足し合わせたものとして，

$$M1 = 現金通貨 + 預金通貨 \tag{1}$$

と定義される。狭義のマネーストック（M1）によって表される貨幣の指標は，現金通貨や普通預金といった流動性が大きいものだけを含むという意味で，交換手段としての貨幣を代表するマネーストックの指標である。

一方，M1に準通貨としての定期性預金を加えたものが，広義のマネーストックとしての「M2」あるいは「M3」である。すなわち，M2（あるいはM3）は，

$$\text{M2 (あるいは M3)} = \text{M1} + \text{準通貨} \tag{2}$$

と定義される。M2 あるいは M3 といった広義のマネーストックの指標は，定期性預金といった流動性の低いものも含んでいる。このため，M2 あるいは M3 は，交換手段としての貨幣ばかりでなく，価値の保蔵手段としての貨幣をも含むマネーストックの指標と考えられる（日本銀行のマネーストック統計では，M2 は旧マネーサプライ統計で用いられた M1 と準通貨の合計に相当する一方，M3 は現在のマネーストック統計における M1 と準通貨の合計に相当する。たとえば，ゆうちょ銀行の預金が，後者には含まれ，前者には含まれないなどの違いがある）。

3.3　広義流動性

　もっとも，「金融の自由化」が進展した今日，以前は流動性が低かった定期性預金なども普通預金と同様にかなり預金の出し入れが自由になり，その流動性が高まってきている。その結果，従来は広義のマネーストックであった M2 あるいは M3 といった指標も，価値の保蔵手段としての貨幣の指標というよりも，むしろ交換手段としての貨幣の指標という性格が強まっている。このため，マネーストック統計では，M2 あるいは M3 といった指標のほかに，投資信託，銀行発行普通社債，金融機関発行 CP，国債，外債などを加えた広い範囲のマネーストックの指標である「広義流動性」が公表されている。

　図10-2 は，日本銀行の「マネーストック統計」に基づいて，2003 年 12 月

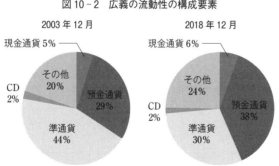

図 10-2　広義の流動性の構成要素

2003 年 12 月　　　　　　　　　2018 年 12 月

現金通貨 5%　　　　　　　　現金通貨 6%

CD 2%　　その他 20%　預金通貨 29%　準通貨 44%

CD 2%　　その他 24%　預金通貨 38%　準通貨 30%

注：その他には，金銭の信託，投資信託，金融債，銀行発行普通社債，金融機関発行 CP，国債，外債が含まれる。
出所：日本銀行。

および18年12月におけるわが国の広義流動性の構成要素を示したものである。いずれの年も，現金通貨は全体の5%程度でそれほど大きなウェイトを占めていない。その一方，銀行預金に相当する預金通貨と準通貨は，約3割から約4.5割と，大きなシェアを占めている。その結果，2018年末には，M1（＝現金通貨＋預金通貨）は広義流動性全体の約44%，M3（＝M1＋準通貨＋CD）はおおよそ76%となっている。

　2003年と18年を比較すると，長引く超低金利を反映して，定期預金に相当する準通貨がウェイトを下げ，普通預金など預金通貨がウェイトを高めている。その一方，金銭の信託や投資信託を中心に，その他の広義の流動性のウェイトが高まっている。

4　貨幣需要の取引動機

4.1　取引動機とは？

　人々が貨幣を需要する動機の代表的なものが，「取引動機」である。取引動機は，貨幣が交換手段としての機能を有することに由来する。すなわち，交換手段としての機能をもつ貨幣は，すべての財と交換可能であるという「流動性」を備えており，そのために取引コストが大幅に節約される。したがって，日々の取引を行う場合に，人々は取引に必要な額に相当する貨幣を需要することになる。これを経済全体でみた場合，取引動機に基づく貨幣需要は，経済全体の取引量が増加すればするほど大きくなるという関係が生まれる。

　後にみるように，一般に，取引動機に基づく貨幣需要は，取引量だけでなく，市場利子率にも依存する。しかしながら，古典派の「貨幣数量説」では，貨幣需要は取引量に主として依存し，利子率が貨幣需要に与える効果は非常に小さいと考えている。

　貨幣数量説の代表的なものの1つが，「フィッシャーの交換方程式」である。いま，一定期間における貨幣の流通量をM，経済全体の名目取引量をPT（＝一般物価P×実質取引量T）とすれば，フィッシャーの交換方程式は，

$$MV_T = PT \tag{3}$$

として示される。

　ここで，上式における変数V_Tは「貨幣の流通速度」とよばれ，貨幣が一定

期間中に取引に何回使われるかを表す指標である。このため，MV_T は一定期間において貨幣でどれだけの額の取引が行われたかを示す。フィッシャーの交換方程式は，この MV_T が一定期間における経済全体の名目取引量 PT と等しくなるという関係を表す式である。

　ところで，一般に取引量は所得が多ければ多いほど活発になるので，(3)式における名目取引量 PT は，名目国民所得（PY＝一般物価 P×実質国民所得 Y）とかなり安定した関係をもつ。このため，フィッシャーの交換方程式は，PT を PY に置き換えることで，

$$MV = PY \tag{4}$$

とも書き表されることが多い。ただし，ここでの V は，国民所得を使って計算し直した貨幣の流通速度である。今日では，(4)式が，フィッシャーの交換方程式としてより一般的に使われている。

4.2 貨幣数量説

　貨幣数量説では，貨幣の流通速度 V は経済の支払い慣習などによって制度的に決定されるものと見なされ，短期的には一定であると考える。また，名目国民所得 PY から一般物価水準 P の影響を取り除いた実質国民所得 Y は，名目貨幣量 M とは独立に，財市場で決定されると見なされる。このため，(4)式で表されるような貨幣数量説では，名目貨幣量 M の変化は V や Y の値には何らの影響も与えず，一般物価水準 P を同一割合で変化させるだけなのである。このような「貨幣は物価水準のみを決定する」という古典派の考え方は，「貨幣の中立性」あるいは「古典派の二分法」とよばれている。

　なお，フィッシャーの交換方程式において，流通速度の逆数 $\dfrac{1}{V}$ を k と表し，(4)式の両辺にかければ，

$$M = kPY \tag{5}$$

という式が得られる。この式は「ケンブリッジ方程式」とよばれ，右辺の定数 k は「マーシャルの k」とよばれている。ケンブリッジ方程式は，貨幣数量説を代表するもう1つの式としてよく知られている。

　貨幣数量説では貨幣の流通速度は短期的には一定であるので，マーシャルの k も短期的には一定である。したがって，ケンブリッジ方程式では，名目貨幣

量 M は名目国民所得 PY に比例する形で需要されることになる。また，物価の影響を取り除いた実質国民所得 Y が名目貨幣量 M とは独立に決定される限り，ケンブリッジ方程式でも貨幣の中立性が成立し，名目貨幣量 M の変化は一般物価水準 P を同一割合で変化させるだけである。

5 ボーモル＝トービン・モデル

5.1 利子率に依存する取引動機

前節でみたように，貨幣数量説では，貨幣需要は取引量や国民所得のみに依存すると考える。しかし，現金通貨などの貨幣は，預金や債券といった他の金融資産のように保有していても利子がつくわけではない。このため，取引動機に基づいて貨幣を保有した場合，取引コストは節約されるがそれと同時に，貨幣以外の資産を保有していれば得られたであろう利子を失うことにもなる。すなわち，交換手段のために貨幣を保有することは，その分だけ本来であれば稼げたはずの利子を失うという「機会費用」を生み出すのである。したがって，貨幣が純粋に取引動機によって需要される場合，市場利子率の上昇は貨幣需要にマイナスの影響を与えることになる。以下では，この点を，取引動機に基づく貨幣需要を分析した「ボーモル＝トービン・モデル」に基づいて考察する。

一般に人々は手元に流動性の高い現金通貨を保有すれば，品物を購入するときに毎回銀行にお金を引き出しに行くコストを省くことができる。しかしその一方で，現金通貨を手元に保有すれば，お金を銀行に預けておいた場合には得られたであろう利子収入を失うことにもなる。ボーモル＝トービン・モデルは，貨幣の範囲を現金通貨に代表される狭いものに限定し，このような貨幣保有の便益とコストを分析したものである。

モデルでは，初期時点で Y 円の預金をもつ人が，そのなかからどれだけの預金通貨を何回引き出し，貨幣として保有するのが最適であるかが検討される。分析を簡単にするため，各人は時間を通じて一定の水準の消費を保つものとする。また，物価水準 P は一定で，$P=1$ で変化しないものとする。分析の期間は 1 年とし，各人は 1 年の途中では利子以外の追加的な所得はないものとする。

5.2 預金の引き出し回数と貨幣残高

預金の引き出し回数がもっとも少ないケースは，各人が 1 年の初めに Y 円

図 10 - 3　ボーモル＝トービン・モデル——貨幣残高の推移

① 預金を 1 回だけ引き出す場合

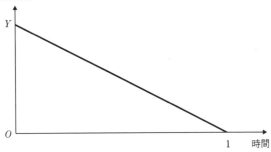

② N 回の預金引き出しを行う場合

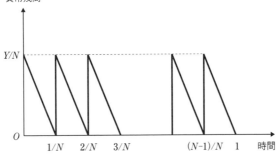

の預金をすべて引き出して現金化する場合である。この場合の貨幣保有額は，図 10 - 3 ①のように時間を通じて単調に減少し，平均貨幣残高は $\frac{Y}{2}$ 円となる。このような貨幣保有行動は，銀行にお金を引き出しに行くコストが 1 回ですむという点ではメリットがある。しかし，預金を 1 度にすべて引き出してしまえば，その年は銀行から全く利子を受け取ることができない。

　これに対し，預金を N 回に分けて規則的に銀行から引き出す場合，貨幣保有額は 1 年間を通じて図 10 - 3 ②のようなノコギリ状の動きをする。すなわち，各人は毎回 $\frac{Y}{L}$ 円ずつの預金を引き出すことによって消費を行い，手元の貨幣残高がゼロになったらまた銀行に行って $\frac{Y}{N}$ 円の預金を引き出すというパターンを N 回繰り返すのである。この場合，1 年間を通じた人々の平均貨幣保有残高は $\frac{Y}{2N}$ 円である。この貨幣保有行動のもとでは，銀行にお金を引き出しに

行くコストが N 回必要になってしまうというデメリットがある一方，最後の引き出しまで預金が残るので銀行から利子を受け取ることができるというメリットがある。

5.3 最適な預金引き出し回数

それでは，以上のような状況において，人々は何回預金を引き出すのが最適なのであろうか。このことをみるため，預金を1回引き出すには毎回一定の費用 f 円がかかるものとしよう（簡単化のため，この費用は時間の浪費やそれに伴う心理的なコストを金額に換算したものとし，所得 Y には影響を与えないものとする）。また，銀行に1円を預金すれば1年を通じて i 円の利子がもらえる（同じことであるが，銀行から1円を引き出せば受け取る利子が i 円だけ減少する）ものとしよう。

このとき，預金を N 回に分けて規則的に銀行から引き出すとすると，預金の引き出しにかかる費用は1年間を通じて fN 円となる。一方，この場合の平均貨幣残高は $\dfrac{Y}{2N}$ 円であるので，貨幣保有に伴って失われる利子は $\dfrac{iY}{2N}$ 円となる。したがって，N 回の預金引き出しを行う場合の総費用 C は，

$$C = fN + \frac{iY}{2N} \ \text{円} \tag{6}$$

となる。

図10-4は，この総費用が預金の引き出し回数 N とどのような関係にあるかを描いたものである。図から，N が少ない場合には貨幣保有に伴うコスト

図 10-4　ボーモル＝トービン・モデル——N 回の預
　　　　金引き出しを行う場合の総費用

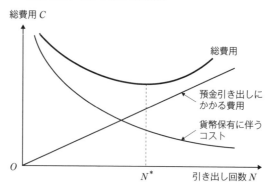

が大きいため総費用も非常に大きく，また，N が大きい場合には引き出しにかかる費用が高くついて総費用がやはり大きくなっていることがわかる。したがって，図の N^* のように，大きくもなければ小さくもない N の値において総費用が最小化される。

　数学的には，上の総費用 C を N で微分してゼロとおくこと（すなわち，$\dfrac{dC}{dN}=0$）によって，最適な預金引き出し回数 N^* は，

$$N^* = \sqrt{\frac{iY}{2f}} \tag{7}$$

として求めることができる。

5.4 最適な貨幣保有残高

　われわれはすでに，預金を N 回に分けて規則的に銀行から引き出す場合の平均貨幣残高が $\dfrac{Y}{2N}$ 円となることをみた。したがって，上で求めた最適な預金引き出し回数 N^* をこれに代入することによって，最適な平均貨幣保有残高を以下のように求めることができる。

$$平均貨幣保有残高 = \sqrt{\frac{Yf}{2i}} \tag{8}$$

　上式は，ボーモル＝トービン・モデルにおける最適な平均的貨幣保有残高は，預金引き出しのコスト f や初期の預金残高 Y が大きければ大きいほど多く，また利子率が高ければ高いほど少なくなることを示している。一般に初期の預金残高 Y はその後の取引額に相当するので，以上の関係は，取引動機に基づく貨幣需要の場合と同様，ボーモル＝トービン・モデルの貨幣需要は取引額が増加すれば大きくなることを表している。

　ただし，古典派の貨幣数量説とは異なり，貨幣保有残高と Y との間には，正比例の関係は成立しない。また，古典派の貨幣数量説とは異なり，ボーモル＝トービン・モデルの貨幣需要は，利子率が上昇すれば小さくなるという関係がある。

6　貨幣需要関数

6.1　経済全体の貨幣需要

取引動機による貨幣需要は，取引総額が増えれば増加するという性質がある。

しかし，前節のボーモル＝トービン・モデルでもみたように，現金通貨は利子がつかない資産なので，貨幣需要は機会費用としての利子率が上昇すると減少するという性質をもつ。この結果を一国経済全体でみた場合，経済全体の貨幣需要は，一国における取引総額の増加関数であると同時に，市場利子率の減少関数となっていることがわかる。

一国の取引総額は，その国の国民所得と密接な関係があると考えられる。このため，一国の貨幣需要量を L と表すと，「貨幣需要関数」とよばれる関数 L は，国民所得 Y および市場利子率 i に依存するものとして，

$$L = L(Y, i) \tag{9}$$

という形で定式化される。この関数は，Y が上昇すれば L が増加する $\left(\dfrac{\partial L}{\partial Y} > 0\right)$ が，i が上昇すれば L は減少する $\left(\dfrac{\partial L}{\partial i} < 0\right)$ という性質を満たしており，マクロ経済分析では幅広く用いられている。

6.2 資産選択としての貨幣需要

貨幣は，取引手段として需要される以外に，資産選択の観点からも需要される。株や債券といった資産は，収益性という観点からは，価値を保蔵する有効な手段である。しかし，第3章でみたように，人々が危険回避的である限り，その資産のすべてを収益が不確実な株や債券といった危険資産で保有することは，リスク分散という観点からは最適でない。というのは，収益が不確実な危険資産には，その価格が将来下落することによって「キャピタル・ロス」とよばれる損失を生み出す可能性があるからである。したがって，不確実性が小さいことを重視する場合，安全資産としての貨幣がポートフォリオ（資産選択）の1つとして保有されることになる。

もちろん，現金通貨のような貨幣でも，一般物価水準が上昇すればその価値は実質的に下落するというリスクは存在している。しかし，極端な物価の上昇が起こらない限り，貨幣は安全性の高い金融資産といえる。このため，物価が大きく変動する場合を除けば，危険回避的な人々にとって，相対的に安全な資産としての貨幣を価値の保蔵手段の1つとして保有することは，危険分散という観点から望ましくなる。

価値の保蔵手段として保有される貨幣は，必ずしも現金通貨や預金通貨である必要はない。ただし，そのような貨幣は，定期預金（準通貨）のように，収

益性が安定していることが必要である。価値の保蔵手段としての貨幣需要は，株や債券といった危険資産の収益が将来的に不確実であればあるほど大きくなる性質がある一方，貨幣以外の資産の平均的収益率が高まるにつれて減少する。すなわち，価値の保蔵手段として貨幣が需要される場合，貨幣需要は危険資産の収益率と負の相関をもつ一方，そのリスクと正の相関関係をもつことになる。

　この点を考慮した場合，貨幣需要関数 L は，国民所得 Y および市場利子率 i だけでなく，危険資産の平均収益率 R や収益率の分散 $\sigma_R{}^2$ などに依存するものとして，

$$L = L(Y, i, R, \sigma_R{}^2) \quad (ただし，\frac{\partial L}{\partial Y} > 0,\ \frac{\partial L}{\partial i} < 0,\ \frac{\partial L}{\partial R} < 0,\ \frac{\partial L}{\partial \sigma_R{}^2} > 0) \quad (10)$$

という形で定式化できる。すなわち，貨幣需要は，危険資産の平均収益率 R が上昇すると減少する一方，そのリスクを表す分散 $\sigma_R{}^2$ が上昇すると増加するという性質もあるといえる。

6.3 予備的動機

　貨幣は単にリスクがほとんどない資産運用という観点だけでなく，不意の支出に備える手段としても保有される。というのは，われわれが直面する将来の不確実性は，単に資産の収益率の不確実性にとどまらないからである。われわれは，いつ災害に遭ったり，重い病気にかかったりして大きな出費を強いられるかわからない。このため，不意の出費に備えて，予備的にいつでも使える流動性の高い資産をあらかじめ保有しておかなければならない。

　そのような資産は，株や債券といった流動性の低い資産で保有されていると不都合が多い。なぜなら，株や債券といった資産は，いつでも現金化して使えるという流動性は非常に低いからである。このため，将来の支出に不確実であればあるほど，それに対する予備的動機として，流動性の高い貨幣が需要される。もちろん，予備的動機として保有される貨幣は，必ずしも現金通貨である必要はない。しかし，そのような貨幣は，必要があればすぐに取引に使う必要があるので，普通預金など要求払い預金（預金通貨）のように，収益性が安定し，かつ流動性が高いものである必要がある。

　予備的動機に基づく貨幣需要は，利子率と負の相関関係をもつだけでなく，将来的に不確実であればあるほど，貨幣需要は大きくなると考えられる。このため，予備的動機をもつ貨幣需要関数 L は，国民所得 Y および市場利子率 i

に加えて，将来の取引機会の不確実性 σ^2 に依存するものとして，

$$L = L(Y, i, \sigma^2) \quad (\text{ただし，} \frac{\partial L}{\partial Y} > 0, \ \frac{\partial L}{\partial i} < 0, \ \frac{\partial L}{\partial \sigma^2} > 0) \tag{11}$$

という形で定式化される。すなわち，貨幣需要は，将来の取引機会の不確実性を表す分散 σ^2 が上昇すると増加するという性質もあるといえる。

7 物価が変動する場合の貨幣需要

7.1 名目利子率と実質利子率

貨幣数量説を取り扱った第4節を除けば，これまでの貨幣需要に関する説明では，暗黙のうちに価格は変化しないことが前提とされ，一般物価水準 P が上昇する可能性が無視されていた。しかし，物価水準が上昇している場合，国民所得や貨幣残高といった変数は，価格変動の影響を取り除くか否かによって，名目国民所得と実質国民所得，名目貨幣残高と実質貨幣残高に，それぞれ区別される。

また，利子率は，価格変動の影響を取り除くか否かによって，名目利子率 i と実質利子率 r に区別される。これは，名目上は同じ額の利子の支払いであっても，物価が上昇した場合にはその実質上の価値は目減りするので，実質的な利払い額に対応する実質利子率もそれを考慮した形で計算されなければならないからである。具体的には，物価水準が P_0 から P_1 へと変化する場合（すなわち，インフレ率 $\pi = \frac{P_1}{P_0} - 1$ である場合），名目的に同じ $(1+i)$ 円でも，物価変動の影響を取り除いた価値は，$(1+i)\frac{P_0}{P_1}$ 円，すなわち，$\frac{1+i}{1+\pi}$ 円となる。

したがって，インフレ率を π とすると，名目利子率 i と実質利子率 r の間には，

$$1 + i = (1+r)(1+\pi) \tag{12}$$

という関係が成立する。(12)式で表される関係式は「フィッシャー方程式」とよばれ，そこで成立する名目利子率 i と実質利子率 r の間の関係は「フィッシャー効果」とよばれる。x が十分に小さい場合 $log(1+x) \approx x$ となることから，フィッシャー方程式は，上式の両辺に対数をとることで近似的に，

$$\text{名目利子率 } i = \text{実質利子率 } r + \text{インフレ率 } \pi \tag{13}$$

という関係としても，書き表すことができる。

7.2 実質貨幣需要関数

いま Y の値を価格変動の影響を取り除いた場合の実質国民所得とすると，物価変動の影響を考慮した貨幣需要関数は，取引動機に基づく(9)式の場合，名目貨幣残高 M を一般物価水準 P で割った実質貨幣残高 $\frac{M}{P}$ に対する「実質貨幣需要関数」として，以下のように書き表される。

$$\frac{M}{P} = L(Y, i) \quad (ただし, \ \frac{\partial L}{\partial Y} > 0, \ \frac{\partial L}{\partial i} < 0) \tag{14}$$

(14)式に含まれる $\frac{M}{P}$ や Y は，物価の変動を取り除いた実質値である。しかし，(14)式に含まれる利子率は，物価上昇の影響を取り除く前の名目利子率 i である。これは，物価が変動しているかどうかにかかわらず，貨幣と貨幣以外の金融資産の収益率の差は，名目利子率となるからである。

すなわち，名目利子率 i の貨幣以外の金融資産の収益率は，価格変動の影響を取り除いた場合，実質利子率 r となる。一方，貨幣はその名目価値は一定（すなわち，名目収益率はゼロ）であるが，物価水準が上昇している場合には，その実質的価値は物価の上昇率だけ目減りすることになるので，その実質収益率は $-\pi$ となる。したがって，価格変動の影響を取り除いた実質ベースでも，貨幣以外の金融資産の収益率と貨幣の収益率の差は，常に $r - (-\pi) = i$，すなわち，名目利子率となる。このことから，実質貨幣需要関数(14)式において，実質利子率 r ではなく，名目利子率 i が利子率として用いられることになる。

もちろん，貨幣需要へ与える影響について，実質利子率 r とインフレ率 π の影響を区別して議論することはできる。この場合，より一般的な実質貨幣需要関数は，

$$\frac{M}{P} = L(Y, r, \pi) \quad (ただし, \ \frac{\partial L}{\partial Y} > 0, \ \frac{\partial L}{\partial r} < 0, \ \frac{\partial L}{\partial \pi} < 0) \tag{15}$$

と書き表すことができる。

8 最適貨幣量の理論

8.1 社会的に望ましい名目利子率とは？

前節の貨幣需要関数(14)式が示すように，名目利子率 i を貨幣保有の機会費

図 10-5　貨幣需要者の余剰と最適貨幣量の理論

① 限界的貨幣需要者の余剰とその機会費用

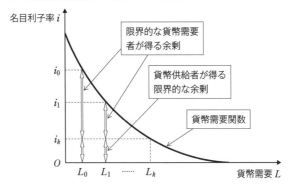

② 貨幣需要者の余剰と貨幣供給者の余剰

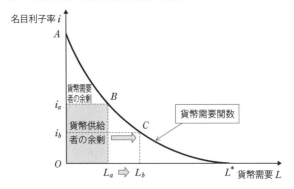

用と考えた場合，名目利子率 i が高くなればなるほど貨幣保有量は減少し，その分，貨幣保有から得られる便益が減少するという関係が成立する。このため，フリードマン（M. Friedman）は，名目利子率 i をゼロに誘導し，貨幣保有の機会費用をなくすことが望ましいと主張した。これが，フリードマンの「最適貨幣量の理論」である。

図 10-5 の①と②は，いずれも国民所得 Y を所与として，名目利子率（縦軸）と貨幣需要（横軸）の関係をグラフに表したものである（$\frac{\partial L}{\partial i} < 0$ より，グラフは右下がりの関係にある）。図の①で示される各貨幣需要量に対応する利子率は，新たに貨幣を需要する者（限界的な貨幣需要者）が機会費用として許容する利子率を示している（たとえば，限界的な貨幣需要者が許容する利子率は，貨幣

需要量が L_0 のとき i_0, L_1 のとき i_1, L_k のとき i_k となる)。また, 限界的な貨幣需要者は, その許容する機会費用よりも利子率が低いとき, それぞれその分だけ余剰を得ることができる (たとえば, 図の①において, 利子率が i_k のとき, L_0 での限界的な貨幣需要者は i_0-i_k, L_1 での限界的な貨幣需要者は i_1-i_k だけそれぞれ余剰を得ることとなる)。

貨幣需要者の余剰は, 限界的な貨幣需要者それぞれの余剰の合計となる。したがって, ミクロ経済学における消費者余剰と同様に, 図の②では, 貨幣量が L_a のとき, 貨幣需要者の余剰は, Ai_aB と表すことができる (数学的には, 貨幣量が 0 から L_a になるまで限界的な貨幣需要者の余剰を積分したものが Ai_aB となる)。

一方, 貨幣供給者は, 貨幣需要者の機会費用である利子率が限界的な余剰となる。なぜなら, 貨幣供給者は本来であれば支払わなければならない利子を支払わなくても貨幣を発行できるからである (たとえば, 図の①において, 利子率が i_k のとき, 常に i_k が貨幣供給者が得る限界的な余剰となる)。このため, ミクロ経済学における生産者余剰と同様に, 図の②では, 貨幣量が L_a のとき, 貨幣供給者の余剰は, i_aOL_aB と表すことができる (数学的には, 貨幣量が 0 から L_a になるまで貨幣供給者が得る限界的な余剰を積分したものが i_aOL_aB となる)。

以上の結果から, 貨幣量が L_a のときの社会的な余剰は, 貨幣需要者の余剰と貨幣供給者の余剰の合計として, AOL_aB となる。また, 貨幣需要量が L_a から L_b へ増加し, 利子率が i_a から i_b へ下落すると, 社会的な余剰は, BL_aL_bC だけ増加し, AOL_bC となる。

このような社会的な余剰は, $i=0$ (すなわち, ゼロ金利) のとき最大となる (図の②では, $i=0$ のもとで社会的な余剰は AOL^* となり, 最大となっている)。したがって, フリードマンの最適貨幣量の理論は, ゼロ金利が社会的な余剰を最大にするという点から最適な名目利子率と考えた。

8.2 最適貨幣量の理論の妥当性

もっとも,「ゼロ金利 ($i=0$) が社会的に望ましい名目利子率である」とする最適貨幣量の理論の考え方に対しては, さまざまな疑問が呈せられている。とくに, 実質利子率が正の一定の値である限り, 前節の (12) 式や (13) 式で表されるフィッシャー方程式から, $i=0$ のもとではインフレ率 π はマイナスとなる。しかし, 多くの場合, インフレ率がマイナスとなる「デフレーション」

（デフレ）とよばれる状況では，国民所得は低迷する傾向にある（第14章のフィリップス曲線を参照）。したがって，フリードマンの最適貨幣量の理論が示すとおりに名目利子率をゼロとすることは，デフレ経済につながるという観点から，社会的に望ましいとはいえないのでないかとする主張は少なくない。

また，第15章でみるように，名目利子率にはゼロ以下になりにくいという性質（名目利子率の非負制約）があるため，$i=0$ のもとでは金融政策で利下げをすることが難しくなる。このため，最適貨幣量の理論に従ってゼロ金利を実現してしまうと，景気が悪化したり，物価が低迷したりしたとしても，中央銀行は金融緩和政策を行う余地が大きく制約されてしまうという問題も発生する。

さらに，実際のデータを使って貨幣需要関数を推計すると，名目利子率がゼロに近くなったとき，貨幣需要の利子弾力性（名目利子率が変化したときの貨幣需要の反応度）は非常に大きくなることが知られている。このことは，図10-5が示す貨幣需要関数の曲線が，名目利子率が十分に低くなったときには水平に近くなることを意味している。このため，名目利子率が十分に低くなったときには，利子率をさらにゼロに近づけることで増加する社会的な余剰は非常に小さい。その意味でも，名目利子率をゼロにすることが望ましいとする議論は，現実の政策でさほど重要とは考えられてこなかった。

■ 関連文献の紹介 ■
岩井克人『貨幣論』筑摩書房（ちくま学芸文庫），1998年
　　→貨幣の本源的な役割や問題を議論した本である。
日本経済新聞社編『マネーの経済学』日本経済新聞社（日経文庫），2004年
　　→各執筆者が貨幣に関するトピックを解説している。第I部が本章と関連した部分である。
　なお，マネーストック統計や旧マネーサプライ統計の詳細については，日本銀行のホームページにある「統計」のうち「通貨関連統計」で詳細に説明されている。

第11章
日本銀行と金融政策

Summary

　本章では，金融政策とそれを担う中央銀行（わが国では日本銀行）の機能と業務について説明する。金融政策は，中央銀行が利子率や貨幣供給量（マネーストック）などのコントロールを通じて経済変数に影響を及ぼす政策である。各国の中央銀行は，さまざまな政策手段を用いて金融政策を実施し，物価や景気の安定に加えて，金融システムの安定に寄与している。

1 金融政策

1.1 金融政策とは？

「金融政策」とは，中央銀行が利子率や貨幣供給量（マネーストック）などの
コントロールを通じて経済変数に影響を及ぼす政策である。各国の中央銀行は，
その政策目標の実現のため，さまざまな政策手段を用いて，金融政策を実施し
ている。金融政策では，景気が過熱して物価が上昇している場合には金融引締
め政策が，また景気が低迷して物価が下落している場合には金融緩和政策が行
われる。

日本では，「日本銀行」（日銀）が，中央銀行として金融政策を実行している。
金融政策では，伝統的に，公開市場操作，公定歩合政策，預金準備率操作の3
つの政策手段が用いられてきた。図11‐1は，それら政策手段の概要を，金融
緩和のケースで示したものである。以下では，金融政策に関する伝統的な3つ
の政策手段がどのようなものかを順を追って説明する。

図11‐1　3つの伝統的な金融政策の手段——金融緩和のケース

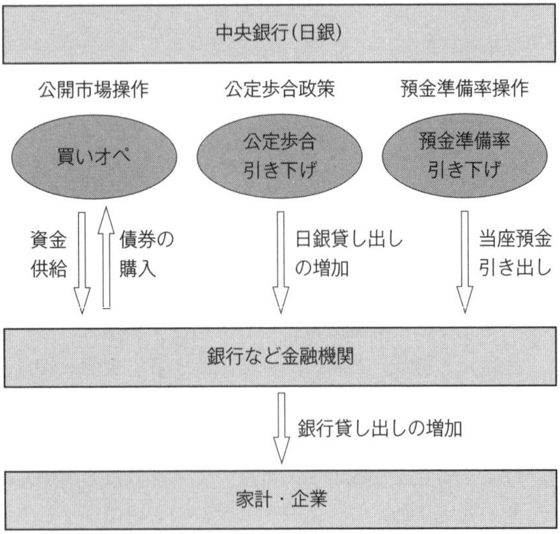

1.2 公開市場操作

「公開市場操作」(オープン・マーケット・オペレーション)は, 中央銀行が金融機関と債券を売買することによって利子率や貨幣供給量に影響を与える政策である。中央銀行の資産のなかで, 国債などの債券は, もっとも大きなウェイトを占める項目の1つである。中央銀行は, 公開市場操作によってその資産項目のなかの債券保有量を増減させ, 市中に出回る資金量を調整する。今日では, 多くの中央銀行で, 債券の売買を通じた公開市場操作が中央銀行のもっとも重要な政策手段となっている。

公開市場操作は, 大きく分けると, 中央銀行が債券を購入する「買いオペレーション」(「買いオペ」)と, 債券を売却する「売りオペレーション」(「売りオペ」)がある。買いオペは, 貨幣供給量を増加させることによって, 利子率を下落させ, 景気を刺激する金融緩和効果がある。一方, 売りオペは, 貨幣供給量を減少させ, 利子率を上昇させ, 景気の行き過ぎや物価上昇を抑制するという金融引締め効果がある。

1.3 公定歩合政策

中央銀行が銀行など金融機関向けに貸し出しを行う際の利子率は, 伝統的に「公定歩合」とよばれてきた。具体的には, 銀行が保有する債券や手形を中央銀行が割り引く際の割引率や, それらを担保とする貸付利子率が公定歩合であった。「公定歩合政策」は, 中央銀行がこの公定歩合を変更させることによって金融機関向けの貸出金を増減させ, その結果として貨幣供給量に影響を与える伝統的政策であった。

たとえば, 中央銀行が公定歩合を引き下げれば, 銀行など金融機関は今までより安い借り入れコストで資金を中央銀行から借り入れることができる。したがって, 公定歩合が引き下げられた場合, 金融機関はより多くの資金を中央銀行から借り入れることになり, その結果, 貨幣供給量は増加する。このため, 公定歩合の引き下げは, 市場利子率を下落させ, 景気を刺激する金融緩和効果がある。逆に, 公定歩合を引き上げれば, 金融機関にとって中央銀行からの借り入れコストは上昇するので, 民間銀行の中央銀行からの借り入れは減少し, 貨幣供給量は減少する。このため, 公定歩合の引き上げは, 利子率を上昇させ, 景気の行き過ぎや物価上昇を抑制する金融引締め効果がある。

金融が自由化される以前のわが国では, 公定歩合政策が, 主たる金融政策の

日本の公定歩合政策

　1990年代初頭まで公定歩合政策は，日銀の主たる金融政策の手段であった。しかし，当時の公定歩合政策を考えるうえでは，以下の2点に注意する必要がある。まず第1は，日本の公定歩合がコールレートなど市場利子率を大きく下回る水準に設定されていた一方で，民間金融機関に対する日銀の貸出額には上限が設けられていたという点である（これは，「貸出限度額規制」とよばれた）。このため，実質的に日銀の貸出額を決定していたのは，公定歩合の水準よりもむしろ，あらかじめ設定された日銀の貸出額の上限であった。これは，公定歩合が市場利子率より低い限り，公定歩合がどのような値に設定されようと，民間銀行は日銀から借りられるだけの資金を借りた方が得だからである。したがって，当時の公定歩合政策では，公定歩合の変更よりも，日銀貸出額の上限の変更が日銀の貸出額を決定するうえで実質的には重要であった。

　第2は，公定歩合の変更が，しばしば，日銀の政策スタンスを示す総合的な指標となっていたという点である。これは，当時の公定歩合の変更が，日銀のさまざまな政策と連動して行われることが多く，民間の人々はその変更を知ることによって日銀がどのような政策をとろうとしているかを予想できたからである。このような公定歩合政策の効果は「アナウンスメント効果」とよばれ，この効果ゆえに，公定歩合は日銀の政策スタンスを代表するものとして注目されていた。

手段であった。しかし，1990年代以降，金融自由化が本格化するにつれて，公開市場操作が公定歩合政策に代わって金融政策の主たる手段となった。今日では，日銀による金融機関に対する貸出金利や割引率は「基準貸付利率および基準割引率」とよばれ，「公定歩合」の名称は使われなくなっている。また，日銀による金融機関に対する貸し出しは，第6節で述べる「ロンバート型貸出制度」や，第8節で述べる資金供給オペレーション（公開市場操作の一種）として利用され，かつての公定歩合政策のような機能はなくなっている。

1.4　預金準備率操作

　「預金準備率操作」は，銀行など金融機関が中央銀行に預けることを義務付けられている預金（当座預金）の割合を示す法定準備率を上下させることによって，貨幣供給量を増減させる伝統的な政策である。ここで法定準備率とは，

銀行など金融機関が受け入れた預金に対して中央銀行に最低限預けなければならない預金準備の比率（支払準備率）のことである（第9章参照）。預金準備は，伝統的には利子がつかない預金として中央銀行に預けられてきたので，法定準備率を超える比率で預金準備をもつことは機会費用を伴うものであった。このため，平時には，各銀行の預金準備率はその法定準備率にほぼ等しく，中央銀行は法定準備率を変更することによって，預金準備率を政策的にコントロールできたのである。

　預金準備率を上げると，銀行など金融機関は貸し出しにまわすことができる資金が減少するため，貨幣供給量は減少する。このため，預金準備率の引き上げには，利子率を上昇させ，景気の行き過ぎや物価上昇を抑制するという金融引締め効果がある。逆に，預金準備率を下げると，金融機関が利用可能な資金は増え，貨幣供給量は増加する。このため，預金準備率の引き下げには，利子率を下落させ，景気を刺激するという金融緩和効果がある。預金準備率操作は，中央銀行が貨幣供給量に影響を与え，利子率を調整する第3の手段といえる。

　預金準備率操作は，近年でも，中国の中央銀行である中国人民銀行が，金融引締めのために用いた例がある。しかし，今日，ほとんどの主要国の中央銀行では，預金準備率操作は，金融政策の主たる手段としては用いられていない。とくに，第15章でみるように，近年では，世界的に非伝統的な金融政策が行われるなかで，多くの主要国で銀行は法定準備を超える預金準備である「超過準備」を保有する傾向が強くなっている。また，預金準備に利子をつける中央銀行も増えてきた。このため，法定準備率の変更が行われたとしても預金準備率には影響を与えなくなっている。

2　日本銀行の目的と意思決定

2.1　日本銀行の目的

　政府がマクロ経済政策（財政政策と金融政策）を行う際の目標には，大きく分けて，景気の安定化と物価の安定化の2つがある。しかし，貨幣の増発が深刻なインフレ（物価の上昇）を招いた過去の苦い経験から，今日では金融政策の目標は，物価の安定に大きなウェイトが置かれている。日本銀行法の第2条においても，日銀の金融政策のもっとも重要な目的は，物価の安定を図ることにあることが明示的に謳われている。物価の安定は，経済が安定的かつ持続的

成長を遂げていくうえで不可欠な基盤であり，各国の中央銀行はこれを通じて国民経済の健全な発展に資するという役割を担っている。

　加えて，決済システムの円滑かつ安定的な運行の確保を通じて，金融システムの安定に寄与することも，中央銀行の重要な目的である。日銀が，金融機関の間で決済が安全かつ効率的に行われるために，日銀ネットという仕組みを運営すると同時に，日々の金融調節を行っているのはこのためである。また，中央銀行は，マクロ・プルーデンス政策によってシステミック・リスクが起こらないように事前に予防的な対応をとると同時に，金融機関が破綻したり，銀行取り付けが起こったりした場合には，最後の貸し手として金融機関に緊急融資を行い，危機が経済全体に拡大しないように努めることとなっている。

2.2　日本銀行の意思決定

　日銀の最高意思決定機関が，政策委員会である。政策委員会は，総裁，副総裁（2名）および審議委員（6名）の計9名で構成され，日銀の重要な意思決定を，金融政策決定会合で議論したうえで，多数決で決定している。政策委員会の議決を経るべき事項は，金融市場調節の方針や金融経済情勢の基本判断などの政策・業務の運営から，内部管理事項まで多岐にわたっている。

　1998年4月の新日銀法施行以降，政策委員会は名実ともに日銀の最高意思決定機関となり，日銀の金融政策やその他の重要施策は政策委員会での決定を経て実施されている。新日銀法では，政府は日銀役員の選任権はもつが，政府による日銀役員の解任権や業務命令権は廃止され，日銀の独立性が強化された。今日，日銀は政府とは独立な機関として，さまざまな意思決定を行っている。

2.3　中央銀行の独立性と透明性

　過去の各国の歴史をみると，中央銀行の金融政策にはインフレ的な経済運営を求める圧力がかかりやすいことが示されている。物価の安定が確保されなければ，経済全体が機能不全に陥ることにもつながりかねない。こうした事態を避けるためには，金融政策運営を，政府から独立した中央銀行という組織の中立的・専門的な判断に任せることが適当であるとの考えが，国際的にみても支配的になっている。新日銀法において，日銀の独立性の確保が図られているのはこうした考えによるものである。

　もっとも，中央銀行の金融政策運営の独立性の強化が国民の支持を得るため

日本銀行（日銀）の歴史

　日銀は，1882（明治 15）年 10 月 10 日に開業した。明治維新以降，わが国は近代化に向けて積極的な殖産興業政策を展開したが，財政的基盤の脆弱な政府は，その資金調達を内在的価値の裏付けをもたない不換紙幣の発行に依存せざるをえなかった。そうしたなか，1877（明治 10）年には西南戦争が勃発し，大量の不換紙幣が発行された結果，激しい物価の上昇が発生した。1881（明治 14）年大蔵卿（現在の財務大臣）に就任した松方正義は，不換紙幣の整理を図るため，正貨兌換の銀行券を発行する中央銀行を創立して通貨価値の安定を図るとともに，近代的信用制度を確立することが不可欠であると提議した。緊縮財政によって政府紙幣の回収を進め，欧州各国の中央銀行をモデルに日銀の設立を提案し，紙幣発行権を日銀に集中させ兌換券の発行を目指した。こうして，1882（明治 15）年 6 月，日本銀行条例が制定され，同年 10 月 10 日，日銀が業務を開始するに至った。

　日本銀行条例によって設立された日銀の営業年限は当初 30 年とされ，さらにその後 30 年延長されたが，その年限が満了となった 1942（昭和 17）年に日本銀行法が公布された。当時の日本銀行法は第 2 次世界大戦中の戦時立法であり，日銀は統制色の強い国家機関的性格をもつ特殊法人となった。戦後になって 1949（昭和 24）年 6 月に同法の一部改正が行われ，政策委員会が設けられるなど日銀の民主化が図られた。その後も同法の改正がたびたび試みられたが，法案化されずに終わった。戦後の日本の金融システムでは，長年にわたって大蔵省による護送船団方式と称される規制色の強い金融機関保護政策が実施されてきた。そうしたなかで，日銀においても，貸出限度額規制や窓口指導（貸出増加額規制）が金融政策として行われるなど，その政策は規制色が強いものであったといえる。

　しかし，1990 年代になり，海外では中央銀行の独立性の強化を目指して中央銀行法を改正する国が相次いで現れた。このため，わが国でも，経済・金融の国際化や市場化の進展などを踏まえ，日銀の「独立性」とその意思決定の「透明性」を高め，日銀の業務を適正かつ効率的に運営するという方向で，日本銀行法の全面的な改正が行われた。同法は 1997（平成 9）年 6 月公布，1998（平成 10）年 4 月 1 日施行され，日銀は新体制に移行した。現在の日本銀行法（新日銀法）では，冒頭の第 1 条と第 2 条において，「物価の安定」と「金融システムの安定」という 2 つの目的が定められた。また，政策委員会について，最高意思決定機関としての位置付けが明確化され，メンバーも旧法下の 7 人から 9 人に増員された。

には，政策の決定内容や決定過程の「透明性」を高める必要がある。この観点から，日銀では，金融政策を審議する金融政策決定会合のあと，日銀総裁が記者会見を通じてその概要を速やかに説明すると同時に，議事要旨を作成して公表することになっている。

これによって，日銀は，国民やマーケット（市場）に対して，政策目標や今後の経済見通しなど政策決定の背後にある議論の内容やプロセスを明らかにし，現在およびこれからの金融政策をどのように行っていくかに関するアカウンタビリティ（説明責任）を確保することを目指している。また，日銀は，金融政策に関する報告書をおおむね6カ月に1回国会に提出するとともに，それについて説明するよう努めるほか，業務および財産の状況の説明のために，国会から求められた場合には出席しなければならないことが制度化されている。

3　金融政策の政策目標

3.1　最終目標と中間目標
前節でみたように，中央銀行が金融政策を通じて達成しようとする「最終目標」は，物価の安定や景気の平準化である。とくに，物価の安定は，各国の中央銀行のもっとも重要な最終目標である。

しかし，物価や生産は人々の自由な経済活動を通じて決定されるものなので，中央銀行はその最終目標を直接コントロールすることはできない。このため，中央銀行は最終目標と安定的な関係のある経済変数を「中間目標」として注視し，それを金融政策によって適切な水準に誘導することで最終目標を達成しようとしている。マネーストックや長期金利はそのような中間目標の代表的なものである。

3.2　中間目標と操作目標
もっとも，マネーストックや長期金利などの中間目標も，中央銀行が直接コントロールできるものではない。たとえば，マネーストック M は，国内の物価や生産と比較的安定した関係があることが知られている。しかし，現金通貨 C と預金通貨 D の合計であるマネーストック（$M=C+D$）には民間の人々による預金 D が含まれているので，中央銀行はそれを直接コントロールすることができない。

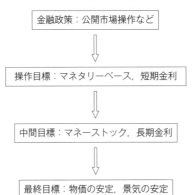

図 11-2 金融政策のさまざまな目標

金融政策：公開市場操作など

⇩

操作目標：マネタリーベース，短期金利

⇩

中間目標：マネーストック，長期金利

⇩

最終目標：物価の安定，景気の安定

　長期金利も，マネーストックと同様に，国内の物価や生産と比較的安定した関係がある。しかし，第 4 章第 3 節で説明した純粋期待仮説では，長期金利は，現在からの将来にかけての短期金利の予想値の平均値として決定される。たとえば，現在の 1 年物短期金利が r_t，j 年先の短期金利の予想値が $E_t r_{t+j}$ であるとすると，N 年物の長期金利 $R_t^{(N)}$ は，近似的に

$$R_t^{(N)} = \frac{r_t + E_t r_{t+1} + E_t r_{t+2} + \cdots\cdots + E_t r_{t+N-1}}{N} \tag{1}$$

となる。人々の予想値 $E_t r_{t+j}(j \geq 1)$ を中央銀行は直接コントロールできないため，この式から中央銀行が長期金利を直接コントロールすることができないことがわかる。

　このため，中央銀行は直接コントロールできる変数を「操作目標」とし，公開市場操作など金融政策の手段を使ってそれをコントロールすることを通じて，中間目標に影響を与え，最終目標を達成しようとする（図 11-2）。そのような操作目標には，短期金利やマネタリーベースがある。日銀など中央銀行では，コールレートなど短期金利を「操作目標」としてコントロールすることを通じて長期金利やマネーストックを望ましい水準に誘導すると考えるのが一般的である。一方，伝統的なマクロ経済学では，次節でみるように，中央銀行が「マネタリーベース」（ハイパワード・マネー）を操作目標としてコントロールすることを通じてマネーストックに間接的に影響を与えると考えるのが一般的である。

4 マネタリーベースと金融政策

4.1 マネタリーベースとマネーストック

前節でみたとおり，金融政策は，マネーストックなど中間目標に影響を与えることによって，物価や景気の安定を図るものである。しかし，中央銀行は，マネーストックを直接コントロールすることができない。そこで，金融政策がマネーストックに影響を与えるメカニズムを理解するうえでは，現金通貨と預金準備の和として定義される「マネタリーベース」という概念が利用される。

マネタリーベース B は，「ハイパワード・マネー」や「ベース・マネー」ともよばれ，現金通貨を C，預金準備を R と表すと，

$$B = C+R \tag{2}$$

となる。マネタリーベースを構成する中央銀行券と預金準備（銀行など金融機関が中央銀行に保有する当座預金）は，いずれも中央銀行の負債の一部である。このため，中央銀行は，マネタリーベースを直接コントロールすることができると考えられる。

4.2 貨幣乗数

マネーストック M とマネタリーベース B の関係は，それぞれの定義から，$\dfrac{M}{B} = \dfrac{C+D}{C+R} = \dfrac{(C/D)+1}{(C/D)+(R/D)}$ と書き表すことができる。このため，R/D で表される預金準備率を r_d，また C/D で表される民間の現金－預金保有比率を c と表すと，以下のような関係が成立する。

$$M = \frac{c+1}{c+r_d}B = mB \quad \left(\text{ただし，} m \equiv \frac{c+1}{c+r_d}\right) \tag{3}$$

上式における B の係数 m は，「貨幣乗数」とよばれている。この関係式からマネーストックは，貨幣乗数とマネタリーベースを掛け合わせたものとして決定されることがわかる。とくに，c や r_d の値が一定の場合には m は一定となることから，中央銀行は，マネタリーベースを1単位増加させることによって，マネーストックをその m 倍だけ増加させることができることがわかる。

$r_d < 1$ であるため，m の値は常に1よりも大きい。このため，m が一定の場合，マネタリーベースの増加はそれよりも大きなマネーストックの増加をもた

らすことになる。これは，第9章第8節で説明したように，受け入れた預金の多くが，銀行によって貸し出されたのち，再び預金されることによって新たな預金が創造される過程を繰り返すという「信用創造メカニズム」が存在するからである。

4.3 信用創造メカニズム

貨幣乗数が，信用創造メカニズムによってもたらされていることを理解するため，中央銀行が新規のマネタリーベース B 円を銀行を通じて企業や家計に供給した場合の影響を，図11-3に沿って順を追ってみてみることにしよう。まず，銀行から現金 B 円を受け取った企業や家計は，その一部を現金として手元に保有する一方，残りを銀行へ預金する。いまその比率を $1-d:d$ $(0<d<1)$とすると，それによって企業や家計の現金保有量は$(1-d)B$ 円，また預金量は dB 円だけ増加する。

次に，預金を dB だけ受け取った銀行は，その一部を預金準備として保有する一方，残りを企業や家計へ貸し出す。したがって，預金準備率を r_d とすると，それによって預金準備は $r_d dB$ 円，また民間銀行の貸出量は$(1-r_d)dB$ 円だけ増加する。さらに，銀行から$(1-r_d)dB$ 円の貸し出しを受けた企業や家計は，再びその一部を現金として手元に保有する一方，残りを銀行へ預金する。ここでもその比率を $1-d:d$ とすると，それによって企業や家計の現金保有量は$(1-d)(1-r_d)dB$ 円，また預金量は$(1-r_d)d^2B$ 円だけ増加する。

以上のプロセスを繰り返すと，総預金量と総現金保有量は，それぞれ，

$$D = dB+(1-r_d)d^2B+(1-r_d)^2d^3B+(1-r_d)^3d^4B+\cdots\cdots$$

$$= \frac{dB}{1-(1-r_d)d} \tag{4}$$

$$C = (1-d)B+(1-r_d)(1-d)dB+(1-r_d)^2(1-d)d^2B+$$
$$(1-r_d)^3(1-d)d^3B+\cdots\cdots = \frac{(1-d)B}{1-(1-r_d)d} \tag{5}$$

となる。したがって，上の2つの式から，

$$M = C+D = \frac{B}{1-(1-r_d)d} \tag{6}$$

となることを確認できる。さらに，現金・預金比率 $c=\dfrac{1-d}{d}$ であることから，上式に $d=\dfrac{1}{1+c}$ を代入すると，(3)式が導かれる。

図11-3　貨幣乗数の背後にある信用創造メカニズム

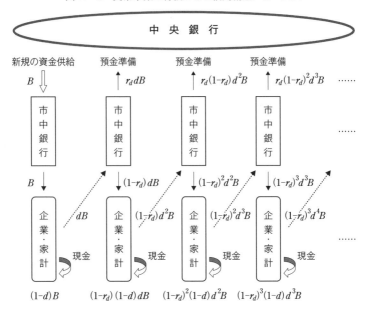

4.4　金融政策と貨幣供給量

　第1節でみたように，伝統的な金融政策の政策手段には，公開市場操作，公定歩合政策，預金準備率操作の3つがある。いずれの手段も，マネーストックなど中間目標に影響を与える政策である。しかし，マネーストックに影響を与えるメカニズムは，公開市場操作や公定歩合政策と，預金準備率操作では異なっている。

　公開市場操作や公定歩合政策は，いずれも貨幣乗数を所与として，マネタリーベースを増減させることによって，マネーストックを増減させる政策である。すなわち，売りオペや公定歩合の引き下げは，銀行など金融機関が中央銀行に保有する当座預金を増加させることによってマネタリーベースを増加させ，その結果，マネーストックを増加させる金融緩和政策である。逆に，買いオペや公定歩合の引き上げは，マネタリーベースを減少させることを通じて，マネーストックを減少させる金融引締め政策である。

　これに対して，預金準備率操作は，マネタリーベースを所与として，貨幣乗数 m を変化させることで，マネーストックを増減させる政策である。中央銀

窓口指導（貸出増加額規制）

　金融自由化が行われる以前のわが国の金融市場では，金利規制をはじめさまざまな規制や行政指導が存在していた。「護送船団方式」といわれる大蔵省による規制体系は，その中心的な役割を果たした。そうしたなかで，金融政策も，今日のように市場の需給を均衡させる金利（コールレートなど）を目標値に誘導するのではなく，規制や行政指導によって実施されていた。前のコラムで説明した公定歩合を人為的に市場金利より低く設定する政策やそれに伴う貸出限度額規制は，そのような当時の金融政策の代表的なものの1つである。

　当時は，それらに加えて，日銀が民間銀行の貸し出しの増加額に上限を定めた「窓口指導」が金融引締め政策ではもう1つの柱であった。窓口指導は，日銀が取引先の民間金融機関による企業への貸出増加額を適切と判断した範囲内にとどめるように直接指導する政策で，貸出増加額規制ともよばれている。強制力はないものの，日銀が各金融機関の貸出増加額を具体的に提示し，貸出額を抑制することを通じて金融引締めを実現しようとするものであった。窓口指導には，公定歩合引き上げなど金融市場と金融機関の資金量を調整して間接的に市中の通貨量を引き締める政策を補完する役割があったといえる。

　資金需要が旺盛であった高度経済成長期には，窓口指導が金融引締め策として有効であった。その背景には，当時，慢性的に準備金が不足していた都銀が，日銀からの借り入れでそれを補うため，窓口指導に従うメリットを選んだことなどがあった。しかし，日本の成長率が鈍化し，金融自由化で企業の資金調達方法が多様化すると，銀行借り入れに対する需要は大きく減少し，それに伴い，窓口指導は実質的に効果を失っていった。その結果，窓口指導は，金融機関の自由競争を妨げ，資金配分の効率性を下げるとして1990年代初頭に廃止された。

行は法定準備率を変更することによって，預金準備率 r_d を政策的にコントロールする。その結果，r_d の引き下げは，貨幣乗数を上昇させることを通じてマネーストックを増加させる金融緩和政策となる。逆に，r_d の引き上げは，貨幣乗数を下落させることを通じてマネーストックを減少させる金融引締め政策となる。

5 テイラー・ルール

5.1 操作目標としての短期金利

「金融政策」は，中央銀行がマネタリーベースや市場利子率など操作目標のコントロールを通じて中間目標や最終目標の経済変数に影響を及ぼす政策である。ただ，中央銀行がその操作目標として何をコントロールしているかは実務的には議論が分かれる問題であり，中央銀行当局者と学者の間で論争が行われることも多かった。

これまでの節でみたように，伝統的な経済学の教科書では，中央銀行がマネタリーベースを操作目標としてコントロールすることを通じて貨幣供給量に影響を及ぼすと考えるのが一般的であった。しかし，近年では，中央銀行が短期の市場利子率を操作することで，金融政策を運営するという考え方が，中央銀行当局者だけでなく，マクロ経済学者の間でも有力な考え方になっている。

今日，多くの中央銀行は，インターバンク市場の短期金利を操作目標としてその目標値を決定し，それを達成すべく日々の金融政策を運営している。わが国でも，日銀が政策決定会合でコールレート（無担保コールレート・オーバーナイト物）の目標値を設定し，それを達成すべく金融政策によって短期金利を誘導している。

5.2 テイラー・ルールとは？

一般に，中央銀行が定める短期金利の目標値は，最終目標であるインフレ率や景気動向に応じて変更されている。その代表的なものが，テイラー（J. Taylor）によって提案された「テイラー・ルール」である。テイラー・ルールは，短期の利子率を需給ギャップ（GDP ギャップ＝実際の GDP の対数値 Y と潜在 GDP の対数値 Y^* の差）やインフレ率（実際のインフレ率とその目標値との乖離）に対応して変化させるルールである。ここで，潜在 GDP とは，資本や労働といった生産要素をすべて利用したときに実現する総生産をさす（潜在 GDP に関しては，第 12 章参照）。

具体的には，短期の名目利子率を i，インフレ率を π，需給ギャップを $Y-Y^*$ とすると，

$$i = 定数項 + \pi + \alpha(\pi - \pi^*) + \gamma(Y - Y^*) \tag{7}$$

と表される。ただし，αとγは正の係数，π^*は目標インフレ率である。また，定数項は，第15章で説明する「自然利子率」に相当する一定の値である。

　上式の右辺の第2項にインフレ率πが含まれている理由は，第10章第7節で説明したフィッシャー効果から，実質利子率を一定とした場合，名目利子率iがπの上昇分だけ上昇することを反映したものである。

　しかし，テイラー・ルールでは，インフレ率πが上式の右辺の第3項にも$\alpha(\pi - \pi^*)$として含まれている（ただし，$\alpha > 0$）。この第3項は，中央銀行が，πが目標インフレ率π^*を上回る場合には短期の名目利子率iをフィッシャー効果より大きくπに反応させる金融引締め政策をとる一方，πがπ^*を下回る場合にはiをフィッシャー効果より小さくしかπに反応させない金融緩和政策をとることを意味している。

　同様の中央銀行の政策スタンスは，上式の右辺の第4項$\gamma(Y - Y^*)$にも反映されている。すなわち，第4項は，中央銀行が，実際のGDP（国内総生産）の対数値であるYが潜在GDPの対数値であるY^*を上回る場合にはiを引き上げる金融引き締め政策をとる一方，YがY^*を下回る場合にはiを引き下げる金融緩和政策をとることを表している。

　テイラー・ルールは，インフレ率が高くなりすぎたり，景気が過熱して総需要が供給能力を上回ったりすると，iを引き上げる引締め政策をとる一方，インフレ率が低くなりすぎたり，景気が低迷して総需要が供給能力を下回ったりすると，iを引き下げる緩和政策をとるという中央銀行の金融政策のルールを示したものといえる。

　ウッドフォード（M. Woodford）は，中央銀行が最終目標である物価の安定や景気の平準化を実現するためには，テイラー・ルールに従って短期の利子率を決定することが望ましいことを示している。また，クラリダ（R. Clarida），ガリ（J. Gali），ガートラー（M. Gertler）の3人による研究では，世界各国の中央銀行が，これまでテイラー・ルールに従って金融政策を運営してきたことが示されている。

6　ロンバート型貸出制度

6.1　インターバンク市場のリスク・プレミアム

　今日，中央銀行は日々のインターバンク市場で取引される平均的な短期金利を誘導目標として，金融政策の運営を行っている。しかし，個々の金融機関が直面する短期金利は，その信用力の差を反映して同一ではない。金融システムが安定しているときには，金融機関の間で適用される金利の差はごくわずかである。けれども，金融システムが不安定となり，金融機関ごとに信用リスクの差が発生すると，オーバーナイトのような一時的な借り入れであっても，リスク・プレミアムを反映した金利差は無視できないものとなる。

　たとえば，図11−4は，2005年から19年にかけて，日々の取引で用いられたコールレート（無担保コールレート・オーバーナイト物）の平均値（日中の取引で用いられたレートの加重平均）および最高値（日中の取引で用いられた最も高いレート）を，基準貸付利率・基準割引率とともに，月平均で示したものである。図から，金融市場が比較的安定していた2010年春以降は，コールレートの平均値と最高値の差はわずかで，金融機関ごとの信用リスクの差はそれほどなか

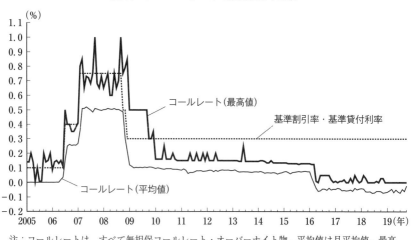

図11−4　コールレートの最高値と平均値

注：コールレートは，すべて無担保コールレート・オーバーナイト物。平均値は月平均値。最高
　　値は月の最高値。
出所：日本銀行。

ったことがわかる。しかし，世界的に金融危機が顕在化する 2007 年以降，コールレートの最高値が平均値を大きく上回るようになっている。とくに，米国の投資銀行リーマン・ブラザースが破綻した 2008 年 9 月以降，09 年末頃まで，その差が大きく拡大している。この時期，世界的に金融市場が大混乱した結果，金融機関ごとの信用リスクの差が拡大し，信用力の低い銀行がインターバンク市場で借り入れる際に大きなリスク・プレミアムがついたことを示している。

　信用力の低い金融機関が，インターバンク市場で高い借り入れレートを支払うことは，リスク・プレミアムという観点からは自然なことである。しかしながら，短期金融市場は，各金融機関が日々の資金を調達し，その流動性を確保する場でもある。したがって，短期金融市場で，特定の金融機関の資金調達が困難になることは，システミック・リスクという観点から望ましいものではない。

6.2　ロンバート型貸出制度とスティグマ

　期末などに短期金利が急上昇することを防ぎ，市場の安定を図ることを目的として，今日多くの中央銀行は，短期金融市場での資金調達が困難になった金融機関に対して，一定の条件を満たせば，資金を貸し出す「ロンバート型貸出制度」（補完貸付制度）を採用している。わが国でも，2001 年 2 月よりこの制度が導入され，金融機関から申し出があれば，日銀が基準貸付利率および基準割引率（従来の公定歩合に相当）で資金を貸し出すことになった。従来の公定歩合による貸し出しでは，日銀が貸出先の銀行や貸出限度額を決定していたが，ロンバート型貸出制度では，日銀は金融機関の申し出に応じて必要額を金融機関があらかじめ差し入れた担保の範囲内で機動的に貸し出すことになっている。

　条件さえ満たせば，いかなる金融機関もロンバート型貸出制度を利用できるため，ほとんどの金融機関にとって，基準貸付利率および基準割引率より高い金利で市場から借り入れることは損である。このため，理論的には，基準貸付利率および基準割引率が，日々のインターバンク市場で取引される短期金利の上限となるはずである。

　しかしながら，金融危機などで信用リスクが過度に高まったインターバンク市場では，このレートを超える金利で取引がしばしば行われている。実際，わが国のインターバンク市場でも，2010 年初頭までは，コールレートの最高値が基準貸付利率および基準割引率をしばしば上回ることがあった。とくに，世

界的に金融市場が大混乱した 2008 年 9 月から 09 年夏頃まで，コールレートの最高値が基準貸付利率および基準割引率を大きく上回った（図 11 - 4）。

これは，金融機関が基準貸付利率や基準割引率で中央銀行から資金を調達すると，信用度が低いため市場で資金調達ができない状況にあると市場参加者に受け止められてしまう可能性があり，そのことを恐れて制度の利用をためらうからだと考えられている。これは「スティグマ」（stigma）とよばれ，本来，安全弁として機能するはずのロンバート型貸出制度が十分には機能しない原因となっている。

7　日本銀行の機能

これまでの節でみてきたように，日銀は，わが国の中央銀行であり，わが国の金融政策の中心的な役割を果たしている。世界の多くの中央銀行と同様に，日銀は，金融政策を行うと同時に，①発券銀行，②銀行の銀行，③政府の銀行，という 3 つの機能を有している。

7.1　発券銀行

日銀は，わが国における唯一の発券銀行として銀行券（日本銀行券）を独占的に発行している。日銀は，銀行券を発行し，その安定供給を確保するとともに，銀行券の信認を維持するための業務を行っている。銀行券は，さまざまな資金の受け払いにおける決済手段であり，とくに小口資金のための受け払いの手段として広く利用されている。銀行券には，銀行券を用いて支払いを行った場合，相手がその受け取りを拒絶できないという，法定通貨としての強制通用力が法律により付与されている。

戦前のわが国では，日銀が発行した紙幣は商品貨幣で，日銀は発行額と同額の金を常時保管し，金と紙幣との兌換を保証する金本位制を採用していた（戦前のわが国で，金本位制が実質的に開始されたのは 1897 年からである。その後第 1 次世界大戦が勃発すると，1917 年に金輸出を禁止し，29 年にいったん金本位制に復したが，世界恐慌後，金本位制離脱国が増えるとわが国も 31 年末に離脱した）。しかし，戦後の発券制度は，管理通貨制度で，銀行券発行の裏付けとして金や銀など正貨準備保有がない不換紙幣を日銀は発行している。

7.2　銀行の銀行

日銀は，一般の企業や個人を対象とした預金の受け入れや貸し出しなどの金融取引は行わない。しかし，一般の金融機関（銀行や証券会社，短資会社など）との間で，当座預金を受け入れ，貸し出し，債券の売買取引など幅広い取引を行っている。こうした金融機関との取引を通じた中央銀行の機能のために，中央銀行は「銀行の銀行」ともよばれている。

日銀は，金融市場における資金の過不足の調整を目的として，インターバンク市場で債券の売買（公開市場操作）を行うと同時に，金融機関に貸し出しも行っている。日銀から金融機関への貸付の金利は，現在では「基準割引率および基準貸付利率」とよばれているが，かつては「公定歩合」とよばれ，わが国の金融調整の主要な手段であった。また，日銀は，信用秩序の維持という観点から，金融機関が経営危機や破綻した際に，「最後の貸し手」として緊急融資（＝日銀特融）を行うなど，一般預金者が引き出し時に混乱を起こさないように注意も払っている。

7.3　政府の銀行

日銀は，政府の委託を受け，国のお金を管理している。政府はその保有する円建ての預金勘定を唯一，日銀に開設しており，政府の経済活動によって生じる個人や企業など他の経済主体との資金決済は，いずれも日銀に開設された政府預金を通じて行われている。こうした国との取引や国の事務の取り扱いに関する日銀の機能のために，中央銀行は「政府の銀行」ともよばれる。

日銀は，政府の銀行として，政府の委託を受け，税金などの政府の収入の受け取りや年金などの国庫金の取り扱いを行うと同時に，国債の発行や外国為替の決済処理も行っている。また，これら政府の事務とは別に，日銀は，政府を相手方とした国債の売買などさまざまな取引を行っている。

8　日本銀行の貸借対照表

日銀のバランスシート（貸借対照表）には，日銀の政策や業務の結果が集約的に反映される。このため，日銀のバランスシートの変動を理解することは，日銀の行う金融政策やさまざまな業務を理解するうえでも有用である。**表11-1**は，2012年9月および19年9月時点での日銀のバランスシートを簡略化し

表 11 - 1　日本銀行のバランスシート

2012 年 9 月 20 日現在

（単位：10 億円）

資　産		負債および純資産	
国債	101,152	発行銀行券	80,286
貸付金	34,501	当座預金等	43,710
外国為替	4,867	政府預金	1,504
金銭の信託	2,870	売現先勘定	16,675
社債	2,722	その他負債	939
CP 等	1,671	引当金勘定	3,237
その他	1,279	純資産	2,712

2019 年 9 月 30 日現在

（単位：10 億円）

資　産		負債および純資産	
国債	479,681	発行銀行券	107,168
貸付金	47,801	当座預金等	436,385
外国為替	6,649	政府預金	15,675
金銭の信託	28,830	売現先勘定	106
社債	3,142	その他負債	52
CP 等	2,191	引当金勘定	6,242
その他	1,509	純資産	4,173

出所：日本銀行。

て示したものである。

　日銀の資産の主なものは，国債など金融機関から買い入れた債券と金融機関向けの貸付金である。表でも，国債と貸付金が，日銀の資産全体の 90% 以上を占めている。このうち，貸付金の大半は，日銀が国債など適格担保を裏付けとして一定期間民間金融機関に貸し出しを行う資金供給オペレーションによって発生したものである。したがって，日銀の資産の大半は，広い意味での公開市場操作の買いオペの結果を反映したものとなっている。日銀はそれ以外に，外国為替（米ドルなどの外貨）などに加え，第 15 章で説明する非伝統的な金融政策を反映して，金銭の信託，社債，CP 等のリスクのある資産を保有している。

　一方，日銀の負債の主なものは，マネタリーベースの構成要因，すなわち，日銀が発行する銀行券と銀行など金融機関が日銀に預けた当座預金である。第 9 章で述べたように預金準備制度のもとでは，銀行はその預金受入額に応じて日銀の当座預金へ法定準備の預け入れを義務付けられている。また，非伝統的な金融政策の結果，今日では，多くの銀行が法定準備を超える預金準備（超過準備）を日銀の当座預金に預けている。当座預金は，金融機関の準備預金としての機能も有しているだけでなく，銀行間の決済や，金融機関と日銀の間での資金のやり取りに幅広く利用されている。それ以外の日銀の負債としては，買戻し条件付の国債売買に伴う売現先（レポ），政府預金などがある。

　日銀が金融を緩和するため，金融機関に対して買いオペなど資金供給オペを実行すると，負債サイドの当座預金が増加し，これに対応して，資産サイドの

国債や貸付金も増加する。一方，日銀が金融を引き締めるため，売りオペや貸し出しの回収など資金吸収オペを実行すると，負債サイドで当座預金が減少すると同時に，資産サイドの国債や貸付金が減少する。

　第15章で説明する異次元の金融緩和政策によって，近年，日銀の資産規模は大幅に拡大している。表11-1の数字を比較しても，資産の合計は，2019年が2012年の3.8倍を超えている。とくに，日銀の保有する国債は4.7倍，金銭の信託（株価指数連動型の投資信託〔ETF〕や不動産投資信託〔REIT〕など）は10倍をそれぞれ超える大幅な増加となっている。一方，負債の部では，銀行などが日銀に預け入れる当座預金等が約10倍に拡大している。

■　関連文献の紹介　■

日本銀行金融研究所編『日本銀行の機能と業務』有斐閣，2011年
　　⇒タイトルのとおり，日本銀行の機能と業務をさまざまな面から説明している。
白川方明『現代の金融政策──理論と実際』日本経済新聞出版社，2008年
　　⇒金融政策に関する日本銀行の考え方を詳細にまとめている。
翁邦雄『ポスト・マネタリズムの金融政策』日本経済新聞出版社，2011年
　　⇒過去四半世紀にわたる米国，日本，欧州の金融政策に関する主要な議論をわかりやすく整理している。

Summary

　ケインズ経済学の有効需要の原理は，経済全体に十分な遊休設備があり，失業によって労働力が過剰という不完全雇用のもとで成立する。このような不完全雇用が存在する不況期には，総需要が増加すればそれに応じて総供給が増加する。本章では，このような有効需要の原理が妥当性をもつ不況期を考え，伝統的な経済政策がいかに有効であるかを 45 度線分析（乗数理論）や IS-LM 分析を用いて説明する。

1 インフレ・ギャップとデフレ・ギャップ

1.1 潜在 GDP からの乖離

一国の総生産に相当する GDP（国内総生産）や国民所得は，中長期的には，技術水準，労働人口，資本ストックといった供給サイドの要因によって決定される。そこでは，資本設備がフル稼働し，労働者が完全雇用の状態にあると想定されており，このときの総生産は，「潜在 GDP」（潜在産出量）あるいは「完全雇用国民所得」とよばれる。しかし，短期的には，価格や名目賃金が硬直的なことによって，一国の総需要（経済全体の財・サービスの需要）はしばしば潜在 GDP と乖離し，その結果，総生産も潜在 GDP から乖離する。これが「景気循環」である。

潜在 GDP のもとで総需要が総供給を超える場合，その差は「インフレ・ギャップ」とよばれる。すなわち，潜在 GDP を Y_f，潜在 GDP のもとでの総需要を $D(Y_f)$ とすると，

$$\text{インフレ・ギャップ} = D(Y_f) - Y_f \tag{1}$$

となる。インフレ・ギャップが発生している場合，総需要が潜在 GDP を超える好況期となる。好況期には，一般物価水準が継続的に上昇するインフレを伴う価格調整が，総需要を抑制するために必要となる。価格上昇（インフレ）による調整は，財市場でインフレ・ギャップの分だけ総需要が減少するまで続く。したがって，インフレ・ギャップは，物価上昇の圧力を示す指標といえる。

一方，潜在 GDP と総需要の差は「デフレ・ギャップ」とよばれ，以下のような関係が成立する。

$$\text{デフレ・ギャップ} = Y_f - D(Y_f) \tag{2}$$

デフレ・ギャップが発生している場合，潜在 GDP のもとで総需要が総供給を下回る不況期となる。不況期には，価格下落による調整（デフレ）ではなく，数量（生産量）による調整が重要となる。このため，デフレ・ギャップは不完全雇用の程度を示す指標である。とくに，伝統的なケインズ経済学の世界では，不況期には，価格調整は行われず，数量調整のみによって国民所得が変化すると考えることが多かった。

1.2　図による説明

　図12-1は，インフレ・ギャップが発生するケースと，デフレ・ギャップが発生するケースを，1つの図上に表したものである。総需要が大きく，インフレ・ギャップが発生している状況では，総需要＝総供給となる GDP (Y_A) が潜在 GDP (Y_f) を超える好況期が実現する。逆に，総需要が小さく，デフレ・ギャップが発生する状況では，総需要＝総供給となる GDP (Y_B) が潜在 GDP (Y_f) を下回る不況期となる。

　第10章で説明した貨幣数量説に代表される古典派経済学では，インフレ・ギャップが発生する好況期が前提となっており，労働人口，資本ストック，および技術水準など供給側の要因が総生産を決定する状況が想定される。そこでは，資本設備がフル稼働し，働きたいと考えている労働者がすべて雇用されている完全雇用が成立している。

　これに対して，ケインズ経済学の「有効需要の原理」は，不況期における経済政策に関するものである。そこでは，デフレ・ギャップが発生するケースが前提となっており，有効需要とよばれる総需要が増加すれば，それに応じていくらでも総供給が増加する状況が想定される。このような状況は，経済全体に十分な遊休設備があり，失業によって労働力も過剰という不完全雇用のもとでは成立する。以下では，デフレ・ギャップが発生する不況期を考え，有効需要の原理のもとで経済政策がいかに有効であるかを説明する。

図12-1　インフレ・ギャップとデフレ・ギャップ

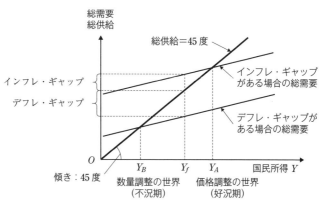

2 45度線分析

2.1 各需要項目

「45度線分析」は，ケインズ経済学の有効需要の原理に基づいた財市場の均衡に関する分析で，不況期に総需要の増加が国民所得にどのような影響を与えるかを理解するうえで有益である。ここでの大きな特徴は，投資 I や政府支出 G は外生的に決まる一方，消費 C は「ケインズ型の消費関数」に基づいて内生的に決定されることである。

ケインズ型の消費関数は，現在の消費を C，現在の所得を Y，租税を T とすると，

$$C = A + c(Y-T) \tag{3}$$

と表される。ここで，A は正の一定値をとる基礎消費，c は 0 と 1 の間の一定値となる限界消費性向である。第 2 章で論じたように，消費は，ライフサイクル仮説のように，時間を通じた最適化で決定されるものなので，ケインズ型の消費関数では，現実の消費の動きを必ずしも十分捉えられるわけではない。しかし，短期のマクロ経済分析では，ケインズ型の消費関数はある程度妥当性をもつことが知られている。

2.2 財市場の均衡

いま，海外との貿易が行われない閉鎖経済を考えるとすると，総需要 D は，消費 C，投資 I，政府支出 G の和として，

$$D = C + I + G \tag{4}$$

となる。一方，経済全体の財・サービスの供給である総供給は，生産から得られた価値が所得として分配される結果，国民所得 Y に等しくなる。したがって，$Y=D$ となる財市場の均衡では，

$$Y = A + c(Y-T) + I + G \tag{5}$$

である。

簡単化のため，租税 T は所得に依存しないとしよう。このとき，国民所得

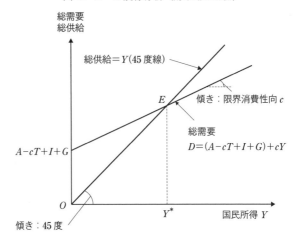

図12-2　45度線分析（財市場の均衡）

総需要
総供給

総供給＝Y（45度線）

傾き：限界消費性向 c

E

総需要
$D=(A-cT+I+G)+cY$

$A-cT+I+G$

O

Y^*

国民所得 Y

傾き：45度

を横軸にとり，縦軸にそれに対応する総需要と総供給をとって，それらの関係を示すと，図12-2のようになる。図において，総供給は国民所得に等しいので，傾きが45度の直線となる。一方，総需要は，切片が $A-cT+I+G$ で，傾きが限界消費性向 c に等しい直線となる。限界消費性向は1よりも小さいため，総需要を示す直線の傾きは常に45度よりも小さい。このため，2つの直線は，E 点ただ一点のみで交わる。E 点に対応する国民所得水準を Y^* とすると，Y^* のもとで，総需要＝総供給となる。

3　乗数理論

3.1　均衡国民所得

　45度線分析では，財市場が均衡する場合の国民所得を，「均衡国民所得」とよぶ。均衡国民所得は，$Y=D$（有効需要）$=A+c(Y-T)+I+G$, という関係を満たす国民所得である。簡単な変形により，均衡国民所得は，

$$Y = \frac{A-cT+I+G}{1-c} \tag{6}$$

という水準に決まることがわかる。この均衡国民所得は，数量調整の結果，国民所得が総需要の変化に応じて決まるという有効需要の原理を反映したものといえる。

均衡国民所得は，総需要の項目である政府支出 G や投資 I が増加すると増加する。たとえば，政府が G を ΔG だけ増加させる財政政策を実行したとしよう。このとき，(6)式から，国民所得は $\frac{\Delta G}{1-c}$ だけ増加する。限界消費性向は，$0<c<1$ であるため，このときの国民所得の増加分 ΔY は，政府支出の増加分 ΔG よりも大きい。

3.2 乗数効果のメカニズム

　国民所得の増加分 ΔY が，政府支出の増加分 ΔG よりも大きい理由は，以下のとおりに説明できる。まず政府支出は総需要の構成要素であるから，それが ΔG だけ増加すると，総需要も ΔG だけ増加し，国民所得も同じだけ増加する。しかし，総需要の増加はこれにとどまらない。国民所得が ΔG だけ増加したことで，家計の可処分所得も同じだけ増加し，それに限界消費性向を乗じた $c\Delta G$ だけ消費も増加する。この消費も総需要の構成要素なので，これにより総需要も $c\Delta G$ だけ増加し，再び国民所得が $c\Delta G$ だけ増加する。

　さらに，$c\Delta G$ の増加があると，それに限界消費性向を乗じた $c^2\Delta G$ だけ，消費が再び増加する。この過程が繰り返されることで，最終的な国民所得の増加分 ΔY は，

$$\Delta Y = \Delta G + c\Delta G + c^2\Delta G + \cdots\cdots = (1 + c + c^2 + \cdots\cdots)\Delta G = \frac{\Delta G}{1-c} \tag{7}$$

となる。

　このように，当初の総需要の変化が消費を誘発し，国民所得をその何倍も変化させる効果を，「乗数効果」という。とくに，政府支出の増加が，その何倍の国民所得の変化をもたらすかを示す $\frac{\Delta Y}{\Delta G} = \frac{1}{1-c}$ は，「政府支出乗数」とよばれる。

4　政府の予算制約の影響

4.1　均衡予算乗数

　財政政策を行って総需要を増やすためには，政府支出を拡大させる必要がある。しかし，政府といえども，民間と同様に，その支出に必要な資金を何らかの手段で調達しなければならない。その主たる歳入は，所得税，法人税，消費税などの租税（税金）である。ただし，政府は，毎年，歳出と歳入を均衡させ

る必要はなく，一時的に政府の借金を意味する「国債」を新規に発行することによって，税収を一定にしたまま，政府支出を拡大することは可能である。これまでみてきた45度線分析の政府支出乗数は，そのような状況のもとでの財政政策の効果を示したものである。

しかし，政府といえども予算制約は存在し，永久に財政赤字を拡大できるわけではない。政府の予算制約を考慮した場合，財政政策の効果は，前節で示した政府支出乗数よりも小さくなる。以下ではこのことをまず，政府支出 G が租税 T に常に等しい「均衡予算」のケースについてみることにする。

いま政府が租税 T を ΔT だけ増加させる財政政策を実行したとする。このとき，(6)式から，国民所得は $\frac{c\Delta T}{1-c}$ だけ減少する。これは，T が ΔT だけ増加した場合，(3)式から消費が $c\Delta T$ だけ外生的に減少して，前節と逆にマイナス方向に乗数効果が働くからである。すなわち，租税の増加がその何倍の国民所得の変化をもたらすかを示す「租税乗数」は，$\frac{\Delta Y}{\Delta T}=\frac{c}{1-c}$ となる。

このように，政府支出の増加は政府支出乗数 $\frac{1}{1-c}$ 倍だけの国民所得を増加させる一方，増税は租税乗数 $\frac{c}{1-c}$ 倍だけの国民所得を減少させる。しかし，$0<c<1$ であるため，政府支出乗数の大きさは租税乗数の絶対値よりも常に大きい。これは，政府支出の増加は総需要を直接的に増やすのに対して，増税は消費を通じて間接的に総需要を減らすだけだからである。

このため，もし政府支出の増加をすべて増税でまかなうという均衡予算の原則($\Delta G=\Delta T$)に従った場合，

$$\Delta Y = \frac{1}{1-c}\Delta G-\frac{c}{1-c}\Delta T = \left(\frac{1}{1-c}-\frac{c}{1-c}\right)\Delta G = \Delta G \qquad (8)$$

となる。上の式から $\frac{\Delta Y}{\Delta G}=1$ なので，このときの乗数はちょうど1となる。これを，「均衡予算乗数」という。すなわち，45度線分析では，政府支出をすべて租税でまかなった場合，政府支出増に等しい分だけ，国民所得が増加する。この結果は「均衡予算乗数の定理」とよばれ，有効需要の原理が成立するもとでは，政府が財政赤字を出さなくとも，政府支出増によって，国民所得を増加させることができることを示している。

ただ，$\frac{1}{1-c}>1$ であることから，均衡予算乗数は，政府支出乗数よりも常に小さい。このことは，政府の予算制約を考慮して政府支出と租税を均衡させた場合，財政政策の効果が小さくなることを示している。

4.2 財政赤字の影響

　政府は，均衡予算を毎年実現する必要はなく，財政収支は一時的に赤字となってもかまわない。しかし，その場合でも，長期的には予算制約は存在し，いずれは借金である国債を何らかの形で返済しなければならない。とりわけ，財政規律をもつ政府（「リカード型の政府」とよばれる）である限り，政府支出が歳入を超えて拡大した場合，いずれかの将来，国債の元本と利払いをまかなうために，政府支出よりも大きい租税（すなわち，増税）が課されることが予想される。

　第2節で説明したケインズ型の消費関数(3)式では，このような将来の増税は人々の消費行動に影響を与えないことが前提となっている。しかし，第2章で紹介したライフサイクル仮説のように，人々は時間を通じた最適な消費計画を立てていると考える方がより現実的である。このため，国の財政赤字の累積が深刻な場合には，政府支出の拡大や減税は将来の増税や歳出カットを意識させ，消費を手控えさせる結果を招く可能性が出てくる。これは，将来，政府債務返済のために必要な負担が大きくなると，労働意欲や消費意欲の減退などを招き，経済活動を大きく落ち込ませかねないからである。このような効果は，「非ケインズ効果」とよばれる。

　非ケインズ効果が存在する場合，国債を発行して政府支出を拡大した場合でも，財政政策の効果は政府支出乗数よりも小さくなる。とりわけ，財政赤字の累積がきわめて深刻となると，将来の負担増（増税や政府サービスの大幅なカット）への懸念から，現在の総需要は大きく減少し，財政政策の効果は均衡予算乗数より小さくなる可能性すらある。

4.3 財政危機と金融危機の悪循環

　国債は政府の借金であり，本来は何らかの形で返済しなければならないものである。しかし，財政規律を失った政府（「非リカード」型の政府とよばれる）の場合，国債の元本と利子を支払うために，政府支出を削減したり，増税したりする努力をしなくなる。そのような状況が続くと，国債の元本や利子が支払われなくなるのではないかという懸念から，国債のリスク・プレミアムが上昇し，その金利が上昇する「財政危機」が発生する。

　財政危機は，多くの金融機関が国債を大量に保有している場合，金融危機の引き金ともなる。なぜなら，第4章でみたように，国債金利の上昇は国債価格

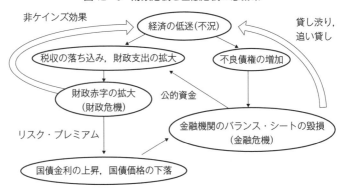

図12-3　財政危機と金融危機の悪循環

の下落を意味するので，財政危機によって国債金利のリスク・プレミアムが上昇すると，金融機関が保有する国債価格が下落し，それによってバランス・シートの健全性が大きく毀損するからである。第7章でみたように，金融機関のバランス・シートが悪化し，自己資本比率が低下した場合，公的資金の投入によって金融機関の自己資本比率を高めることが，通常は1つの有力な政策手段となる。しかし，国債のリスク・プレミアムの上昇が金融危機の原因である場合，公的資金の投入は有効な政策手段とはならない。なぜなら，公的資金の投入によって財政赤字がさらに拡大すれば，国債のリスク・プレミアムのさらなる上昇につながりかねないからである。

　図12-3は，このような財政危機と金融危機の負の連鎖を概念図で表したものである。長期の経済の低迷（不況）は，税収の落ち込みによって財政危機の可能性を高めると同時に，不良債権の増加から金融危機を生み出す傾向にある。しかし，財政赤字が危機的な状況下では，これらの効果に加えて，国債金利の上昇（国債価格の下落）によって金融機関のバランス・シートが毀損し，金融危機が深刻化することを通じて経済の低迷がさらに悪化する可能性がある。また，毀損した金融機関のバランス・シートを改善するには，問題を抱える金融機関への公的資金の投入が必要となるが，このような公的資金の投入は財政赤字をさらに拡大させ，財政危機を深刻化させる可能性がある。

　財政危機は，非ケインズ効果を通じて経済にマイナスの影響を与えるだけでなく，さらなる国債価格の下落を通じて金融機関のバランス・シートを毀損させ，貸し渋りや追い貸しを伴いながら経済の長期低迷をもたらす可能性もある

といえる。財政危機と金融危機の負の連鎖が発生している場合，伝統的なケインズ政策である財政支出の拡大は，危機の連鎖を拡大させることで経済にさらなる混乱をもたらしかねない。このため，財政危機が懸念される状況下では，財政政策は国民所得を増加させるうえで有効な手段とはいえなくなる。

5 IS 曲線と LM 曲線

5.1 財市場と IS 曲線

前節でみたように，財政赤字の累積が大きくなると，非ケインズ効果によって，不況であっても，政府支出の拡大で有効需要を増加させる乗数効果が十分に働かない可能性がある。とくに，財政危機が懸念される場合，政府支出の増加による財政赤字の累積は，危機の連鎖を生み出す可能性があり，安定的な成長を実現するうえでは逆効果となる。ただ，議論を簡単にするため，本章の以下の節では，このような財政赤字の拡大がもつ負の効果は考えず，政府支出の拡大による乗数効果が第 3 節で議論したように存在することを前提として，「IS-LM 分析」とよばれる 45 度線分析を拡張した考え方を説明していくこととする。

これまでの節で取り扱ってきた 45 度線分析の枠組みでは，投資 I は外生的に与えられるものとしていた。しかし，第 5 章でも学んだように，投資は一般に利子率が上昇すると減少する。そこで，以下では，投資を利子率 i の減少関数として，$I(i)=I_0-\nu\cdot i$（ただし，ν は正のパラメータ）と表すことにしよう。

このとき，財市場の均衡条件 $Y=C+I+G$ から導かれる均衡国民所得は，

$$Y = \frac{I(i)+G-cT+A}{1-c} = \frac{-\nu\cdot i+I_0+G-cT+A}{1-c} \tag{9}$$

となる。この式は，他の条件を一定として，利子率が上昇すると，総需要を構成する投資が減少するため，財市場を均衡させる国民所得も減少することを示している。

上式を変形すると，$i=-\dfrac{(1-c)}{\nu}Y+\dfrac{I_0+G-cT+A}{\nu}$ となることから，この国民所得と利子率の関係を，縦軸に利子率，横軸に国民所得をとって図示すると，右下がりの曲線が描かれる。これが，「IS 曲線」である。IS 曲線は，財市場を均衡させる国民所得と利子率の組み合わせを示す。

5.2 貨幣市場とLM曲線

　国民所得と利子率は，中央銀行が金融政策によって貨幣供給量（マネーストック）をコントロールすることで影響を受ける。金融政策の影響をみるためには，貨幣市場における需要と供給の均衡を考える必要がある。

　第10章でみたように，貨幣需要は，貨幣の機能に応じ，国民所得と利子率に依存し，貨幣需要関数は，国民所得の増加関数，利子率の減少関数となる。以下では，貨幣需要 L が，国民所得と利子率の関数であることを，

$$L(Y,i) = L_0 + kY - h \cdot i \quad （ただし，k と h は正のパラメータ） \tag{10}$$

と表すことにする。

　一方，第11章でみたように，中央銀行は公開市場操作などの政策手段を使って，貨幣供給量（マネーストック）をコントロールする。ただし，中央銀行がコントロールできるのは，名目の貨幣供給量である。いま M を名目貨幣供給量，P を一般物価水準とすると，物価水準の変動の影響を除いた，実質での貨幣供給量は $\frac{M}{P}$ と表すことができる。

　貨幣市場で，貨幣需要と貨幣供給が均衡するとき，以上の変数は次の関係をもつ。

$$\frac{M}{P} = L(Y,i) = L_0 + kY - h \cdot i \tag{11}$$

この式は，M と P が一定のとき，国民所得が増加すると，貨幣の取引需要が増すため，それによる貨幣市場の超過需要を解消するために，利子率 i が上昇するという関係を示している。

　この国民所得と利子率の関係を，縦軸に利子率，横軸に国民所得をとって図示すると，$i = \frac{k}{h}Y - \frac{M/P - L_0}{h}$ であることから，右上がりの曲線が描かれる。これが「LM曲線」で，貨幣市場を均衡させる国民所得と利子率の組み合わせを示している。

5.3 財市場と貨幣市場の同時均衡

　これまでにみてきたように，IS曲線は，財市場の均衡を表す国民所得と利子率の関係である。また，LM曲線は，貨幣市場の均衡を表す国民所得と利子率の関係である。したがって，IS曲線とLM曲線の交点は，財市場と貨幣市場を同時に均衡させる国民所得と利子率の組み合わせを示すことになる。

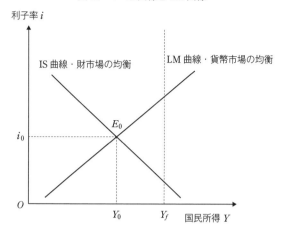

図12-4 IS曲線とLM曲線

このことを，IS曲線とLM曲線を同時に図示することで表したのが，図12-4である。両曲線の交点 E_0 で示される国民所得 Y_0 と利子率 i_0 は，財市場と貨幣市場を同時に均衡させる国民所得と利子率の組み合わせである。財市場と貨幣市場それぞれの需給が調整される結果，国民所得と利子率は，この均衡水準に調整される。

　ここで重要なのは，上述の調整プロセスでは，価格が硬直的なため数量調整が行われていることである。これは，第1節で述べたように，IS-LM分析では，均衡国民所得 Y_0 が完全雇用国民所得 Y_f を下回る不況期に有効な有効需要の原理が前提となっているからである。IS-LM分析は，伝統的なケインズ経済学の財政政策や金融政策を考察するうえで有益な枠組みを提供する。

6　IS-LM分析

6.1　財政政策

IS-LM分析における財政政策の効果をみるために，交点 E_0 で示される初期状態から，政府支出 G が ΔG だけ増加したとしよう。45度線分析にみるように，この政策は，仮に利子率が i_0 で一定であったとすれば，政府支出増の政府支出乗数倍だけの国民所得の増加 $\dfrac{1}{1-c}\Delta G$ をもたらすため，IS曲線はその分だけ右にシフトすることになる。

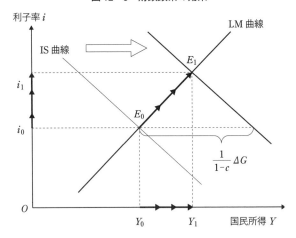

図12-5　財政政策の効果

しかし，図12-5に示すように，IS曲線とLM曲線の新たな交点E_1では，政府支出の増加は，国民所得を増大させると同時に，利子率を引き上げる（$Y_0 \rightarrow Y_1$, $i_0 \rightarrow i_1$）。利子率が上がるのは，国民所得が増加したため，貨幣の超過需要が発生したことによる。この利子率の上昇は，投資を減少させるので，乗数効果の一部は減殺される。政府支出の増加が，利子率の上昇を招き，民間投資を減少させることを「クラウディング・アウト」とよぶ。クラウディング・アウトによって，IS-LM分析において政府支出がΔGだけ増加したときの国民所得の増加は，プラスではあるが，$\frac{1}{1-c}\Delta G$よりは小さくなる。

6.2　金融政策

　次に，金融政策によって名目貨幣供給量Mが増加したときの効果を考えよう。IS-LM分析では，物価水準Pは硬直的で，短期的には変化しないことを前提としているので，名目貨幣供給量の増加は，実質貨幣供給量$\frac{M}{P}$が増加することを意味する。したがって，名目貨幣供給量Mが増加した場合，LM曲線は右にシフトすることになる。これは，貨幣市場が均衡するには貨幣供給の増加に見合うように貨幣需要が増加する必要があるが，そのためには，仮に利子率がi_0で一定であったとすると，国民所得の増加が必要だからである。

　図12-6は，このときの影響を図示したものである。図からわかるように，IS曲線とLM曲線の交点では，LM曲線の右シフトは，IS曲線上で，利子率

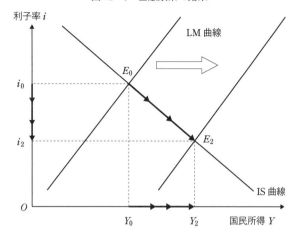

図12-6　金融政策の効果

を低下させると同時に，国民所得を増大させる（$i_0 \to i_2$，$Y_0 \to Y_2$）。これは，貨幣供給の増加による利子率の低下が，投資を増加させて，総需要を刺激するためである。

　ただし，実際には，名目貨幣供給量 M の増加が物価水準 P を全く変化させないわけではない。M の増加によって P が上昇する場合，M が増加しても，実質貨幣供給量 $\dfrac{M}{P}$ は M ほどは増加しないことを意味する。したがって，その分だけ，LM 曲線の右シフトも小さくなり，金融政策は減殺されることになる。

7　インフレ率の役割

7.1　名目利子率と実質利子率

　これまでの節では，名目利子率と実質利子率を区別せずに，IS-LM 分析を説明してきた。しかし，第 10 章でみたように，物価が一定でない場合，名目利子率と実質利子率を区別して議論する必要が出てくる。一般に，名目利子率と実質利子率との間には，「名目利子率＝実質利子率＋インフレ率」というフィッシャー方程式が成立する。IS-LM 分析でも，物価上昇の可能性がある場合，このフィッシャー方程式（フィッシャー効果）の存在を考慮する必要がある。

　設備投資 I の場合，それに影響を与える利子率は実質利子率である。したが

って，名目利子率をi，インフレ率をπとすると，実質利子率$=i-\pi$であることから，$I=I_0-\nu\cdot(i-\pi)$と書き表すことができる。このとき，(9)式で表されたIS曲線は，実質利子率$i-\pi$と国民所得Yの関係を表す式として，

$$Y = \frac{-\nu\cdot(i-\pi)+I_0+G-cT+A}{1-c} \tag{12}$$

と書き直すことができる。この式から，縦軸に名目利子率iをとった場合，IS曲線はインフレ率が上昇すると，右方にシフトする性質があることがわかる。

　一方，第10章でみたように，貨幣需要に影響を与える利子率は名目利子率であり，LM曲線は名目利子率と国民所得の関係を表す。したがって，縦軸に名目利子率をとって描いた場合，LM曲線はインフレ率が変化しても変化しない。

7.2　インフレ率上昇の影響

　図12-7は，以上の点を考慮し，縦軸に名目利子率をとってIS曲線とLM曲線を図示したものである。インフレ率がゼロのとき，IS曲線とLM曲線はE_0点で交わり，均衡国民所得と均衡利子率はそれぞれY_0とi_0となる。しかし，インフレ率が上昇すると，同じ名目利子率に対する実質利子率が下落するため，IS曲線は右方へシフトし，その結果，IS曲線とLM曲線の交点はE_3

図12-7　インフレ率の上昇がもたらす影響

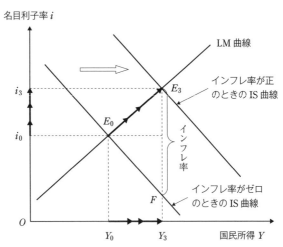

となり，均衡国民所得と均衡利子率はそれぞれ Y_3 と i_3 へと増加する。これは，インフレによって実質利子率が下落すると，投資が刺激されて，経済が活性化すると同時に，フィッシャー効果で名目利子率が上昇することを反映したものである。

なお，名目利子率は貸借を行う際にあらかじめ決定されるものであるので，設備投資に影響を与える実質利子率は，貸借契約が結ばれる時点（事前）のものと考えるのが自然である。このため，上述のような IS 曲線のシフトをもたらすインフレ率も，今後予想されるインフレ率の予想値としての「期待インフレ率」と考えられる。期待インフレ率の上昇が，国民所得にいかなる影響を与えるかは第 15 章で改めて議論することにする。

8　IS-LM 分析における経済政策の有効性

8.1　IS 曲線や LM 曲線の傾きの影響

ケインズ経済学の有効需要の原理が成立しているもとでは，経済政策は不況期に総需要を刺激することによって国民所得を高めることができる。ただし，有効需要の原理が成立しているもとでも，同じ額の貨幣供給量や政府支出の増加がどれだけ国民所得を増加させるかは，一般に IS 曲線や LM 曲線の傾きに依存する。

たとえば，貨幣供給量を増加させて LM 曲線を右方へシフトさせた場合の均衡国民所得は，図 12-8①で示されているように，IS 曲線の傾きが急なケースでは Y_1 にとどまるが，IS 曲線の傾きが緩やかなケースでは Y_1' となり，傾きが急なケースより大きい。これは，IS 曲線の傾きが緩やかな場合には民間投資の利子弾力性が大きくなるので，より小さい利子率の下落によって民間投資を刺激し，総需要を高めることが可能となるからである。

一方，政府支出を増加させて IS 曲線を右方へシフトさせた場合の均衡国民所得は，図 12-8②で示されているように，LM 曲線の傾きが急なケースでは Y_2 にとどまるが，LM 曲線の傾きが緩やかなケースでは Y_2' となり，傾きが急なケースより大きい。これは，LM 曲線の傾きが緩やかな場合には貨幣需要の利子弾力性は大きくなるので，同じ政府支出の増加でも，利子率の上昇が小さくなり，その結果，民間投資の減少（クラウディング・アウト）を抑えて，総需要を高めることができるからである。

図 12 - 8 　IS-LM 曲線の傾きと経済政策の有効性

① 　IS 曲線の傾きと金融政策の効果

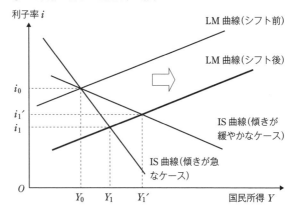

② 　LM 曲線の傾きと財政政策の効果

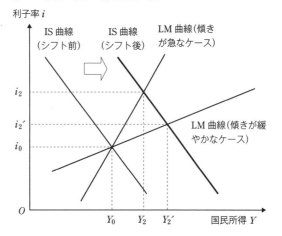

8.2 　伝統的な流動性のワナ

　利子率が低下し，貨幣と他の金融資産の収益率の差が小さくなると，より多くの金融資産が貨幣として保有される。いま，人々が，貨幣以外の金融資産をこれ以上もとうとしないような利子率の水準 $\tilde{i}$ があるとしよう。このとき，利子率が $\tilde{i}$ まで下落したときには，貨幣供給量の増加はすべて資産として需要されてしまうため，どのような国民所得水準に対しても，貨幣の需給は均衡する。

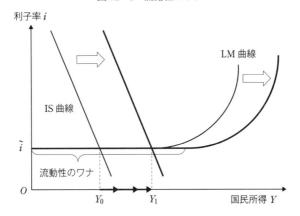

図 12 - 9　流動性のワナ

したがって，利子率が $\tilde{i}$ に等しいときには，LM 曲線は図 12 - 9 のように水平となる。このような状態が，ケインズのいう「流動性のワナ」である。このとき，貨幣供給量の増大によって LM 曲線が右方にシフトしても，LM 曲線が水平である限り，図 12 - 9 に示すように国民所得は増加しない。これは，貨幣供給量の増加がすべて貨幣需要に吸収されてしまう結果，利子率が低下しないので，投資が増加しないからである。一般に，貨幣需要が利子率に大きく反応するほど，LM 曲線の傾きは緩やかになり，金融政策の効果は小さくなる。その極端な場合が流動性のワナで，伝統的な金融政策は無効となる。

ただし，流動性のワナのもとでは，政府支出が拡大して IS 曲線が右方にシフトしても，利子率は全く上昇しないため，民間投資のクラウディング・アウトも起こらない。このため，流動性のワナのもとでは，通常，財政政策の有効性は非常に大きくなる。

9　貨幣供給量と利子率のコントロール

9.1　金融政策のルール

国民所得に影響を与えることのできる金融政策には，これまで説明してきた貨幣供給量をコントロールする方法のほかに，利子率をコントロールする方法がある。第 11 章第 5 節で説明したテイラー・ルールは，利子率をコントロールすることによる金融政策のルールを示した代表的なものである。前節で説明

した流動性のワナの状況を除けば，経済に不確実性が存在しない場合，IS-LM分析ではこの2つの方法は本質的に同じものである。

　しかしながら，IS-LM分析においても，予期せぬショックが財市場や貨幣市場に発生する場合，この2つの方法は経済の安定性に異なった効果をもつことが知られている。以下では，この問題を，「貨幣供給量を一定に保つルール」と「利子率の水準を一定に保つルール」をそれぞれ政策当局に課す場合に，国民所得の変動がどれだけ安定化するかを比較することによって検討してみよう。

　ここで，貨幣供給量を一定に保つルールとは，ショックにかかわらず，貨幣供給量の値を一定に保つ金融政策のルールのことである。このルールのもとでは，ショックが起こった場合，それは利子率の変動に反映されることになる。

　一方，利子率の水準を一定に保つルールとは，ショックにかかわらず，利子率 i の値を一定に保つ金融政策のルールである。このルールのもとでは，ショックに応じて調整されるのは，貨幣供給量である。この場合の貨幣供給量は，あらかじめ決められた利子率のもとで貨幣市場が均衡するように，ショックに応じて自動的に調整されることになる。

9.2　2つのタイプのショック

　以下では，国民所得の変動を安定化するためにこれら2つの金融政策のルールのどちらが相対的に望ましいかを，景気変動を引き起こすショックを2つのタイプに分けて説明する。ここで，2つのタイプのショックとは，財市場において総需要を変化させるショック（「ISショック」）と，貨幣市場において貨幣需要関数のシフトなどの貨幣的ショック（「LMショック」）である。

　はじめに，財市場においてISショックが発生し，それがIS曲線を変動させているケースを考えてみよう。この場合の国民所得の変動幅は，貨幣供給量を一定に保ち，LM曲線を変化させないケースでは，図12-10①のように AB となる。これに対し，利子率を i^* の水準に保つように貨幣供給量を内生的に供給し，LM曲線をショックに応じて変化させるケースでは，国民所得の変動幅は図12-10①の CD となり，貨幣供給量を一定に保つルールよりも大きくなる。したがって，ISショックが支配的な場合には，貨幣供給量を一定に保ち，利子率を変動させる金融政策のルールが，国民所得の変動を小さくするという点では相対的に優れているということがわかる。

　次に，貨幣市場においてLMショックが発生し，LM曲線の変動を引き起こ

図 12 - 10 望ましい金融政策のルール

① IS ショックのケース

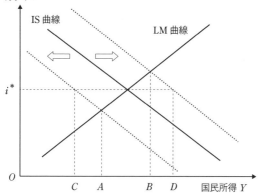

② LM ショックのケース

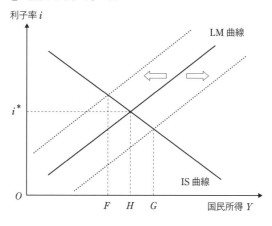

しているケースを考えてみよう。この場合，国民所得の変動幅は，貨幣供給量を一定に保つケースでは，図 12 - 10②が示すように FG である。これに対し，利子率を i^* の水準に保つように貨幣供給量をショックに応じて変動させた場合には，利子率がショックにかかわらず一定に保たれるため，図 12 - 10②が示すように国民所得の水準は常に H で表される水準にとどまる。したがって，LM ショックが支配的な場合には，利子率を一定に保ち，貨幣供給量を変動させるような金融政策のルールが，貨幣供給量を一定に保つルールよりも望まし

いことになる。

　以上の結果から，金融政策として，貨幣供給量を一定に保つルールと利子率の水準を一定に保つルールのどちらが望ましいかは，一般には，経済にどのようなショックが支配的に発生しているかに依存することがわかる。政府は，経済に IS ショックと LM ショックのどちらが発生しているかを適切に判断し，それに応じて金融政策のルールを最適に選択することが，国民所得を安定させるうえで重要になる。

10　名目利子率の非負制約と流動性のワナ

10.1　名目利子率の非負制約

　第8節では，LM 曲線が水平となる「流動性のワナ」のもとで，金融政策が無効となることを明らかにした。このような流動性のワナのもとでは，貨幣供給量を変化させても利子率は変化しないため，中央銀行は利子率をコントロールできなくなる。したがって，この場合も，貨幣供給量のコントロールと利子率のコントロールは同じではなくなる。

　平時は，貨幣需要の利子率に対する反応度（利子弾力性）は大きくないため，流動性のワナは現実にそれほど重要な問題とは考えられてこなかった。しかし，財市場の総需要が過度に低迷して IS 曲線が左方に大きくシフトする一方，極端な金融緩和の継続で LM 曲線が右方にシフトを続けると，IS 曲線と LM 曲線の交点は名目利子率がマイナスになるまで低下する。その結果，名目利子率がゼロより下落することが難しくなる「名目利子率の非負制約」が生まれ，流動性のワナと本質的に同じ状況が起こることになる。

　名目利子率に非負制約が存在するのは，名目利子率がマイナスになると，貸し出しを行うインセンティブがなくなるからである。マイナスの利子率で貸し出しを行った場合，貸し手は借り手に報酬を支払ってお金を借りてもらうことになる。しかし，貸し手にとっては，このような貸し出しは望ましいものではなく，むしろ資金を手元に名目利子率がゼロの貨幣で保蔵することが最適となる。したがって，マイナスの名目利子率では貸し出しは通常行われなくなり，その結果，名目利子率はゼロより下落しにくくなる（したがって，貨幣需要の利子弾力性が，実質的に無限大となる）。

10.2 図による説明

図12-11が，そのようなIS-LM曲線を表したものである。図のE_0はIS曲線やLM曲線がシフトする前の平時の均衡を示しており，そこでは名目利子率は正で，金融政策は有効である。しかし，深刻な不況が起こり，総需要が大きく減退すると，IS曲線が左に大きくシフトする。また，落ち込んだ景気を刺激するため，極端な金融緩和が行われると，LM曲線が右に大きくシフトする。これらのシフトが極端な形で起こると，右下がりのIS曲線と右上がりのLM曲線の交点は，図中のA点のようにもはや名目利子率がゼロの領域ではなくなる。したがって，非負制約によって名目利子率はゼロとなり，LM曲線が$i=0$で水平となる結果，IS曲線上のE_1が均衡となる。

名目利子率がゼロのもとでは，貨幣と他の安全資産との収益率の差がなくなり，貨幣を保有することによる機会費用もゼロとなる。その結果，貨幣需要の利子弾力性は実質的に無限大となり，貨幣を供給してもすべて貨幣需要の増加によって吸収されてしまう。$i=0$のもとでLM曲線が水平となるのはこのためであり，ケインズが考えていたメカニズムとは異なるが，流動性のワナの状態となる。

図12-11　名目利子率の非負制約と流動性のワナ

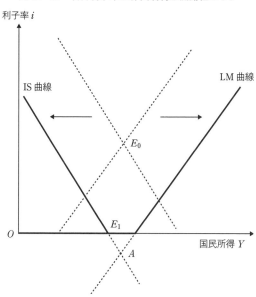

名目利子率がゼロ近くまで下落する状況は，従来，戦前の大恐慌期などごく例外的な時期のみにみられた現象であった。しかし，日本経済ではバブル崩壊後に経済が長期にわたって低迷し，総需要が大きく落ち込むと同時に，金融緩和政策が次々と推し進められた。その結果，1999 年 2 月には日銀によってその政策金利である無担保コールレート（翌日物）を実質的にゼロとする「ゼロ金利政策」が開始され，それ以降，一部の期間を除き，短期利子率が実質的にゼロとなる流動性のワナの状態が続いている。欧米諸国でも，2008 年秋のリーマン・ショック以降の世界同時不況のなかで，各国の中央銀行が政策金利を大幅に引き下げた結果，多くの国々で短期利子率がゼロ近くまで下落し，流動性のワナに近い状態が発生した。

■ 関連文献の紹介 ■

本章で取り扱ったテーマの多くは，標準的なテキストで取り扱われている。どのテキストがよいかは，なかなか判断が難しいが，たとえば以下のものが参考になる。

福田慎一・照山博司『マクロ経済学・入門（第 5 版）』有斐閣，2016 年
　⇒第 6 章と第 7 章で，伝統的経済政策とその有効性に関して平易な解説を行っている。

福田慎一・照山博司『演習式　マクロ経済学・入門（補訂版）』有斐閣，2013 年
　⇒上のテキストに準拠した演習式のテキスト。

二神孝一・堀敬一『マクロ経済学（第 2 版）』有斐閣，2017 年
　⇒入門マクロを理解した読者を対象に，第 4 部で伝統的経済政策に関して中級者向けの解説を行っている。

Summary

　本章では，一般物価水準が継続的に上昇する状態を表すインフレーション（インフレ）と一般物価水準が継続的に下落する状態を表すデフレーション（デフレ）をそれぞれ説明する。インフレとデフレいずれも，その原因を需要側と供給側の両方に求めることができる。また，インフレ期待の果たす役割も重要である。しかし，インフレとデフレがそれぞれもたらすコストは，常に対称的というわけではない。

1 インフレ

1.1 ディマンド・プル・インフレ

前章では，価格の硬直性を前提とした乗数理論（45度線分析）やIS-LM分析を紹介し，そこでの経済政策の有効性を議論した。しかし，現実の経済では，価格に硬直性はあるにしても，価格が全く変化しないわけではない。そこで，本章と次章では，価格が変化する場合のマクロ経済の動きを説明する。

一般物価水準が継続的に上昇する状態は，「インフレーション」（インフレ）とよばれる。インフレの原因はさまざまであるが，標準的なマクロ経済理論では，インフレは大きく分けて，需要側のショック，供給側のショック，およびインフレ期待の3つの要因の影響を受けて発生すると考えている。

インフレに影響を与える第1の要因が，需要側のショックである。なかでも，財・サービス市場の超過需要がインフレを生み出す「ディマンド・プル・インフレ」は，好況期に発生する典型的なインフレである。不況期には，総需要が低迷し，財・サービス市場で超過供給が発生するため，総需要が増加しても物価はほとんど上昇しない。しかし，景気が回復し，財・サービス市場が超過需要の状態となると，需要の増加はインフレを生み出すこととなる。ディマンド・プル・インフレは，完全雇用が達成されたもとでより大きくなる。

また，過度な貨幣供給量の増加も，総需要を増加させ，物価を上昇させる大きな要因である。とくに，フリードマン（M. Freidman）らに代表される「マネタリスト」は，名目貨幣量が実質国民所得の増加率を上回って増加することがインフレの原因であると古くから主張してきた。貨幣供給量の増加率は，中央銀行が金融政策によってコントロールできるものである。このため，マネタリストは，インフレが発生するのは，中央銀行が過度に貨幣供給量を増加させたことに原因があると考えてきた。

たとえば，第10章で説明したケンブリッジ方程式 $M=kPY$，を考えてみよう。貨幣数量説では貨幣の流通速度は短期的には一定であるので，マーシャルの k（右辺の係数）も短期的には一定である。したがって，ケンブリッジ方程式から以下の関係が成立する。

$$\frac{\Delta P}{P} = \frac{\Delta M}{M} - \frac{\Delta Y}{Y} \tag{1}$$

この式は，名目貨幣量の増加率 $\frac{\Delta M}{M}$ が実質国民所得の増加率 $\frac{\Delta Y}{Y}$ を上回るとき，その分だけインフレ率 $\frac{\Delta P}{P}$ は上昇することを示している。とくに，実質国民所得 Y が名目貨幣量 M とは独立に決定されるとき，インフレは名目貨幣量の増加によってもたらされるという貨幣の中立性が成立する。フリードマンは，「インフレはいつでもどこでも貨幣的現象である」と主張した。

1.2 コスト・プッシュ・インフレ

インフレに影響を与える第 2 の要因が，供給側のショックの影響である。インフレの原因を費用の上昇に求める「コスト・プッシュ・インフレ」がそれに相当する。この基本的な考え方は，企業の生産コストの上昇がその販売価格に上乗せされることによって，一般物価水準が上昇するというものである。たとえば，各企業がその製品価格 P を，製品 1 単位当たりの生産コスト C に一定のマージン $(1+m)$ を上乗せして，

$$P = (1+m)C \tag{2}$$

と設定しているとしよう（このような価格設定は，「マーク・アップ原理」とよばれる）。このとき，企業がマージンを不変に維持する（すなわち，m が一定である）限り，P の上昇率はコスト C の上昇によってのみ引き起こされる。したがって，経済全体として生産コストが上昇した場合，一般物価水準は上昇し，インフレが発生することになる。

労働組合の圧力などによる過度の賃金上昇がインフレの原因とする考え方は，コスト・プッシュ・インフレの 1 つの考え方である。労働の平均生産性の伸びを超えて名目賃金が上昇する場合，企業にとってそれは製品 1 単位当たりの生産コストの上昇につながる。したがって，過度の賃金の引き上げ要求は製品価格の引き上げにつながり，それが経済全体としては一般物価水準を上昇させる。

もっとも，インフレの原因を費用の上昇に求めた場合，わが国のような天然資源に乏しい国では，その原因としてより重要なのは賃金の上昇よりもむしろ原材料価格の上昇であった。とくに，原油の価格は 1970 年代前半（「第 1 次石油ショック」）と 70 年代末から 80 年代初頭（「第 2 次石油ショック」）にそれぞれ大幅に上昇し，多くの先進国にインフレを生み出した。

たとえば，図 13-1 は，代表的な物価指数である消費者物価指数（CPI）の上昇率が 1971 年以降，わが国でどのように推移してきたかを示したものであ

図 13-1　消費者物価指数の変化率（対前年同期比）

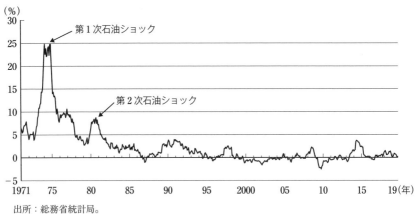

出所：総務省統計局。

る。図からわかるように，1982年以降，消費者物価指数のインフレ率は非常
に安定している。とくに，1990年代に入ってからはインフレ率がほぼゼロと
なっている。これに対して，1973年から75年には，第1次石油ショックの影
響でインフレ率は10%を超えた。また，第1次石油ショックほどではなかっ
たが，1979年から80年にかけても，第2次石油ショックの影響でインフレ率
は5%を超えた。

　コスト・プッシュ・インフレが顕在化した経済では，不況にもかかわらずイ
ンフレが発生する「スタグフレーション」がしばしば発生する。これは，原材
料価格などのコストの上昇は，上述のように価格の引き上げにつながると同時
に，企業の収入を圧迫してその業績を悪化させる結果，経済を不況に陥らせや
すいからである。

1.3　インフレ期待の影響

　インフレに影響を与える第3の要因が，人々のインフレ期待（期待インフレ
率）である。インフレ期待が変化すると，実体経済に何らのショックが発生し
ていない場合でも，人々の需要行動や供給行動が変わることで，物価の動きに
影響が及ぶ。

　財・サービス市場では，消費者は，高いインフレ期待を抱けば値上がりして
も財・サービスを購入する傾向がある一方で，低いインフレ期待しかもたなけ
れば値上がりする財・サービスの購入は控える傾向がある。このため，財・サ

ービスを供給する企業サイドでも，人々のインフレ期待が高いと思えば値上げを行いやすいと考えるのに対して，インフレ期待が低いと思えば価格の据え置きや値下げが必要と考えることとなる。その結果，インフレ期待が高まれば価格が引き上げられてインフレが発生する一方，インフレ期待が低ければインフレは起こりにくい。

　労働市場でも，インフレ期待は名目賃金を変化させることで，インフレに影響を与える。労働者や雇用主（企業）にとって重要なのは，名目賃金ではなく，物価の影響を取り除いた実質賃金である。このため，労働者は，インフレ期待が高ければ名目賃金の引き上げを強く要求する一方で，インフレ期待が低ければ名目賃金の引き上げを求めない傾向がある。名目賃金の上昇は，コスト・プッシュ・インフレの原因となるので，インフレ期待が高ければ高いほど賃上げに伴うコスト・プッシュ・インフレが起こる一方で，インフレ期待が低ければコスト・プッシュ・インフレは起こりにくくなる。

　人々のインフレ期待をコントロールするうえで，中央銀行が果たす役割は重要である。一般に，消費者や企業は，経済全体の一般物価水準の動向を正確に知ることは難しい。いずれの経済主体も，物価動向が不確実ななかで意思決定をしなければならないのが実情である。そうしたなかで，中央銀行が今後の金融政策のスタンスを明確にし，そのもとでの物価の見通しを示すことは，人々が期待を形成するうえで重要な情報となる。中央銀行の示すインフレ目標や物価見通しは，しばしば人々のインフレ期待を一定範囲にとどめておくアンカー（anchor）の役割を果たすと考えられている。

2　事前と事後の実質利子率

2.1　フィッシャー方程式

　物価水準が上昇している場合，名目的価値が同じであっても資産の実質的価値は目減りする。したがって，利子率も名目上の支払い額に対応する名目利子率 i と物価変動の影響を取り除いた支払い額に対応する実質利子率 r を区別して議論する必要がある。第10章でみたように，インフレ率を $\pi\left(=\dfrac{\Delta P}{P}\right)$ とすると，i と r との間には，以下のような関係（フィッシャー方程式）が成立する。

$$1+i = (1+r)(1+\pi) \tag{3}$$

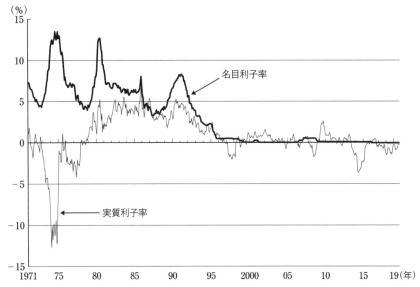

図 13-2　名目利子率と実質利子率

注：名目利子率＝無担保コールレート翌日物（1985年以降）および有担保コールレート翌日物
　　（1985年まで），実質利子率＝名目利子率－消費者物価指数上昇率（対前年比）。
出所：日本銀行および総務省統計局。

　また，この関係は近似的に，

$$\text{実質利子率}\,r = \text{名目利子率}\,i - \text{インフレ率}\,\pi \tag{4}$$

とも表すことができる。上式は，名目利子率があらかじめ決定されているもの
とすると，実質利子率はインフレ率が高ければ高いほど低くなるという関係
（フィッシャー効果）が存在することを示している。

　図 13-2 は，1971 年以降のわが国の名目利子率と実質利子率の推移をグラフ
に表したものである。図から，名目利子率と実質利子率は，しばしば大きく異
なる値をとったことが読み取れる。名目利子率と実質利子率の推移を比較する
と，物価の上昇が顕著であった 1970 年代前半や 80 年代初めは，名目利子率が
上昇する一方で，実質利子率は下落した。これに対して，物価が下落傾向にあ
った 1990 年代後半以降は，名目利子率がほぼゼロとなった反面，実質利子率
は有意にゼロと異なる正の値や負の値をとることが多かった。これは，時期に
よって，インフレ率が高かったり低かったりした影響によるものである。

2.2 事前と事後

もっとも，名目利子率は貸借を行う際にあらかじめ決定されるので，実質利子率は，貸借契約が結ばれて名目利子率が決定される時点（事前）と，貸借契約が完了して利子と元本が返済される時点（事後）では，その値が異なる。なぜなら，事後的に実現するインフレ率は，契約締結時（事前）に予想されていたものとは，一般に異なるからである。このため，実質利子率は，事前の実質利子率と事後の実質利子率に区別され，(4)式も以下のように書き換えることができる。

事前の実質利子率 ＝ 名目利子率－期待インフレ率　　　　　(5)

事後の実質利子率 ＝ 名目利子率－実現したインフレ率　　　(6)

(5)式において重要なポイントは，事前には，名目利子率と実質利子率との差は，実際のインフレ率ではなく，今後予想されるインフレ率の予想値としての「期待インフレ率」で決まることである。これは，金銭の貸借を行う人々が名目利子率を決定する際には，今後どれだけ物価が上昇するかは不確実なので，その予測値としての期待インフレ率を用いて，名目利子率を決定せざるをえないからである。

仮にインフレがあらかじめ予想されたものである場合，名目利子率は実質利子率がインフレによって低下しないように調整されるので，2つのタイプの実質利子率は一致する。しかし，予想されないインフレが発生する限り，両者は一致しないため，事前の実質利子率と事後の実質利子率の区別が重要となる。図13-2は，事後の実質利子率が時期によって大きく変動したことを表している。しかし，このことは，事前の実質利子率が同じように大きく変動していることを必ずしも意味していないことには注意が必要である。

3　予想されないインフレのコスト

3.1　予期せぬ所得の移転

インフレはしばしば経済に悪影響を及ぼす。しかし，インフレが経済にもたらすコストは，インフレが予想されたものであるかどうかによって大きく異なる。これは予想されないインフレが発生した場合，予期せぬ所得の移転が発生すると考えられるからである。このため，予想されないインフレのコストは，

あらかじめ予想されたインフレのコストよりも大きいと考えられている。本節では、まず予想されないインフレのコストを説明する。

　たとえば、資金の貸し借りを行う際の利子率を考えてみよう。前節で説明したフィッシャー効果から、「事後の実質利子率＝名目利子率−実現したインフレ率」という関係が成立する。したがって、名目上は同じ利子率であっても、予想されないインフレ率が高ければ高いほど、その事後の実質利子率は低くなる。

　収入の実質価値という観点から利子率を考えた場合、資金の貸し手にとって重要なのは名目利子率ではなく、実質利子率である。このため、貸し手の所得を減らさないためには、インフレ率の上昇に応じて名目利子率も引き上げる必要がある。しかし、名目利子率を決定する際には予想されなかったインフレは名目利子率には反映できないので、インフレがあらかじめ予想されない場合、事後的にはその分だけ貸し手が受け取るべき利子率が実質的に目減りすることになる。すなわち、予想されないインフレは貸し手の所得を減らし、その分借り手の所得を増加させるという予期せぬ所得移転をもたらす効果がある。

　同様の所得の移転は、名目的賃金 W があらかじめ契約によって決定される経済でも発生する。収入の実質価値という観点からみた場合、労働者にとって重要なのは、名目賃金ではなく、それを物価水準 P で割った実質賃金 $\frac{W}{P}$ である。しかし、名目賃金は雇用契約を結ぶ際にあらかじめ決定されるものなので、その後に予想されないインフレが発生すると、事後的にはその分だけ労働者が受け取るべき賃金が実質的に目減りすることになる。したがって、予想されないインフレが発生（すなわち、P が上昇）し、その分だけ実質賃金が目減りすると、労働者は所得のロスを被り、その分が企業への所得移転が発生する。

3.2　物価スライド制

　このような予想されないインフレがもたらす影響を取り除く方法としては、利子率や賃金を物価の変動に応じて事後的に変化させる仕組み（物価スライド制）がある。たとえば、物価連動債（インフレ連動債）は、インフレ率に応じて元本が調整される債券である。

　通常の固定利付債の場合、名目上の利払い額および償還額は変動しないため、物価が上昇すれば、実質ベースでみた債券の価値は低下する。これに対して、物価連動債の場合、クーポン利率は固定であるものの、物価上昇に連動して元

本が増加するため，利払い額や償還額が増加する。このため，物価連動債は，インフレーションが起きても実質的な価値が低下しない債券となっている。

物価連動国債は，英国で 1981 年に発行が開始されて以降，欧米諸国を中心に発行が増加しており，現在，市場規模では米国が最大である。ただ，米国においてさえ，物価連動国債の流通量は通常の国債に比して小さく，その市場の流動性は低い水準にあるのが実情である。

日本においても 2004 年 3 月から，公共団体と金融機関系の法人のみが購入可能な物価連動国債の発行が開始された。2008 年の金融危機（リーマン・ショック）以降は金融・資本市場の混乱によって一時的に発行を見合わせたが，13 年 10 月から発行が再開され，15 年 1 月からは個人に対しても物価連動国債の販売が解禁されている。

4　あらかじめ予想されたインフレ

4.1　靴のコスト

インフレがあらかじめ予想されたものである場合，そのコストはさほど大きくない。これは，すべての製品の価格が必ず上昇するということがわかっている場合，人々はあらかじめそれに備えて行動を変化させることができるからである。しかし，仮にインフレが完全に予想されたものであったとしても，少なくとも 2 つのコストは発生する。

第 1 のコストは，「靴のコスト」である。一般的にインフレが発生すると，それが予想されたものかどうかにかかわらず，貨幣の実質価値は下落する。したがって，将来的にインフレが発生することが予想される場合，人々はこのような貨幣の実質価値の目減りを防ごうとできるだけ手持ちの現金の量を減らし，資産の大半をインフレの影響を受けない資産で保有することになる。

しかし，そのような行動は手間がかかるものである。というのは，たとえば資産の大半を銀行に預けてしまった場合には，取引を行うたびに必要な現金を頻繁に銀行に下ろしに行かなければならないからである（第 10 章のボーモル＝トービン・モデルを参照）。このようなコストは，銀行に頻繁に行くことによって靴が痛んでしまうという比喩から靴のコストとよばれ，予想されたインフレのコストの 1 つに数えられている。

ブレーク・イーブン・インフレ率

　経済活動を行ううえでは，これから物価がどのように変化するかを予想することが重要で，将来のインフレ率に関する人々の予想した値である「期待インフレ率」を知ることは有益である。しかし，経済全体の平均的な期待インフレ率がいかなる値をとっているかを知ることは，必ずしも容易ではない。

　1つの方法は，今後の物価上昇率に関してアンケート調査を行い，それに基づいて期待インフレ率を計算することがあげられる。ただ，アンケート調査に対する回答はしばしば恣意的であったり，曖昧であったりするため，期待インフレ率に関する正確な指標は得にくいのが実情である。

　このため，代替的な方法として，物価連動国債から「ブレーク・イーブン・インフレ率」を計算し，それによって期待インフレ率を求める方法が提案されている。ここで，ブレーク・イーブン・インフレ率とは，同年限の物価連動債と物価に連動しない債券の2つに投資する際，両者の利回りが等しくなるようなインフレ率をさす。すなわち，名目利回りと物価連動債のインフレ調整後利回り（＝実質債券利回り）を等しくするブレーク・イーブン・インフレ率は，「名目債券利回り＝実質債券利回り＋ブレーク・イーブン・インフレ率」を満たすものとして表すことができる。

　フィッシャー方程式から，名目債券利回り＝実質債券利回り＋期待インフレ率，という関係が成立するので，以上から，「ブレーク・イーブン・インフレ率＝期待インフレ率」という関係が導かれる（わが国のブレーク・イーブン・インフレ率の推移は，財務省のホームページの「物価連動国債」に関するページに公表されている）。

　名目利回りと実質利回りはともに市場で取引されるそれぞれの債券価格によって決まるため，ブレーク・イーブン・インフレ率は，物価連動債の実質価格に市場が織り込んでいる期待インフレ率にほぼ等しいと考えることができる。しかし，他の債券と比して，物価連動国債の流動性は低く，取引参加者も限られるため，ブレーク・イーブン・インフレ率の変化を一般的な人々の期待インフレ率の変化を反映したものとするのは難しいという指摘もある。

4.2　メニュー・コスト

　第2のコストは，「メニュー・コスト」である。一般にインフレが発生すると，あらゆる商品の価格が上昇する。したがって，たとえばレストランのメニ

ューに書かれているすべての料理の価格も書き換えることが必要となる。これ
は，ある意味で手間と費用がかかる作業であり，いくらインフレがあらかじめ
予想されていた場合でも発生するコストである。また，価格を変更する際には，
それを購入者に周知させるために付加的な費用もしばしば必要となる。このた
め，このような価格改定によって生ずるさまざまなコストを一般にメニュー・
コストとよび，予想されたインフレによるコストの1つと考えている。

なお，メニュー・コストが存在する場合，値上げが必要な場合でも，価格が
毎日引き上げられるわけではない。このため，インフレが発生すると，財・サー
ビスごとに価格が異なるタイミングで改定されることとなり，その結果，異
なる財・サービス間で相対価格が変動する。このような相対価格の変化は，資
源配分に歪みをもたらすため，やはりインフレが発生したことに伴うコストと
なる。

5 インフレ税とシニョレッジ

5.1 インフレ税

貨幣は価値の保蔵手段の1つである。しかし，貨幣を現金通貨や銀行の預金
準備（日銀当座預金）に限ってみた場合，預金や債券と大きく違う点は，それ
を保有しても利子がもらえないという点である（ただし，銀行の預金準備に関し
ては，利子がつくケースもある）。そればかりか，インフレにより一般物価水準
が上昇した場合，その実質価値は目減りしてしまうことになる。

「インフレ税」とは，このような貨幣の保有者がインフレによって被る損失
（キャピタル・ロス）のことである。t 期の一般物価水準を P_t，マネタリーベース
の残高を B_t とすると，このインフレ税は，t 期のインフレ率に $t-1$ 期のマ
ネタリーベースの実質残高 $\dfrac{B_{t-1}}{P_{t-1}}$ を掛け合わせたものとして，

$$\text{インフレ税} = \frac{P_t - P_{t-1}}{P_{t-1}} \frac{B_{t-1}}{P_{t-1}} \tag{7}$$

と書き表すことができる。

これがインフレ税とよばれる理由は，インフレが生み出すこのような貨幣の
保有者のキャピタル・ロスは，基本的には貨幣（マネタリーベース）を発行し
ている政府（中央銀行）の収入となるからである。発行されたマネタリーベー
スは政府（中央銀行）にとっては負債であり，その価値がインフレによって目

減りすればそれだけ政府が得をすることになる。

5.2 シニョレッジ（通貨発行益）

　一般に，政府が貨幣を独占的に発行する権利をもつことによって得ることのできる収入は，「シニョレッジ」（通貨発行益）とよばれている。貨幣発行による名目的な収入はマネタリーベースの増加分（$B_t - B_{t-1}$）に等しいので，このシニョレッジの実質値は，t 期のマネタリーベースの増加分を $t-1$ 期の物価水準で割ったものとして，

$$\text{シニョレッジ} = \frac{B_t - B_{t-1}}{P_{t-1}} = \frac{B_t - B_{t-1}}{B_{t-1}} \frac{B_{t-1}}{P_{t-1}} \tag{8}$$

と書き表すことができる。

　したがって，数学的には，マネタリーベースの実質残高 $\frac{B_t}{P_t}$ が一定である場合，シニョレッジは上で述べたインフレ税と等しくなる。しかし，インフレが発生することによって $\frac{B_t}{P_t}$ が減少する場合（すなわち，$\frac{B_t}{P_t} < \frac{B_{t-1}}{P_{t-1}}$ の場合），シニョレッジは人々が負担するインフレ税より小さくなる。これは，インフレによって貨幣保有量が減るという資源配分の歪み（公共経済学の死荷重）が発生するからである。

　なお，文献によっては，シニョレッジ（通貨発行益）には，(8) 式で定義されるものに加えて，名目利子率×実質貨幣残高，を含めて考えることがある。これは，貨幣需要者は本来であれば受け取るはずの利子を機会費用として負担しているという考え方に基づいている。この考え方に従えば，マネタリーベースが全く変化しなくても，貨幣発行者は機会費用分だけの余剰を得ていると考えることができるといえる。第 10 章第 8 節で議論した貨幣供給者の余剰も，そのような考え方に基づくものである。

　日本を含めた多くの先進国では，シニョレッジが政府の収入に占める割合は小さい。しかし，シニョレッジは，政府にとって貨幣を発行するだけで簡単に収入を増やすことができる手段なので，発展途上国では重要な収入源となっているところもある。ただ，政府がシニョレッジを増やそうとマネタリーベースを増やすと，インフレが発生する。このため，シニョレッジをある限度を超えて得ようとマネタリーベースを過度に増すと，深刻なインフレが発生する一方，マネタリーベースの実質残高が減少する結果，シニョレッジは逆に減少してしまう。

超金融緩和政策下での中央銀行の利益

　中央銀行の損益計算書には，多くの株式会社と同様に，決算期の経常収入が記載されている。ただ，その収入の概念は，本文でみたようなシニョレッジ（通貨発行益）の概念とは異なり，国債など保有する資産から実際に得られた収入が中心となっている。中央銀行には，現金通貨や銀行の預金準備（当座預金）という利子がつかない負債がある。このため，利子率を一定とすると，中央銀行は，国債などの資産残高を増やすことでそこからの金利収入を増加させることができる。

　もっとも，物価が上昇しないもとでは，買いオペでマネタリーベースを増加させた場合，国債金利の下落が同時に発生する。このため，マネタリーベースを大幅に増加させ，国債を大量に買い入れても，中央銀行が保有する国債からの金利収入はそれほど増加しない可能性がある。

　たとえば，第15章で説明するように，1990年代末以降，日銀はマネタリーベースを大幅に増加させるゼロ金利政策や量的緩和政策を実施した。しかし，ゼロ金利政策や量的緩和政策を開始した当初は，日銀の経常利益はほとんど増加しなかった。日銀の経常収入は，その年度の特殊要因に影響されるものの，いずれの年度も保有する国債からの金利収入が最大の収入源である。この期間，日銀の国債保有量は飛躍的に増加した一方，国債の利回りも同時に大きく下落したため，2つの効果がちょうど打ち消しあって，日銀の国債からの金利収入は伸び悩んだと考えられる。

　一方，2013年4月以降，日銀は量的・質的金融緩和とよばれる異次元の金融緩和政策を開始し，かつてない大量の国債購入を行った。その結果，国債金利が大きく下落するもとでも，国債保有量がその影響を大きく上回る形で増加し，国債からの金利収入は増加傾向となった。ただ，国債金利の下落が顕著となるなか，今後，日銀の利益がどのように推移するかは必ずしも明らかではない。

　もちろん，国債金利の低下は，政府が新規に国債を発行する際のコストを低下させる。このため，日銀の収入が伸び悩んだからといって，政府・日銀を一体としてみた利益がどうであったかは別途の議論が必要である。しかし，少なくとも，日銀だけの損益計算書をみる限り，高水準のマネタリーベースが中央銀行の利益を常に増加させるという伝統的な主張は，日本の量的緩和政策期には必ずしも成立していたとはいえない。

6　ハイパー・インフレ

「ハイパー・インフレ」とは，インフレ率が一定の期間にきわめて高い率となった状況をさす。たとえば，ケーガン（P. D. Cagan）は，インフレ率が月間50％を超えた場合をハイパー・インフレと定義した。ハイパー・インフレのもとでは，同じ日の朝と夕方でも市場で売られている商品の値段が大きく値上がりするという事態が発生し，貨幣経済は事実上崩壊することになる。

　ハイパー・インフレは，経済の安定した先進諸国では起こることはほとんどない。しかし，戦争直後の敗戦国経済（たとえば，第1次世界大戦後のドイツ・ハンガリー，第2次世界大戦後の日本）や対外債務を累積させた国々（たとえば，1980年代前半のラテン・アメリカ諸国）においては，ハイパー・インフレが現実のものとして観察されてきた。これは，これらの経済ではシニョレッジを目的として急激なマネタリーベースの増発が行われたためである。

　ハイパー・インフレが発生している国では，通常は非常に小さいと考えられている靴のコストはかなり大きなものとなる。これはインフレによる貨幣の実質価値の目減りが著しいため，人々は現金を手に入れるために銀行に頻繁に行って自らの資産価値の保持に努めなければならないからである。

　また，ハイパー・インフレは，経済の価格体系の不確実性を増大させることによって，貨幣経済の効率性に多大な悪影響を及ぼす。さらに，ハイパー・インフレを生み出してしまった国々では，政府自体に対する不信も高まり，経済面だけではなく，政治面でも不安な状況を引き起こすことにもなりかねないことが指摘されている。

7　デフレ

7.1　デフレの原因

　インフレと対称的に，一般物価水準が継続的に下落する状態は，「デフレーション」（デフレ）とよばれる。第2次世界大戦後，ほとんどの国では，一般物価水準が継続的に下落することは稀であった。しかし，2000年代に入ると，世界的に物価が安定するようになり，不況期に一般物価水準が下落するようになった。とくに，わが国ではバブル崩壊以降，長い間，デフレに近い状態が続

いた。インフレと同様に，デフレの原因は，需要側と供給側の両方に求めることができる。

　まず，供給側では，経済全体として生産コストが下落する場合，一般物価水準が低下し，デフレが発生する。たとえば，原材料価格が継続的に下落すれば生産コストが下落し，デフレが発生することになる。ただ，デフレの原因を生産コストの下落に求める場合，生産性の上昇の役割がとくに重要である。生産性の向上によって価格が下落する典型的なケースは，技術革新によって液晶テレビやパソコンなどの価格が急速に下落するケースである。生産性の上昇の結果，製品の普及率の高まりに伴って，価格の下落と生産量の拡大が同時に起こることは広くみられる現象である。生産性の上昇など，供給側が原因で発生するデフレは，安く製品を購入できる消費者にとって望ましいだけでなく，企業にも利益をもたらすため，経済全体として悪いものではない。

　しかし，物価の継続的な下落にもかかわらず，企業が高収益をあげ，経済が好況を呈する状況は，これまできわめて稀にしか発生していない。これに対して，総需要が低迷することで物価が継続的に下落する現象は，幅広く観察されている。このため，デフレは，単に物価が下落基調を続けることという上の定義ではなく，不況（景気後退）と物価下落が同時に起こることという意味で使われる場合が少なくない。

7.2 デフレ・ギャップ

　不況と物価下落が同時に発生する原因は，需要側に求めることができる。図13-3で示されているように，各財・サービス市場で需要曲線が左にシフトする場合，均衡が E_0 から E_1 へと変化する結果，価格と生産量がいずれも下落する（$P_0 \rightarrow P_1$ および $Y_0 \rightarrow Y_1$）。このため，総需要が低迷しているとき，経済全体でみた需要と潜在的な供給のバランスが崩れ，物価と総生産が下落してデフレが発生する。

　実際の総需要が一国の潜在的な供給力（潜在 GDP）を下回り，「潜在 GDP ＞総需要」となっている状態が，第12章第1節で説明した「デフレ・ギャップ」が発生している状況に対応する。デフレ・ギャップの拡大は，商品の在庫の増大や雇用の減少（失業者増大）とも関係し，デフレが継続する要因となる。

　なお，不況と物価下落が発生する状況では，株式や債券，不動産など資産価格が継続的に下落する「資産デフレ」が同時に起こっていることが多い。資産

図 13-3 需要減少による物価の下落

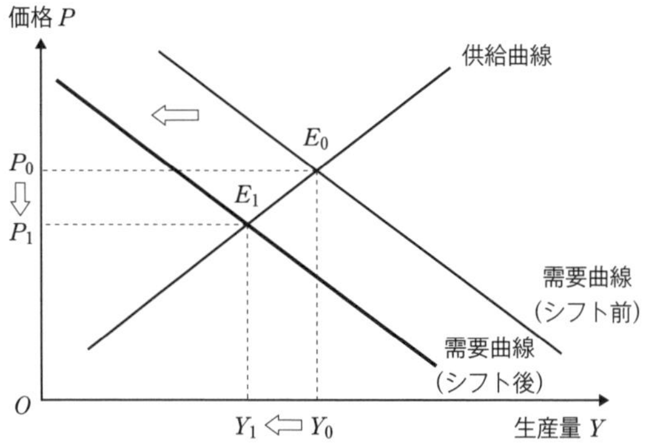

価格 P

供給曲線

E_0

P_0

E_1

P_1

需要曲線
（シフト前）

需要曲線
（シフト後）

O $Y_1 \Leftarrow Y_0$ 生産量 Y

デフレが発生した場合，保有する資産価格（地価，株価）の下落により，企業や家計にキャピタル・ロス（含み損）が発生し，その結果，企業の投資意欲や家計の消費が抑制され，不況と物価下落をさらに深刻化させる。しかし，通常，資産デフレは，デフレの概念に含まれない。

7.3 デフレ・マインド

1.3でみたように，人々のインフレ期待（期待インフレ率）は物価の動向に影響を与える大きな要因である。インフレ期待が高ければ，インフレが起こりやすくなる。逆に，インフレ期待が低下すれば，物価は上昇しにくくなる。インフレ期待が高まらない限り，人々の需要行動や供給行動は値上げに対して消極的となり，デフレを生み出す要因となる。

今後物価が上がりにくいという期待が広がると，消費者は値上げされた財・サービスの購入を控える傾向にあり，その結果，財・サービスを販売する企業は価格の据え置きや値下げを行わざるをえなくなる。労働市場でも，インフレ期待が高まらなければ名目賃金を引き上げることは難しく，このため，名目賃金の上昇を価格に転嫁するコスト・プッシュ・インフレは起こりにくくなる。

今後の経済状況があまりよくないと悲観的に考える人々の心理や行動様式は，「デフレ・マインド」とよばれる。一般に，デフレの原因となる低いインフレ期待は，デフレ・マインドに起因することが多いことが知られている。足元の経済状況がある程度回復しても，将来を不安に思う限り，消費者は節約や貯蓄をしてお金をあまり使わないようにしようする一方，企業側も商品を安く売る

ために人件費や設備投資を削減し，収益を将来のために内部留保として蓄える。デフレ時代に染みついたこのようなデフレ・マインドが，インフレ期待を低迷させることで，物価の低迷を長引かせる傾向にあるといえる。

　人々のデフレ・マインドを払拭し，インフレ期待を高めるうえでは，中央銀行の役割に期待する声は少なくない。中央銀行が，物価が持続的に上昇するまで金融緩和政策を継続することを公約（コミットメント）する「フォワードガイダンス」は，そのようなデフレ・マインドを払拭する手段である（第15章第6節）。確かに，金融緩和政策で市場に出回る貨幣供給量が増加すれば，物価は上昇しやすくなる。しかし，金融政策は，高まったインフレ期待を抑制するうえでは有効だが，低迷したインフレ期待を高めるには限界があることが知られている。とくに，名目利子率がゼロにまで低下した流動性のワナの状況では，中央銀行が市場に出回る貨幣供給量を大胆に増加させても，人々のデフレ・マインドを払拭し，インフレ期待を高めることは容易ではない。

8　デフレのコスト

8.1　メニュー・コストと靴のコスト

　一般物価水準の継続的変化という点では，インフレとデフレは対称的である。しかし，インフレとデフレがそれぞれもたらすコストは，常に対称的というわけではない。たとえば，「メニュー・コスト」を考えてみよう。第4節で説明したように，メニュー・コストは，価格改定によって生ずるコストである。このようなコストは，価格が上昇する場合だけでなく，価格が下落する場合にも同様に発生する。したがって，メニュー・コストは，インフレだけでなく，デフレによっても上昇することになる。

　一方，「靴のコスト」は，インフレの場合とは対照的に，デフレが発生した場合に小さくなる。これは，物価が下落すると貨幣の実質価値が上昇するため，デフレ下では人々は手持ちの現金の量を減らす必要がなくなるからである。とくに，第10章で説明したように，名目利子率 i がゼロのとき，貨幣保有の機会費用は最小となる。このため，フリードマンは，「名目利子率＝実質利子率＋インフレ率」であることから，緩やかなデフレによって名目利子率 i をゼロに誘導する（すなわち，インフレ率＝－実質利子率<0とする）ことが望ましいと，その「最適貨幣量の理論」で主張した。

もっとも，前節でみたように，デフレは不況を伴って発生することが多いため，フリードマンの「最適貨幣量の理論」のように，デフレが常に望ましいとする主張は今日ではむしろ少数派である。とくに，予想されないインフレが所得分配上でさまざまなコストをもたらしたのと同様に，デフレも所得分配上の歪みを経済に発生させ，経済活動に非効率性を生み出すと考えられている。

8.2　デフレと実質利子率

　以下ではまず，デフレが実質利子率にもたらす影響を考えてみよう。すなわち，「事後の実質利子率 ＝ 名目利子率 － 実現したインフレ率」という関係から，同じ名目利子率であっても，予想されない物価の下落が大きければ大きいほど，その事後の実質利子率は高くなる。このため，デフレに応じて名目利子率が下落しない限り，デフレが発生すると，事後的にはその分だけ借り手が支払わなければならない利子率が実質的に増加することになる。すなわち，予想されないデフレは，借り手の所得を減らし，その分その資金の貸し手の所得を増加させるという所得移転をもたらす効果がある。

　もっとも，インフレの場合とは異なり，デフレの場合には，名目利子率がゼロまで下落した際には，仮にそれが予想されたものであったとしても，同様の所得分配効果をもたらす。これは，名目利子率には，それがゼロより下落することがない「名目利子率の非負制約」があるからである（第12章第10節を参照）。すなわち，名目利子率がゼロにまで下落したとき，仮にデフレがあらかじめ予想され，期待インフレ率がマイナスになった場合でも，名目利子率はゼロ未満には下落しないため，事後の実質利子率だけでなく，事前の実質利子率も高止まりしてしまうことになる。このため，第15章でみるように，名目利子率の非負制約のもとでは，伝統的な金融緩和政策は有効でなくなり，事前の実質利子率が高止まりして経済の低迷が続く傾向があることが知られている。

8.3　デフレと実質賃金

　同様の所得の移転は，実質賃金 $\frac{W}{P}$ に関しても成立する。すなわち，不況下では，労働生産性も低下するため，実質賃金は引き下げなければならない。しかし，インフレの場合と対称的に，名目賃金が雇用契約を結ぶ際にあらかじめ決定されている限り，予想されないデフレが発生すると，事後的にはその分だけ企業が労働者に支払うべき実質賃金が高止まりする。したがって，予想され

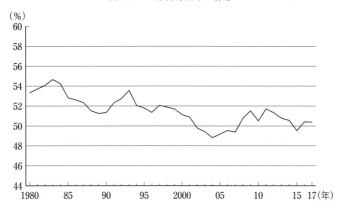

図13-4　労働分配率の推移

注：労働分配率＝名目雇用者報酬／名目GDP。
出所：内閣府「国民経済計算」。1993年まで平成12年基準（93 SNA），
　　　94年以降平成17年基準（93 SNA）。

ないPの下落によって労働者を雇用する企業側はロスを被り，その分が労働者への所得移転が発生する。とくに，名目賃金に下方に硬直性がある場合，デフレ下では実質賃金が本来下落すべき水準まで下落せず，企業側のロスが拡大する傾向が大きくなる。

　もっとも，予想されない物価の下落によって実質賃金が高止まりする場合でも，すべての労働者が潤うわけではない。これは，予想されない物価の下落によって，すでに企業に雇われている労働者（インサイダー）の実質賃金は高止まりする傾向にある一方，それ以外の労働者（アウトサイダー）の実質賃金は逆に下落する傾向にあるからである。すなわち，インサイダーに対する実質賃金の高止まりは，企業収益を圧迫することで，新規の労働需要を減少させる。その結果，新卒者や求職者などのアウトサイダーは，仮に仕事を得たとしても，その実質賃金は低くなる傾向にあると考えられる。また，インサイダーに対する実質賃金の高止まりが極端に企業収益を悪化させる場合には，アウトサイダーの就職難だけでなく，インサイダーの雇用調整や賃金カットも行われることが少なくない。このため，長引くデフレ下では，企業側がロスを被るだけでなく，労働者の側もさまざまな形で不利益を被る可能性が高くなる。

　図13-4は，1980年以降，わが国で労働分配率（一国が生産した付加価値全体のうち労働者に分配された比率）がどのように推移したのかを示したものである。

労働分配率は，バブルが崩壊し，デフレの傾向が現れるようになった 1990 年代前半には一時的に上昇した。しかし，デフレが長期化した 2000 年代には，リーマン・ショックの影響で企業の利益が大幅に落ち込んだ 09 年を除き，労働分配率の下落が顕著である。長引くデフレは，実質賃金の高止まりで得をするはずであった労働者にも悪影響を及ぼすこととなった。

9　デフレ・スパイラル

　これまでの節でみてきたように，デフレはまずは実質利子率や実質賃金の高止まりの原因となる。しかし，デフレが長引くにつれて，実質利子率の高止まりによって設備投資が抑制される一方，実質賃金の高止まりによって雇用が抑制されるなど，企業や家計の経済活動にさまざまな悪影響が及ぶようになる。

　予期せぬデフレによって，まず悪影響を受けるのは負債残高の多い企業である。これは，実質利子率の高止まりの影響がもっとも大きいのは，借り入れの多い企業だからである。しかし，前節でもみたように，企業の利益が減ると雇用を維持する余力が低下するので，結果的には失業者が増えるなど，労働者にもさまざまなマイナスの影響が生まれる。また，企業の利益が極端に減ると，借金の返済が困難になるため，実質利子率の高止まりで恩恵を被るはずの銀行など貸し手も，貸し出しが不良債権化するなど，マイナスの影響が出てくる。

　第 7 節でみたように，デフレは通常，経済全体に供給過多・需要不足が起こる不況期に発生する。したがって，デフレが発生する時期は，生産者の利益が減り，失業や不良債権が増える傾向にある。しかし，上述のように，賃金や利子率の調整が行われない場合，デフレそれ自体が，負債残高の多い企業の業績を圧迫し，労働者の雇用や不良債権問題に悪影響を与える傾向にある。その結果，デフレが発生するとこれまで以上に供給過多・需要不足が発生し，それにより新たに深刻なデフレが発生することになる。すなわち，デフレ下では，「不況→デフレの発生→不況の深刻化→デフレの深刻化→不況の深刻化→……」といった「デフレ・スパイラル」とよばれる悪循環が進む可能性がある。

　とくに，深刻なデフレが生じると，債務負担が増大する結果，借り手企業の業績に深刻な悪影響が生まれる。その結果，経営危機に追い込まれた借り手企業は，借金返済のために何とか資金を確保しようと，商品や手持ち資産の投げ売りを始め，デフレをさらに深刻化させることが少なくない。また，借り手企

業の経営危機で，借金の返済が滞ったり，倒産で借金の返済が不能になったりすれば，貸し手の不良債権が増加し，銀行など貸し手自体の経営も悪化する。その結果，第7章で説明した貸し渋りや第8章で説明した追い貸しがそれぞれ発生するなど，経済のさらなる停滞をもたらすことになる。このように，企業の債務負担の増大がデフレの進行を通じて経済停滞を招く現象は，「負債デフレ」とよばれる。負債デフレの理論は，戦前のデフレ不況である世界恐慌の時代に，フィッシャー（I. Fisher）が理論的に明らかにした。

■ 関連文献の紹介 ■

本章で取り扱ったテーマの多くは，標準的なテキストで取り扱われている。たとえば，以下のものが参考になる。

福田慎一・照山博司『マクロ経済学・入門（第5版）』有斐閣，2016年
　⇒第9章で，インフレやデフレに関して平易な解説を行っている。

また，専門書であるが，以下のものも参考になる。

吉川洋『デフレーション──“日本の慢性病”の全貌を解明する』日本経済新聞出版社，2013年
　⇒なぜ日本だけがデフレに悩んでいるかなど，日本のデフレ現象の原因を著者独自の観点から一般向けに解説した本である。

神津多可思『「デフレ論」の誤謬──なぜマイルドなデフレから脱却できなかったのか』日本経済新聞出版社，2018年
　⇒バブル崩壊以降，日本経済のマイルドなデフレが続いたのはなぜなのかを論じている。

第14章
インフレ下での経済政策

Summary

　本章では，物価が変動する際の経済政策の有効性を，失業率とインフレ率との関係を示すフィリップス曲線を中心に検討する。フィリップス曲線は，1970年代になると安定した関係が失われるようになってしまった。本章では，この統計的事実を説明するために自然失業率仮説を紹介し，その経済政策への含意を合理的期待形成仮説や動学的不整合性という観点から説明する。

1 フィリップス曲線

1.1 失業と名目賃金変化率の関係

第12章で取り扱ったIS-LM分析に代表されるように，伝統的なケインズ経済学では，物価が硬直的な世界を前提に，経済政策の有効性を議論してきた。しかし，第13章でみたように，現実の経済ではインフレやデフレがしばしば発生し，さまざまな弊害を経済にもたらす。そこで，本章では，インフレなど物価の変動が存在する際の経済政策の有効性を，「フィリップス曲線」を中心に検討する。

フィリップス曲線は，当時ロンドン大学の教授であったフィリップス（A. W. Phillips）が1958年に発表した「英国における失業と貨幣賃金変化率との関係」という論文に由来する。この論文で，フィリップスは，英国のほぼ100年にわたる長期の時系列データを用いて，名目賃金上昇率を縦軸に，また失業率を横軸にとり，その平面に各年の実現値をプロットした結果，両者の間には負の相関関係が存在することを明らかにした。

負の相関関係は，名目賃金が，労働市場の需給が逼迫して失業率が低いときにより大きく上昇する一方，労働市場の需給が緩くて失業率が高いときは上昇しにくいことを反映したものと考えられる。失業率は好況のときに低く，不況のときに高くなる傾向にある。このため，フィリップス曲線は，名目賃金が，好況のときに大きく上昇し，不況になると上昇しにくくなることを示しているともいえる。

1.2 物価版フィリップス曲線

しかし，最近では，フィリップス曲線は，図14-1のように失業率 U とインフレ率 $\left(\pi = \dfrac{\Delta P}{P}\right)$ との間の右下がりの関係を表す「物価版フィリップス曲線」をさすことが多くなっている。名目賃金上昇率とインフレ率との間には強い正の相関関係があるので，フィリップスが指摘した関係と物価版フィリップス曲線は，基本的には同じ関係を表しているといえる。しかし，経済政策という観点からは，名目賃金率の上昇率よりも，一般物価水準の上昇率であるインフレ率の方がより意味があるので，以下では物価版フィリップス曲線をフィリップス曲線とよび，議論を進めることにする。

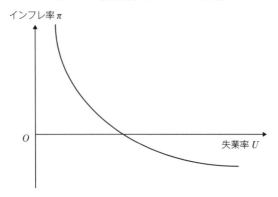

図14-1 （物価版）フィリップス曲線

　政府にとって，インフレ率と失業率を低くすることは，マクロ経済政策の重要な目標である。しかし，フィリップス曲線は，雇用（ないし景気）と物価上昇との間には，失業を減らそうとすればその分だけインフレが発生するという「トレードオフ」の関係があることを示すものであった。このため，フィリップス曲線が明らかになって以降，政府は，経済政策によって高い雇用の水準と物価安定とを同時的に追求することはできず，両者のトレードオフの関係を考慮して行う必要があるという主張が一般的となった。

2　政府の損失最小化問題

2.1　政府の損失関数
　伝統的なフィリップス曲線では，図14-1のように，失業率とインフレ率の間に負の相関関係がある。したがって，失業率 U とインフレ率 π との間に，線形の（直線で表される）関係があるとすると，

$$U = U_0 - k \cdot \pi \quad （ただし，U_0 > 0, \ k > 0） \tag{1}$$

という式が成立する。
　一方，政府にとって経済政策の目標は，インフレ率と失業率を低くすることである。したがって，社会的に望ましい失業率を U^*，望ましいインフレ率を π^* とそれぞれ表すと，政府の損失関数 L は，

$$L = (U - U^*)^2 + \alpha(\pi - \pi^*)^2 \quad (\text{ただし，} \alpha > 0) \tag{2}$$

と書き表すことができる。

政府は，フィリップス曲線(1)式の制約のもとで，この損失関数を最小化するように，インフレ率 π を決定する。この最小化問題は，(1)式を(2)式に代入し，それを π で微分する $\left(\frac{\partial L}{\partial \pi} = 0 \right)$ ことで解くことができ，その結果，フィリップス曲線(1)式の制約の下での最適なインフレ率は以下のようになる。

$$\pi_1 = \frac{k(U_0 - U^*) + \alpha\pi^*}{k^2 + \alpha} \tag{3}$$

社会的に望ましい失業率 U^* は U_0 より低いと考えられるので，(3)式の最適なインフレ率はプラスである。また，(3)式から，最適なインフレ率は，U^* が小さければ小さいほど大きくなる一方，π^* が小さければ小さいほど小さくなることもわかる。これは，政府が目標とする失業率が低いほどインフレ率を高くして失業率を下げる必要がある一方で，政府が目標とするインフレ率が低いほどインフレ率を抑制する必要があるからである。

2.2 図による説明

以上の結果は，図によっても確認できる。図では，政府にとってインフレ率と失業率がともにゼロとなるのが最も望ましい（すなわち，$U^* = \pi^* = 0$）ケース，すなわち，損失関数が $L = U^2 + \alpha\pi^2$ となるケースが描かれている。この損失関数に対応する政府の無差別曲線は，図14‐2のように表すことができる。図では，点 A，B，C など，同じ無差別曲線上の点は政府の損失が等しい。しかし，異なる無差別曲線上の点は，原点に近ければ近いほど政府の損失は小さい。したがって，たとえば，図の点 D は点 A，B，C よりも政府にとって望ましい点である一方，点 F は点 A，B，C よりも政府にとって望ましくない点となる。

このとき，政府にとって実現可能な最適なインフレ率は，図14‐3が示すように，無差別曲線 I_1 とフィリップス曲線が接する点 E である。無差別曲線 I_0 上の点は，I_1 上の点よりも政府の損失は小さいが，フィリップス曲線と交わらないため政府にとって実現可能でない。一方，無差別曲線 I_2 とフィリップス曲線が交わる点 G や H は政府にとって実現可能だが，無差別曲線 I_2 が I_1 より原点から離れているため，政府の損失は大きい。したがって，接点 E における π_1 と U_1 が政府にとって実現可能な最適なインフレ率と失業率の組み合わせ

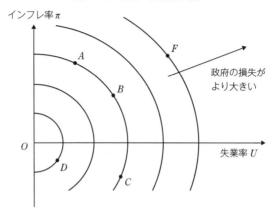

図 14 - 2 　政府の無差別曲線

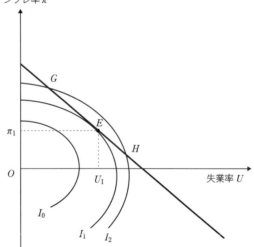

図 14 - 3 　フィリップス曲線の下での最適なインフレ率

となる。

3 　自然失業率仮説

3.1 　フィリップス曲線の不安定化

フィリップス曲線が注目されるようになった当初は，このような右下がりの

関係は安定的である（すなわち，時間を通じて変化しない）と考えられていた。実際，米国や日本をはじめとするその他の国々でも，失業率とインフレ率との間に，英国と同様の右下がりの関係が存在することが確認された。しかし，このような安定的な右下がりのフィリップス曲線が多くの先進諸国で観測されたのは 1960 年代までであった。そして，1970 年代になると各国で計測されたフィリップス曲線はしばしば垂直な形状を示すようになり，以前のような失業率とインフレ率との間のトレード・オフの関係が失われるようになってしまった。

　従来は安定的であった右下がりのフィリップス曲線がなぜ垂直となったのかという統計的事実を説明するために，フリードマン（M. Friedman）は「自然失業率」の概念を導入した。ここで，自然失業率とは，「労働市場において需要と供給がバランスしている状況のもとでも依然として存在する失業率」のことをさす。したがって，自然失業率には，現行賃金や職種では働く気がない「自発的失業」，規制など制度的要因で発生する「構造的失業」，転職などの際に一時的に発生する「摩擦的失業」は含まれる。しかし，どんな賃金でも働きたいのに働けない非自発的失業は，構造的失業や摩擦失業以外は，自然失業率に含まれない。

　フリードマンは，自然失業率は，経済構造や経済制度によって一意的に決まるため，貨幣供給量の増加によってインフレが発生しても変動しないと考えた。その一方で，短期的にはインフレ率が変化することによって「貨幣錯覚」が発生し，それによって失業率がこの自然失業率から離れて変動すると主張した。これが，「自然失業率仮説」である。実物的景気循環（リアル・ビジネスサイクル）理論のように，経済の構造変化が自然失業率を変化させることによって経済変動が発生するという考え方も近年では有力となりつつある。しかし，以下では，簡単化のため，自然失業率は時間を通じて変化しないものとして，議論を進めることにする。

3.2 貨幣錯覚

　自然失業率仮説とはどのようなものかを理解するため，はじめに失業率が自然失業率に等しい状態にあったとしよう。このとき，総需要を拡大するために貨幣供給量を増加させる金融政策がとられたとすれば，財市場に超過需要が発生し，インフレが発生する。インフレがあらかじめ予想されたもので，発生したインフレの原因が純粋に貨幣供給量の変化によることをすべての人々が知っ

ているならば，実質賃金は変化しないので，貨幣供給量の増加は労働の需給に影響を与えない（すなわち，「貨幣の中立性」が成立する）。

ところが，多くの場合，企業や労働者は，一般物価水準の動向について瞬時には正確な情報を得ることができず，これら貨幣的なインフレの一部が生産性の変化や需要パターンの変化といった他の諸要因によって引き起こされたものと錯覚する傾向にある。これが，「貨幣錯覚」とよばれるもので，その結果，人々が予想するインフレ率（期待インフレ率）が実際のインフレ率よりも低くなることによって，本来であれば中立的であるはずの貨幣供給量の変化が，労働需要や労働供給を変化させてしまう。

3.3 短期のフィリップス曲線

たとえば，貨幣供給量が増加した結果，名目賃金 W だけでなく，すべての物価 P が同じ率で上昇している状況を考えよう。このとき，仮に各労働者が自分の受け取る名目賃金の上昇についてはすぐに知ることができるけれども，一般物価水準の上昇については認識することができないとすると，実際は実質賃金が $\left(\dfrac{W}{P}\right)^*$ のままなのにもかかわらず，労働者は現在の名目賃金の上昇を実質賃金の上昇と錯覚することになる。したがって，労働供給が錯覚した実質賃金に基づいてなされる限り，このような貨幣錯覚は，図14-4のように実際の実質賃金に対する労働供給曲線を右方にシフトさせ，その結果，雇用量は N_0 から N_1 へ増大し，失業率は減少することになる。

類似の効果は，各企業が現在の自社の製品価格上昇はすぐに知ることができるが，一般物価水準の上昇については認識することができない場合にも発生する。この場合，各企業は自社の製品価格のみが上昇したものと錯覚し，自社の生産を増やす。このため，企業の労働需要曲線が右方にシフトし，その結果，雇用量は増大して，失業率が減少することになる。

これらの結果は，労働者や企業が貨幣錯覚を起こしている場合，貨幣供給量の変化によって発生したインフレであっても，失業率と負の相関関係をもつことを示している。このようなインフレ率と失業率の間の右下がりの関係は，貨幣錯覚が持続する短期にのみ成立するものなので，自然失業率仮説では，とくに「短期フィリップス曲線」とよばれている。

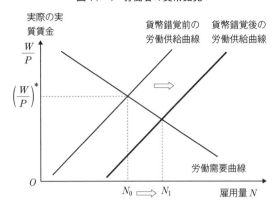

図 14 - 4　労働者の貨幣錯覚

4　長期フィリップス曲線

4.1　フィリップス曲線のシフト

　自然失業率仮説では，インフレ率と失業率の間の右下がりの関係は一時的（短期的）なものにすぎない。というのは，時間が経つにつれて，各企業は現在の自社の製品価格上昇が自社の製品のみに特有のものではなく，一般物価水準の上昇によるものであることに気づくし，また労働者の方も現在の各自の名目賃金の上昇は一般物価水準の上昇と同時に進行していることに気づくと考えられるからである。したがって，貨幣錯覚による雇用量の変化は一時なものにすぎないことになり，失業率はやがて自然失業率の水準に戻ることになる。

　以上のことは，図 14 - 5 を使って説明することができる。たとえば，はじめに，失業率が自然失業率 U_N に等しく，現実のインフレ率および人々の期待インフレ率がともにゼロであったとしよう。このとき，短期フィリップス曲線は P_0 で，貨幣供給量が増加してインフレ率が π_1 まで上昇したとすると，期待インフレ率が変化しない限り個々の企業や労働者は貨幣錯覚を起こすことになる。このため，失業率は短期のフィリップス曲線 P_0 に沿って U' へと減少し，この状態（点 A）は，人々の期待インフレ率がゼロのままである限りにおいて持続する。

　しかし，現実の物価水準が人々の予想を持続的に上回って上昇しているなら

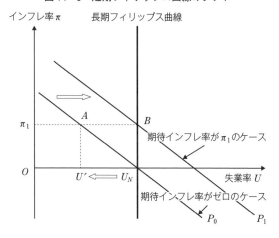

図 14 - 5　短期フィリップス曲線のシフト

ば，人々の期待インフレ率もいずれは修正されると考える方が自然である。したがって，現実のインフレ率が π_1 のもとでは，人々の期待インフレ率も徐々に π_1 に近づくように上方修正されていく。その結果，徐々に貨幣錯覚は解消され，やがては失業率も自然失業率 U_N の水準に戻り，新たな均衡が点 B となるように短期フィリップス曲線は P_1 へとシフトする。

4.2　長期のフィリップス曲線

　以上の結果は，インフレ率を π_1 にするような金融政策は，貨幣錯覚が修正される長期には，もはや失業率を自然失業率以下に減少させることができないことを意味している。そしてこの場合，政府当局がどうしても失業率を自然失業率 U_N より低い水準に減少させたければ，インフレ率をよりいっそう上昇させ，新たな貨幣錯覚を生み出さなければならない。しかし，新たな貨幣錯覚もやはり短期的に維持されるにすぎず，人々の貨幣錯覚がさらに修正されるにつれて，失業率はやがて自然失業率へと戻るであろう。すなわち，短期的には右下がりとなるフィリップス曲線は，結局のところ右上方にシフトしていき，失業率を自然失業率より低く抑えようとする金融政策は，単に加速的な物価の上昇を生み出すだけということになる。

　したがって，自然失業率仮説では，失業率に影響を与えるインフレは，貨幣錯覚を発生させる予想されないインフレである。自然失業率仮説のもとでは，

予想されたインフレと失業率との間には何らかの安定的な右下がりの関係も存在せず，失業率を自然失業率以下に保とうとする金融政策は結果的にインフレを加速するのみであることになる。

このようなインフレ率と失業率の長期的な関係を図14-5に描くと，期待インフレ率が実際のインフレ率と一致する長期には，フィリップス曲線は自然失業率 U_N のもとで垂直となる。この垂直なフィリップス曲線は，とくに「長期フィリップス曲線」とよばれる。

5 合理的期待形成仮説

第2章で説明した期待効用仮説では，各経済主体は利用可能な情報を使って将来各事象がどのような確率で発生するかの主観的確率を想定し，それに基づいて形成された予想（期待）によって意思決定を行うものと考えた。ルーカス（R. Lucas）やサージェント（T. Sargent）らによる「合理的期待形成仮説」は，このような主観的確率に基づく意思決定の考え方を使って自然失業率仮説を拡張することで，「いくつかの前提条件のもとでは，予想された金融政策は短期的にも有効ではない」という結論を導き，伝統的なケインズ経済学の主張を否定した。

ここで，合理的期待形成仮説のいくつかの前提条件とは，①企業や家計がマクロ経済の構造について利用可能なあらゆる情報を最大限に用いて期待を形成していること，②民間と政策当局の間には全く情報量の差がなく，企業や家計が政府の政策決定ルールを完全に知っていること，③自然失業率仮説が成立していること，などである。前提条件①と②がともに満たされるならば，人々は貨幣錯覚を一時的にも起こさない「合理的」なものとなるので，自然失業率仮説が成立している限り，雇用量（あるいは失業率）は金融政策には全く依存しない形で決定されることになる。

厳密に考えれば，合理的期待形成仮説が想定する前提条件が現実の世界において成立しているとは考えにくい。しかし，合理的期待形成仮説の結論が，弱い意味では成立していると考えている人々は少なくない。たとえば，政策当局が何らかの形で政策の変更を行った場合，企業や家計は何らかの形でその政策を予想し，それに応じて自らの行動パターンを改めることはごく自然な行為である。また，同じ政策であっても初めて行う場合と2度目とでは，人々の受け

止め方や期待が異なるので，その政策効果は当然異なってくる。

　ルーカスは，フィリップス曲線の国際比較を行い，過去にインフレの分散が大きい国ほど，フィリップス曲線は垂直であることを示した。過去にインフレの分散が大きい国では貨幣錯覚の修正が速やかに行われているため，それに対応したフィリップス曲線は垂直となるというのが，ルーカスの考え方である。

　1970年代になってフィリップス曲線が上方にシフトしたという統計的事実も，インフレをこれまで引き起こしてきた拡大政策に対して，人々が合理的にインフレ期待を形成したことによると考えられる。人々が合理的に期待を形成している場合，政策当局は，人々が政策の変更に応じてその行動パターンを変化させることまで考慮に入れて経済政策を行わねばならなくなる。

6　動学的不整合性

6.1　動学的不整合性とは？

　政府の経済政策は，一定の条件のもとで，有効である。しかしながら，仮に経済政策が有効であったとしても，それが適切に運営されるかどうかは別の問題である。とくに，政策当局者の目標が必ずしも社会全体の目標と一致しない場合，実施される政策が長い目でみた場合に望ましい政策とはいえなくなる場合も少なくない。

　その1つの例が，キッドランド（F. Kydland）とプレスコット（E. Prescott）が指摘した経済政策における「動学的不整合性」（time-inconsistency）の問題である。これは，「人々が期待を合理的に形成するとき，政策を実行する前（事前）には最適である政策が，実際に政策を行う段階（事後）では必ずしも最適ではなくなること」をさす。このような動学的不整合性の問題が発生する例としては，①堤防建設の例，②特許の例，③フィリップス曲線の例，の3つが有名である。この節では，このうち①と②を簡単に説明し，③については次節で詳しく述べることにする。

6.2　堤防建設の例

　いま，洪水が頻繁に発生する川に，政府が膨大な費用をかけて堤防を建設するかどうかという問題を考えよう。この川の近くは地価が安く，仮に堤防が近い将来に造られるのであれば多くの住民がそこに住みつくことになる。しかし，

堤防が造られなければ，危険であるため住民はそこには住むことがない。

この場合，政府にとって長い目でみた場合に最適な政策は，住民が川の近くに住まず，そのため膨大な費用をかけて堤防を建設しないですむということである。しかしながら，ひとたび住民が川の近くに住み始めた場合，政府の最適政策は堤防を建設することに変わる。これは，もし洪水が発生して川の近くに住む人々に大きな被害が発生した場合，政府はその責任を追及され，堤防建設にかかる費用よりもはるかに大きいコストを被ると考えられるからである。

このため，このような政府の考え方を知っている民間の人々は，地価の安い川の近くに住み始めることになる。なぜなら，川の近くに住むことは堤防がなければ危険であるが，洪水による災害を恐れる政府は必ず堤防を建設して災害の可能性を取り除いてくれると合理的に予想するからである。この結果，政府にとって（そして，おそらく社会的に）望ましくない状態が達成される。すなわち，長い目でみて効率的な（事前に）最適な状態は，住民が川の近くに住まず，堤防も建設しないことであるにもかかわらず，事後的に実現する状態は，人々が川の近くに住み始め，政府が堤防を大きなコストをかけて建設することになるのである。

6.3 特許の例

特許制度は，民間企業の研究開発を促進するうえで必要な制度である。というのは，仮にこの特許制度がない場合，各民間企業が開発した技術は他の企業に無料で模倣されてしまうため，大きな費用をかけて研究開発をするメリットがなくなってしまうからである。しかしながら，ひとたび新技術が開発されると，特許制度は社会的にみて必ずしも望ましい制度とはいえなくなる。これは，新技術は本来，多くの人々に利用されることが望ましいが，特許が存在するとそのような幅広い新技術の利用が阻害されてしまうからである。したがって，企業が新技術を開発した後の政府の最適な政策は，新技術を開発した企業に特許を与えないこととなる。

しかし，仮に民間企業がこのような政府の政策のあり方を合理的に予想するとすれば，それ以前の研究開発が進まなくなってしまう。なぜなら，合理的な民間企業は，仮に新技術を開発しても特許が与えられないと予想して，研究開発のインセンティブを失ってしまうからである。そして，長い目でみて経済の発展に必要な（すなわち，事前には望ましい）研究開発が，事後的には経済全体

として停滞してしまうこととなる。

7 フィリップス曲線の例

7.1 自然失業率仮説とフィリップス曲線

マクロ経済学のなかで動学的不整合性の問題が重要となる代表的な例が，自然失業率仮説を前提としたフィリップス曲線の例である。第4節で説明したように，自然失業率仮説のもとでは，フィリップス曲線は長期的には自然失業率のもとで垂直となるが，人々の期待インフレ率を一定とした短期では右下がりの曲線である。また，この短期のフィリップス曲線は，人々の期待インフレ率が高まるにつれて，右上方へシフトするという性質をもっている。

一方，合理的期待のもとでは，人々は常にその期待インフレ率が実際のインフレ率と乖離しないように，自らの期待インフレ率を決定する。したがって，人々の抱く期待が合理的である限り，フィリップス曲線は垂直であり，あらかじめ予想されたインフレは雇用量や生産量には何ら影響を与えない。唯一，人々によって予想されないインフレが短期のフィリップス曲線に沿って失業率を減少させ，生産量を拡大するという性質をもっている。

したがって，失業率を U，インフレ率を π，期待インフレ率を π^e と表し，その関係が線形である（直線で表される）とすると，自然失業率仮説のもとでのフィリップス曲線は，

$$U = U_N - k(\pi - \pi^e) \quad （ただし，k > 0） \tag{4}$$

という式で書き表されることになる。このフィリップス曲線は，自然失業率仮説のもとでは，あらかじめ予想されないインフレ（$\pi - \pi^e$）のみが，失業率を自然失業率 U_N 以下に引き下げることを示している。

7.2 短期フィリップス曲線と政府の行動

いまこのようなフィリップス曲線を前提とした経済において，政府が雇用の拡大（あるいは失業の減少）とインフレ率の抑制という2つの政策目標をもっているとする。このとき，政府が人々の期待インフレ率は変化しないものとして自らの目標を最大にするように行動した場合，どのような状態が実現されるであろうか。これを調べるため，政府にとってインフレ率と失業率がともにゼ

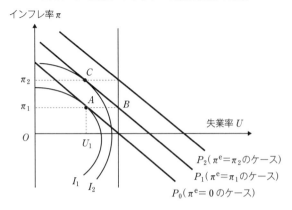

図14-6　短期フィリップス曲線と政府の行動

ロとなるのがもっとも望ましいとして，まずは図を用いて，事後的に実現する
均衡を考えてみよう。

　はじめに，政府が人々の期待インフレ率 π^e がゼロであるものとして，自ら
の政策目標を最大にするケースを考えてみよう。この場合，政府にとって
$\pi^e=0$ のもとでの短期フィリップス曲線 P_0 は所与となるので，政府は図14-6
のように，この短期フィリップス曲線 P_0 に政府の無差別曲線 I_1 が接する A 点
まで（すなわち，$\pi=\pi_1$ まで）インフレ率を高めることになる。

　しかし，このような A 点は人々が合理的である限り実現しない。というの
は，合理的な人々は政府がこのような行動をとることはわかっているので，期
待インフレ率 π^e を A 点における実際のインフレ率 π_1 まで高めるからである。
仮に人々がインフレ期待を π_1 まで高めた場合，短期フィリップス曲線は P_0 か
ら P_1 へと右上方へシフトする。そしてこの場合，A 点はもはや政府にとって
実現可能な点ではなくなる。

　新たな短期フィリップス曲線 P_1 のもとで政府にとって実現可能な点は P_1
上になければならない。このとき，$\pi^e=\pi_1$ なので，インフレ率が π_1 ならば実
現する点は B 点となり，失業率は自然失業率と一致する。しかし，政府にと
って最適な点は，シフトした後の短期フィリップス曲線 P_1 に政府の無差別曲
線 I_2 が接する C 点となる。ただ，A 点と同様，この C 点も，人々がやがて期
待インフレ率を π_1 から π_2 へ修正し，短期フィリップス曲線が P_1 から P_2 へ
と右上方へとシフトすると，実現可能な点ではなくなる。

7.3 長期的に実現する政府の行動

それでは，どのような点が長期的に（事後的に）実現するのであろうか。図14-7で示されるように，そのような点は短期フィリップス曲線と政府の無差別曲線 I_∞ の接点が長期フィリップス曲線上にある E 点である。というのは，E 点は，政府にとって $\pi^e = \pi_\infty$ のときの短期フィリップス曲線 P_∞ が与えられたもとで最適な点であると同時に，実際のインフレ率が期待インフレ率と一致していることから人々にとっても期待インフレ率を修正する必要のない点だからである。

しかし，E 点は，長期フィリップス曲線上で実現可能なインフレ率と失業率の組み合わせのなかで，政府にとって望ましい点ではない。というのは，E 点はインフレ率がゼロの E_0 点と比べて，失業率は同じ U_N であるのにもかかわらず，インフレ率がはるかに高いという意味で，明らかに政府にとって望ましくないと考えられるからである。実際，E 点に対応する政府の無差別曲線 I_∞ は，E_0 点に対応する政府の無差別曲線 I_0 よりも原点から遠く，その分，政府の損失は大きくなっている。

以上の結果は，第2節のように式を使って示すこともできる。いま政府の損失関数が

$$L = U^2 + \alpha\pi^2 \tag{5}$$

と書き表せるとしよう。このとき，政府は，短期的には期待インフレ率 π^e を

図 14-7 　動学的に整合的な政府の行動

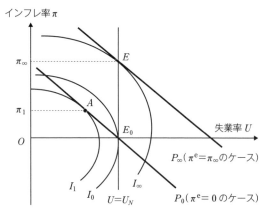

所与として，フィリップス曲線(4)式の制約のもとで，この損失関数を最小化するように，インフレ率 π を決定する。この最小化問題は，(4)式を(5)式に代入し，それを π に関して微分する $\left(\frac{\partial L}{\partial \pi}=0\right)$ ことから求められ，最適なインフレ率は以下のようになる。

$$\pi = \frac{kU_N + k^2\pi^e}{k^2+\alpha} \tag{6}$$

(6)式は，期待インフレ率 π^e がゼロのとき，第2節の(3)式に $U^*=\pi^*=0$ を代入したものと同じとなる。

　しかし，自然失業率仮説のもとでは，長期的には貨幣錯覚は解消され，期待インフレ率 π^e は実際のインフレ率 π に等しくなる。したがって，長期的に（事後的に）実現するインフレ率 π_∞ は，$\pi^e=\pi$ を(6)式に代入することによって，

$$\pi_\infty = \frac{kU_N}{\alpha} \tag{7}$$

となる。また，$\pi=\pi^e=\pi_\infty$ と(4)式から，このときの失業率 U は自然失業率 U_N に等しくなっていることも確認できる。

　一方，$\pi^e=\pi=0$ のとき，(4)式から，失業率はやはり自然失業率 U_N に等しくなっている。すなわち，政府による損失関数の最小化によって実現するインフレ率と失業率の組み合わせは π_∞ と U_N になるが，そのときの政府の損失は，$\pi^e=\pi=0$ のときに実現する損失よりも，π_∞ がプラスである分だけ大きくなる。以上の結果は，自然失業率仮説のもとでは長期的に失業率が常に自然失業率となることを反映した結果であり，政策を実行する前（事前）に最適である政策が，人々が期待を合理的に形成する長期（事後）では最適ではなくなる動学的不整合性の問題が発生していることを示している。

8　公約と中央銀行の独立性

8.1　なぜ過大なインフレが発生するか？

　前節のフィリップス曲線の例において注目すべき点は，政府がその損失を最小化すると同時に，民間の人々が合理的な期待を形成するように行動した結果，均衡においてインフレ率が必要以上に高くなる非効率性が生ずることである。このように政府が最適な行動をとった結果，逆にインフレ率が必要以上に高く

なってしまう理由は，動学的不整合性の問題が発生しているからである。

　すなわち，政府にとって長期的に最適な状況は，現実のインフレ率も人々の期待インフレ率もゼロとなることである。しかし，ひとたび人々の期待インフレ率がゼロであるとわかると，政府は正のインフレを引き起こすことが望ましくなる。なぜなら，人々の期待インフレ率がゼロである限り，わずかなインフレで失業率を減少させることができるからである。ただ，人々が合理的であれば，政府のこのような行動は完全に予想されてしまう。このため，政府がインフレによって失業を減らしたいと思う限り，人々はあらかじめ政府がこれ以上のインフレを起こしたいと思わなくなるレベルまで期待インフレ率を高めることになる。その結果，短期のフィリップス曲線は右上方へシフトし，長期のフィリップス曲線上で大きなインフレが発生してしまうことになる。

8.2　公約の役割

　このような過大なインフレが起こらないようにする1つの方法は，政府に人々の期待を欺くようなインフレ政策を決して行わないように「公約」（コミットメント）させることである。政府の公約が信じるに足るものであれば，人々はもはや期待インフレ率を高めることはないので，過大なインフレを起こさずにすむというわけである。

　そのような公約の代表的なものが，「インフレ・ターゲット（インフレ目標）」（inflation target）政策である。インフレ・ターゲット政策は，インフレ率に対して中央銀行が一定の範囲の数値目標を定め，それに収まるように金融政策を行うものである。一般に，政府には，失業率を減らし，雇用を安定化させて持続的な経済成長を実現することなど，さまざまな政策目標がある。しかし，前節のフィリップス曲線の例が示すように，政府がインフレ以外の政策目標を追求すると，長期的に過大なインフレが発生してしまう。このため，金融政策を行う中央銀行を政府とは独立の機関と考え，中央銀行の政策目標をインフレ率の安定だけに限定して，長期的な経済の安定を目指すというのが，インフレ・ターゲット政策が採用される理由である。

　たとえば，中央銀行の損失関数が

$$L = \lambda U^2 + \alpha \pi^2 \quad (ただし，1 \geq \lambda \geq 0, \alpha > 0) \tag{8}$$

と書き表すことができるものとしよう。この損失関数は，$\lambda = 1$ のときにのみ，

前節の政府の損失関数(5)式と一致する。

いま中央銀行が，期待インフレ率 π^e を所与として，フィリップス曲線(4)式の制約のもとで，この損失関数を最小化するように，インフレ率 π を決定すると，インフレ率は，

$$\pi = \frac{\lambda(kU_N + k^2\pi^e)}{\lambda k^2 + \alpha} \tag{9}$$

となる。したがって，長期的に（事後的に）実現するインフレ率 π_∞ は，$\pi = \pi^e = \pi_\infty$ を(9)式に代入することによって，

$$\pi_\infty = \frac{\lambda kU_N}{\alpha} \tag{10}$$

となる。

(10)式は，長期的に実現するインフレ率 π_∞ が，中央銀行の損失関数のパラメータ λ が小さければ小さいほど，小さくなることを示している。長期的に実現する失業率は π の値にかかわらず常に自然失業率 U_N であるので，このことは，パラメータ λ が小さければ小さいほど，政府の損失自体が小さくなることを示している。とくに，$\lambda = 0$ のとき，動学的不整合性が存在するもとでも，長期的に実現するインフレ率はゼロとなり，長期的に最適なインフレ率と失業率の組み合わせが実現する。

ここで，注意すべき点は，中央銀行の損失関数を，政府の損失関数と異なるものにすることによって，政府の損失自体がより小さくなっているという点である。すなわち，中央銀行に政府よりもインフレ率の安定を重視することを公約させることで，政府は社会的に望ましい経済状態を長期的に実現できるのである。とくに，インフレ・ターゲット政策は，$\lambda = 0$ のときのように，中央銀行にインフレ率の目標達成のみを公約させることで，より望ましい経済状態を長期的に実現させる手段といえる。

もっとも，仮にインフレ・ターゲット政策が望ましいとしても，中央銀行がいかにインフレ・ターゲットという公約を実現させていくかには，別の問題が存在する。近年では，多くの中央銀行がインフレ・ターゲット政策を導入している。しかし，前章でもみたように，実際のインフレ率は，貨幣供給量以外のさまざまな要因でも変動するため，あまり厳格なインフレ・ターゲットの運用を行うと，経済が短期的に不安定化することも少なくない。このため，インフレ・ターゲットを採用する国々の金融政策も，近年では，中期的な物価と実体

政治的景気循環理論

　マクロ経済学では，景気循環がなぜ発生するかはもっとも重要なテーマの１つである。そうしたなか，景気変動が経済的要因ではなく，選挙という政治的な要因で発生するという考え方が存在している。それが，フィリップス曲線の考え方をもとに提唱された「政治的景気循環理論」である。

　たとえば，ノードハウス（W. Nordhaus）は，米国では大統領選挙が近づくにつれて，失業を減らすためのインフレ政策が実施される傾向にあることを指摘した。これは，次の選挙に勝とうとする現職の大統領が，景気がよくなるとそれだけ次の選挙に勝つ可能性が高くなるため，景気を刺激したいと考えるからである。実際，米国では，４年に１度実施される大統領選挙の前には，インフレ率の上昇と失業率の下落という景気変動が起こる傾向が観察されている。また，大統領選挙の後には，逆に，人々の期待インフレ率が修正されることによって，失業率は自然失業率の水準へと戻り，インフレ率のみが持続する傾向が観察されている。

　ノードハウスの政治的景気循環理論では，各政治家の目的が次の選挙に勝つことにのみあると考えた。これに対して，ヒッブス（A. R. Hibbs）は，政治家の目的は選挙に勝つことだけではなく，その主義主張を実現することにあると考えた。米国では保守的な考え方をもつ共和党と，リベラルな考え方をもつ民主党の二大政党制が確立している。保守的な共和党は，お金持ちや企業サイドの考え方を代弁する政党であり，失業の減少よりも，インフレの抑制が重要であると考えている。このため，共和党の大統領が選ばれたときには，物価水準は安定している一方，失業率は上昇する傾向にある。これに対して，リベラルな民主党は，労働者や低所得者層の考え方を代弁する政党で，多少インフレが発生しても失業を減らしたいと考えている。このため，民主党の大統領が実現したときには，インフレ率が上昇する一方，失業率を減らす政策がとられる傾向がある。

　アレシーナ（A. Alesina）は，ヒッブスの党派的景気循環理論の考え方を拡張し，ノードハウスの政治的景気循環理論を合理的期待形成の立場から再考察した。合理的な人々は，共和党の大統領が当選した場合には，金融引締め政策が実施され，インフレ率が下落すると予想する一方，民主党の大統領が選ばれた場合には，逆に金融緩和政策が実施され，インフレ率が上昇すると予想する。ただし，保守的な共和党とリベラルな民主党のどちらが次の選挙で勝つかは不確実である。このため，大統領選挙前の期待インフレ率は各政党が実施するインフレ率の平均となることが示された。

経済の安定を目指す運営へと変化している。すなわち，近年では，多くの中央銀行は，実体経済の安定にも配慮して，たとえ足許の物価が目標から乖離するようなことはあっても，それを無理に安定化するのではなく，時間をかけて緩やかに安定化することを目指した運営を行うようになっている。

　その一方で，中央銀行は，先行きの物価上昇率の「見通し」を公表し，それとインフレ目標値がずれそうな場合に適切な政策対応を行うと同時に，目標の達成が難しい場合には，それを説明するための仕組みを整備している。第11章で説明した中央銀行の政策の決定内容や決定過程の「透明性」や「説明責任」を高める試みなども，そのような仕組みの整備の1つである。

8.3　中央銀行の独立性

　前項では，動学的不整合性の問題を回避し，過大なインフレを防ぐ1つの方法として，中央銀行による公約の重要性を明らかにした。しかし，公約を実効性のあるものにするには，中央銀行の独立性を確立し，政府から頻繁に介入を受けることがないようにすることが必要である。

　たとえば，インフレはコストが大きいと考えるが，失業を減らすことは必要ないとする人物が金融政策を担当するケースを考えてみよう。この政策担当者にとって，人々を欺いてインフレ政策をとり，失業を減らそうとするインセンティブは存在しない。しかし，このような政策担当者の行動は，雇用の安定を重視し，失業率を減らしたいと考える政府にとって，短期的には好ましい政策ではない。このため，中央銀行の独立性が不十分であると，中央銀行はしばしば政府から介入を受け，動学的不整合性の問題が存在するもとで，中長期的には社会的に望ましくないインフレ政策を強いられることが少なくない。

　実際，アレシーナらは，中央銀行の独立性とインフレ率に関して国際比較を行い，中央銀行の独立性が高い国においてインフレ率が低い傾向にあることを明らかにした。また，アレシーナらは，政権の安定度とインフレ率に関しても国際比較を行い，政権が長期にわたって安定している国の方が，政権が不安定な国よりもインフレ率が低い傾向にあることも示している。これは，同一の政権担当者が繰り返し政策を実行する安定政権の場合，短期的に人々を欺いて得られる利益よりも，それによって長期的に生ずる損失の方が大きくなる傾向があるからである。したがって，政権が安定していることで長期間にわたって同一のタイプの政権が政策を担当する場合には，公約が実現性をもち，動学的不

整合性による非効率を取り除くことができる可能性が生まれる。逆に，政権が不安定で，政策が長期的に持続してないことが予想されている場合，政府の公約の実現性は低く，動学的不整合性の問題による過大なインフレの問題が深刻となることが多い。

9　物価の財政理論

9.1　政府の予算制約式

これまでの節では，政府あるいは中央銀行が，インフレ率を適切な値にコントロールできるとして望ましい経済政策のあり方を考察してきた。しかし，政府あるいは中央銀行によってインフレ率がコントロールされるためには，政府セクターが財政規律をもつ「リカード型の政府」であることが前提となる。

リカード型の政府である限り，財政赤字が一時的に拡大した場合でも，いずれは歳出削減や増税によって国債の元本と利子がすべて支払われる。このために，財政赤字が累積した場合でも，それとは無関係に物価の決定を行うことが可能となる。けれども，政府セクターが財政規律を失った「非リカード型の政府」である場合，国債の元本と利子を支払うために歳出削減や増税が行われなくなる。そのような状況のもとでは，財政赤字の累積とは無関係に物価の決定を行うことはできなくなってしまう。

このことをみるため，以下ではまず，国債残高が財政赤字とどのような関係があるかを，政府の予算制約式を使って考察する。議論を簡単にするため，シニョレッジ（通貨発行益）はないものとする。このとき，時点 t における実質政府支出と実質租税をそれぞれ G_t および T_t とすると，時点 $t+1$ の名目国債残高 B_{t+1} は，以下の式によって決定される。

$$B_{t+1} = (1+i_t)B_t + P_{t+1}(G_{t+1} - T_{t+1}) \tag{11}$$

ただし，P_t は時点 t の物価，また i_t は時点 t の名目利子率である。(11)式は，B_{t+1} が，時点 t の名目国債残高の元本と利払いの合計 $(1+i_t)B_t$ および時点 $t+1$ の財政赤字（「基礎的財政収支（プライマリー・バランス）」の赤字）の名目値 $P_{t+1}(G_{t+1} - T_{t+1})$ の和で決定されることを示している。

いま，実質利子率を r とし，フィッシャー効果から $1+r=(1+i_t)(P_t/P_{t+1})$ が成立することに注目すると，(11)式は，物価の影響を取り除いた実質の概念を

使って，次のように書き表すことができる。

$$B_t/P_t = \frac{1}{1+r}[(T_{t+1}-G_{t+1})+(B_{t+1}/P_{t+1})]\tag{12}$$

上式は，時点 t の実質国債残高 B_t/P_t が，時点 $t+1$ の財政黒字（基礎的財政収支の黒字）と実質国債残高の和の割引現在価値に等しいことを示している。この式はすべての時点 t において成立するので，$B_{t+1}/P_{t+1}=\frac{1}{1+r}[(T_{t+2}-G_{t+2})+(B_{t+2}/P_{t+2})]$ も成立する。これを(12)式に代入すると，

$$B_t/P_t = \frac{1}{1+r}(T_{t+1}-G_{t+1})+\frac{1}{(1+r)^2}[(T_{t+2}-G_{t+2})+(B_{t+2}/P_{t+2})]\tag{13}$$

が得られる。議論を簡単にするため実質利子率 r は時間を通じて一定であるとして，同様の代入を繰り返すと，

$$B_t/P_t = \sum_{k=1}^{N}\frac{1}{(1+r)^k}(T_{t+k}-G_{t+k})+\frac{1}{(1+r)^N}(B_{t+N}/P_{t+N})\tag{14}$$

が成立する。

ここで，実質国債残高 B_{t+N}/P_{t+N} が無限に拡大し続けることはないという非ポンジ・ゲーム条件（すなわち，$B_{t+N}/P_{t+N}<+\infty$）を仮定すると，実質利子率 r がプラスの値をとる限り，

$$\lim_{N\to+\infty}\frac{1}{(1+r)^N}(B_{t+N}/P_{t+N}) = 0\tag{15}$$

となる。したがって，時間 $t+N$ が十分に大きいとき，(14)式と(15)式から時点 t の実質国債残高は，以下のように書き表すことができる。

$$B_t/P_t = \sum_{k=1}^{\infty}\frac{1}{(1+r)^k}(T_{t+k}-G_{t+k})\tag{16}$$

上式は，時点 t の実質国債残高が，時点 $t+1$ 以降の財政黒字（基礎的財政収支の黒字）の割引現在価値に等しいことを示している。(16)式は，政府が均衡予算（すなわち，$G_{t+k}=T_{t+k}$）を毎年実現しなくても成立する。しかし，財政規律をもつリカード型の政府であれば，物価 P_t や実質利子率 r を所与として，長期的には(16)式が成立するように，政府支出 G_{t+k} の削減や租税 T_{t+k} を引き上げることが必要になる。

このように，政府支出 G_{t+k} や租税 T_{t+k} の調整が行われる経済では，物価 P_t や実質利子率 r を政府の予算制約式（すなわち，(16)式）とは独立に決定できる。このため，政府セクターがリカード型であれば，これまでの節で前提とし

てきたように，中央銀行は政府の予算制約を気にせず政策を実施することができ，その結果，物価や実質利子率は財政赤字の累積とは無関係に決定されることになる。

9.2 非リカード型の政府

しかしながら，政府が財政規律を失った非リカード型である場合，物価を財政赤字の累積とは無関係に決定できるという前提はもはや成立しなくなる。その極端なケースは，財政赤字の拡大によって国債残高が累積を続け，やがて財政破綻（すなわち，政府による借金の踏み倒し）が起こるケースである。このケースは，B_{t+N}/P_{t+N} が無限に拡大し続ける結果，9.1の(15)式が成立しなくなるケースに相当すると考えることもできる。

もっとも，非リカード型の政府は，(15)式や(16)式が成立するもとでも，マクロ経済に大きな影響を及ぼす。なぜなら，第12章4.3で議論したように，政府が歳出削減や増税を行わず，国債の元本や利子が支払われなくなるのではないかという懸念が高まると，財政破綻が起こる前に，国債の金利が上昇し，その価格が下落する「財政危機」が発生するからである。(16)式では，このような状況は，左辺の実質国債残高の分母に当たる P_t が上昇すると考えることで捉えることができる。

第7章で説明したバーゼル合意の自己資本比率規制のリスク・アセット相当額において，国債のリスク・ウェイトがゼロであった理由は，政府が発行する国債が国内でもっとも信頼性の高い債務と考えられてきたからである。国債の信用力は，その国の信用力を反映したものといえる。リカード型の政府である限り，そのような国の信用力は維持されると考えられる。しかし，非リカード型の政府である場合，約束した債務の返済を履行しない可能性があるという意味で，国はその信用力を失うことになる。財政危機が発生した場合に，(16)式において実質国債残高の分母に当たる P_t が上昇するのは，このような国の信用力の低下を反映したものといえる。

「物価の財政理論」（FTPL: Fiscal Theory of the Price Level）では，このような P_t の上昇が，一般物価の上昇，すなわちインフレの原因であると考える。概念的には，あらゆる財・サービスの価格を反映する一般物価は，国債の価格と同じ動きをするとは限らない。しかし，価値尺度として政府・中央銀行が発行する法定通貨が用いられる限り，国の信用力の低下を反映した国債の価格の上

昇は，法定通貨の購買力の低下とほぼ同値といえる。

　より重要な点は，物価の財政理論では，一般物価 P_t が，政府が今後どれだけ財政黒字（基礎的財政収支の黒字）を実現するかに関する見通し（(16)式の右辺）と，現在の名目国債残高 B_t（(16)式の左辺の分子）の２つの要因に依存して決まると考えることである。すなわち，現在の名目国債残高 B_t を一定とした場合，政府が非リカード型で今後あまり財政黒字を増やさないとの見通しが高まれば，一般物価 P_t は上昇する。また，(16)式の右辺を一定とした場合，過去の財政赤字の累積によって現在の名目国債残高 B_t が大きくなれば，一般物価 P_t はそれに比例して上昇することになる。

　ただし，今後の財政黒字の減少や過去の財政赤字の累積が緩やかなものであれば，一般物価 P_t の変化も緩やかなものとなる。したがって，物価の財政理論では，国の信用力の低下がある程度生じても，政府が極端に財政規律を失わない限り，ハイパー・インフレが発生するわけではないと考える。

　しかしながら，(16)式の右辺である財政黒字の割引現在価値は，実現値ではなく，あくまで今後の財政黒字に関する見通しに依存する。このことは，物価の財政理論において，一般物価 P_t がどのように変化するかは，今後の財政黒字に関する人々の気まぐれな期待に大きく影響を受けることを意味する。また，過去の歴史的経験に鑑みれば，政府が一度失った信用力を元に戻すことは非常に難しい。このため，物価の財政理論のもとでは，政府が一般物価 P_t を適切にコントロールすることは容易なことではない。

■ 関連文献の紹介 ■

伊藤隆敏『インフレ目標政策』日本経済新聞出版社，2013 年
　⇒本章の第８節で取り扱ったインフレ・ターゲットに関して，理論面，制度設計面
　　について触れたあと，日本での導入の是非について論じている。
上田晃三「インフレーション・ターゲティングの変貌──ニュージーランド，カナダ，
　英国，スウェーデンの経験」『金融研究』第 28 巻第 3 号，2009 年，27～68 ペー
　ジ
　⇒本章の第８節で取り扱ったインフレ・ターゲットに対する中央銀行の考え方がま
　　とめられている。

第15章
非伝統的な金融政策

Summary

　ゼロ金利制約が発生した状況では，流動性のワナが発生し，伝統的な金融政策はもはや有効でなくなる。本章では，流動性のワナが発生したもとで，一段の金融緩和を行うための非伝統的な金融政策として，フォーワードガイダンス，量的緩和政策，信用緩和政策，およびマイナス金利政策について説明を行う。日本銀行は，主要国の中央銀行のなかで，非伝統的な金融政策を世界に先駆けて実施した中央銀行である。

1　なぜ非伝統的金融政策は必要なのか？

　第12章第10節でみたように，財市場の総需要が長期にわたって低迷すると，IS曲線が左方に大きくシフトする一方，低迷した経済を活性化するために極端な金融緩和が行われ，LM曲線が右方に大きくシフトする。このような場合，「名目利子率の非負制約」によって名目利子率 $i=0$ のもとで LM 曲線が水平となる流動性のワナが発生する。

　名目利子率がゼロのもとでは，貨幣と他の安全資産との収益率の差がなくなり，貨幣を保有することによる機会費用はゼロとなる。その結果，貨幣を供給しても大半は貨幣として保蔵されるだけで，取引量の増加につながりにくくなり，LM曲線を右にシフトさせる「伝統的な金融政策」は，国民所得 Y を増加させるうえで有効でなくなる。

　本来であれば，流動性のワナのもとでも，財政政策は国民所得を増加させるうえで有効なはずである。なぜなら，図15-1において破線で示されているように，財政支出の拡大が IS 曲線を右方へシフトさせることができれば，国民所得は Y_0 から Y_1 へと大きく増加するからである。しかし，第12章第4節でみたように，財政赤字の累積が大きくなると，将来の歳出削減や増税への懸念から財政政策の効果は限定的となる。とくに，財政破綻が懸念される状況では，過度の財政支出の拡大は，財政危機と金融危機の連鎖を拡大させかねない。このため，財政赤字が累積した経済では，仮に経済が流動性のワナの状態にあっても，財政政策は国民所得を増加させるうえで必ずしも有効な手段とはいえな

図15-1　流動性のワナと財政政策

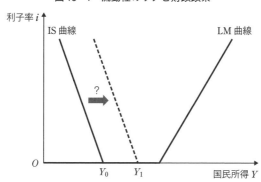

くなる。

　金融政策や財政政策以外で国民所得を増加させる代替的な政策としては，資源配分の効率性の改善につながる社会・制度そのものの構造改革がある。構造改革によって，資源の配分が適正化され，より効率的な生産が達成されることで，潜在 GDP が上昇する余地は十分にある。ただ，構造改革は，その成果が現れるには時間がかかるため，それによってすぐに国民所得が増加するわけではない。

　このため，これまでとは全く異なるタイプの金融政策を考えることによって，流動性のワナのもとでも国民所得を増加させる可能性がさまざまな形で検討されてきた。「非伝統的金融政策」は，そのような従来とは異なるメカニズムで経済を活性化させようとする金融政策の総称である。非伝統的金融政策の有効性に関しては依然として肯定的な意見と否定的な意見が併存するのが実情である。しかし，これまで行われてきたさまざまな非伝統的金融政策のなかで，どのような政策がより効果的であるかが，近年，少しずつ明らかになりつつある。

2　流動性のワナのもとでの貨幣市場

2.1　ゼロ金利下の貨幣乗数

　名目利子率がゼロとなる「流動性のワナ」が発生すると，「伝統的な金融政策」は国民所得を増加させるうえで有効でなくなる。ただ，名目利子率がゼロとなった場合，伝統的な金融政策は，国民所得を増加させないだけでなく，物価を上昇させるうえでも有効でなくなる。このことをみるため，まずは第 11 章第 4 節で議論したマネタリーベースとマネーストックの関係を再考する。

　第 11 章第 4 節でみたように，「貨幣乗数」を m とすると，マネタリーベース B とマネーストック M との間には，

$$M = mB \tag{1}$$

という関係が成立する。また，貨幣乗数 m は，現金—預金保有比率を c，預金準備率を r_d と表すと，

$$m \equiv \frac{c+1}{c+r_d} \tag{2}$$

と書き表される。したがって，c や r_d が一定ならば，貨幣乗数 m が一定なの

で，中央銀行がマネタリーベースを増加させると，それに比例してマネーストックが増加することになる。

　しかし，名目利子率がゼロの場合，マネタリーベースを増加させても，貨幣乗数が下落する（すなわち，B の増加が m の下落で相殺される）ため，マネーストックはほとんど増加しない。これは，名目利子率がゼロの場合，現金や預金準備で資産を保有する機会費用がゼロとなり，その結果，中央銀行がマネタリーベースを増加させても，その効果は現金保有や預金準備の増加によって打ち消されてしまう傾向があるからである。

　第 10 章第 5 節で議論したように，現金を保有すると，稼げたはずの利子を失うという機会費用が発生する。しかし，名目利子率がゼロの場合，現金や預金準備を保有することの機会費用はゼロとなるため，人々が現金保有を必要最小限に抑えたり，金融機関が預金準備を法定準備額（法律で義務付けられた準備額）に限定したりする必要がなくなる。その結果，中央銀行がマネタリーベースを増加させると，現金—預金保有比率や預金準備率は増加することになる。

　(2) 式からわかるように，$r_d < 1$ であることから，現金—預金保有比率 c と預金準備率 r_d のいずれが増加した場合でも，貨幣乗数 m は減少する。このため，中央銀行がマネタリーベースを増加させても，c や r_d が増加する限り，貨幣乗数 m が減少することで，その効果は相殺されてしまい，マネーストックはほとんど増加しないことになる。

　マネタリーベースを構成する中央銀行券と預金準備は，いずれも中央銀行の負債の一部である。このため，中央銀行は，買いオペなどでマネタリーベースを増加させることができる。しかし，物価は，マネタリーベースではなく，マネーストックと密接な関係がある。このため，中央銀行がマネタリーベースを増やしても，マネーストックが増加しなければ，物価に影響は及ばなくなる。

2.2　ゼロ金利下の貨幣の流通速度

　前項では，名目利子率がゼロの場合，マネタリーベースを増加させても，貨幣乗数が下落するため，マネーストックはほとんど増加せず，その結果，物価への影響もなくなることを明らかにした。しかし，名目利子率がゼロの場合，仮にマネタリーベースの増加によってマネーストックが増加する場合でも，物価への影響はやはり小さくなる。このことをみるため，次に第 10 章第 4 節で議論した貨幣数量説に基づいて，マネーストック M と物価 P の関係を再考す

る。

名目取引量が名目国民所得（PY ＝一般物価 P ×実質国民所得 Y）と安定した関係をもつことに注目すると，フィッシャーの交換方程式は，

$$MV = PY \tag{3}$$

と書き表される。ここで，V は「貨幣の流通速度」で，一定期間に貨幣が取引に何回使用されるかを表したものである。

貨幣数量説では，貨幣の流通速度 V は支払い慣習など制度的な要因で決定されるとし，短期的には一定であるとした。このため，実質国民所得 Y を所与とすると，(3)式から，貨幣量 M の変化は，V や Y の値には何らの影響も与えず，一般物価水準 P を同一割合で変化させることになる。

しかし，貨幣量 M の変化が流通速度 V に影響を与えないという考え方は，名目利子率がゼロの場合，もはや成り立たなくなる。これは，名目利子率がゼロのとき，現金を保有する機会費用がゼロとなるため，人々は必要以上に現金を保有する傾向が高まるからである。その結果，貨幣量 M が増加すると，手元に退蔵する現金が増加し，流通速度 V は大きく低下する。このような状況下では，Y の値が一定な場合でも，(3)式から，貨幣量 M の増加の効果は V の低下によって減殺され，一般物価水準 P にほとんど影響を与えないことになる。

なお，フィッシャーの交換方程式は，流通速度の逆数（$1/V$）をマーシャルの k と表して，

$$M = kPY \tag{4}$$

という「ケンブリッジ方程式」としても書き表される。仮に貨幣の流通速度が一定であれば，マーシャルの k も一定である。しかし，名目利子率がゼロの場合，M の増加は V を低下させるため，k は上昇することになる。このため，名目利子率がゼロのとき，ケンブリッジ方程式でも，貨幣量 M の増加の効果は k の上昇によって減殺され，一般物価水準 P にほとんど影響を与えないことになる。名目利子率がゼロとなった「流動性のワナ」のもとでは，伝統的な金融政策は国民所得を増加させないだけでなく，物価にも影響を与えなくなるといえる。

3 自然利子率

3.1 自然利子率とは？

名目利子率がゼロとなる背景を考えるうえでは，「自然利子率」が重要な概念となる。自然利子率は，19世紀末にスウェーデンの経済学者ヴィクセル（J. G. K. Wicksell）が提唱した概念で，さまざまな市場の需給が瞬時に調整される場合に成立する実質利子率として定義される。各市場の需給が一致するため，自然利子率は望ましい資源配分を実現するための実質利子率の水準といえる。類似の概念として，景気を刺激も抑制もせず，インフレを加速も減速もさせない実質利子率の水準を意味する「中立金利」が使われることもある。

一般に，現実の経済では，市場の需給は瞬時に調整されることはないため，実質利子率は自然利子率（あるいは中立金利）と通常一致しない。このため，実質利子率を自然利子率に一致させるには，中央銀行が名目利子率を調整することで，実質利子率を自然利子率の水準に誘導する必要がある。とくに，フィッシャー方程式から，「名目利子率＝実質利子率＋インフレ率」が成立するので，名目利子率を自然利子率に一致させるように政策を運営することができれば，物価安定（インフレ率＝0）と効率的な資源配分（実質利子率＝自然利子率）の両方を実現できることとなる。

また，仮にインフレが発生しても，名目利子率を自然利子率＋インフレ率と等しくなるように調整できれば，中央銀行は実質利子率が自然利子率に一致するように誘導することができる。第11章第5節で説明したテイラー・ルールは，そのための金融政策のルールである。

しかし，名目利子率には「名目利子率の非負制約」があり，中央銀行は名目利子率をいくらでも下げられるわけではない。とくに，物価が下落するデフレが発生している状況のもとでは，実質利子率は名目利子率よりも高くなるので，名目利子率をゼロまで引き下げても，実質利子率を自然利子率の水準に保つことが難しくなる。これが，デフレ下で金融政策の運営が難しくなる大きな要因で，この問題は自然利子率がマイナスとなったときにより深刻となる。

3.2 マイナスの自然利子率

経済が正常な状態である限り，自然利子率はプラスとなる。しかし，経済状

況が過度に悪化すると，設備投資の低迷や過剰貯蓄が発生して，自然利子率はマイナスになることがある。自然利子率がマイナスになった場合，インフレ率がある程度のプラスの値をとらない限り，実質利子率を引き下げるためには名目利子率をマイナスに誘導することが必要となり，中央銀行は名目利子率の非負制約に直面することになる。とくに，自然利子率がマイナスとなった状況下では，総需要が著しく減退し，デフレが発生する傾向にあるので，名目利子率がマイナスにならないと，実質利子率は自然利子率よりも高くなる可能性がある。

設備投資など，実体経済の活動に大きな影響を与える金利は，名目上の金利ではなく，物価の影響を取り除いた実質利子率であり，高い実質利子率は資金の借り手にとっては借り入れの実質的なコストの増加につながる。したがって，実質利子率が自然利子率より高くなると，資金需要はこれまで以上に減退し，経済の低迷もいっそう深刻になる。そして，これがさらなる自然利子率の低下やデフレの進行にもつながる。

このため，マイナスの自然利子率は，名目利子率の非負制約のもとで，経済の低迷→デフレ→経済の低迷→デフレ→……，という新たなデフレ・スパイラルの原因ともなるといえる。前節で説明した $i=0$ のもとで LM 曲線が水平となる流動性のワナは，このような状況を示していると考えることもできる。

マイナスの自然利子率は，設備投資の低迷や過剰貯蓄といった経済の構造的な問題に起因するものなので，その解決方法として経済社会制度の構造改革が本来は効果的な政策手段である。しかし，構造改革は，その成果が現れるには時間を要する。このため，代替的な政策手段として，非伝統的な金融政策の役割が提案されている。

4 テイラー・ルール再考

4.1 名目利子率の非負制約とテイラー・ルール

伝統的な金融政策には，中央銀行がマネタリーベースをコントロールすることを通じて貨幣供給量（マネーストック）を増減させるものがある。しかし，近年では，中央銀行が短期金利を操作する政策を伝統的な金融政策とする考え方がむしろ有力となっている。中央銀行が短期金利をインフレ率や景気動向に応じて変更する「テイラー・ルール」が，その代表的なものである。

第11章第5節で説明したとおり，テイラー・ルールは，短期利子率を i，インフレ率を π，目標インフレ率を π^*，GDP ギャップを $Y-Y^*$ とすると，

$$i = r^* + \pi + \alpha(\pi - \pi^*) + \gamma(Y - Y^*) \tag{5}$$

と表される。ただし，α と γ は正の係数。また，r^* は自然利子率で，一定の定数として取り扱われる。

　自然利子率 r^* が十分に大きな正の値をとる場合，インフレ・ギャップ($\pi-\pi^*$) や GDP ギャップ ($Y-Y^*$) が極端に大きなマイナスの値をとらない限り，テイラー・ルールに基づく短期利子率 i はマイナスになることはない。しかし，自然利子率 r^* が非常に小さい値をとるとき，テイラー・ルールに基づく短期利子率 i はマイナスの値をとる可能性が高くなる。この場合，名目利子率の非負制約から，短期利子率 i はゼロとなり，テイラー・ルールどおりの値を実現することができなくなる。

　以下では議論を簡単化するため，GDP ギャップは存在しない（すなわち，$Y-Y^*=0$）とする。このとき，金利の非負制約が存在するもとでのテイラー・ルールは，

$$\begin{aligned} i &= r^* - \alpha\pi^* + (1+\alpha)\pi, & r^* > \alpha\pi^* - (1+\alpha)\pi \text{ のとき} \\ &= 0, & r^* \leq \alpha\pi^* - (1+\alpha)\pi \text{ のとき} \end{aligned} \tag{6}$$

となる。すなわち，テイラー・ルールに基づく短期利子率 i は，自然利子率 r^* が $\alpha\pi^* - (1+\alpha)\pi$ 以下のとき，名目利子率の非負制約に直面してゼロとなる。

4.2　良い均衡と悪い均衡

　前項では，名目利子率の非負制約が存在するもとでのテイラー・ルールを説明したが，このようなテイラー・ルールは経済に好ましくない均衡を生み出す可能性があることが，ベンハビブ（J. Banhabib）らによって明らかにされている。このことを理解するため，第10章第7節で議論したフィッシャー効果を同時に考える。さまざまな市場が均衡している状態では，実質利子率は自然利子率に等しい。このような状態では，フィッシャー効果は，近似的に

$$i = r^* + \pi \tag{7}$$

と書き表せる。このとき，均衡の名目利子率 i は，金利の非負制約付きテイラ

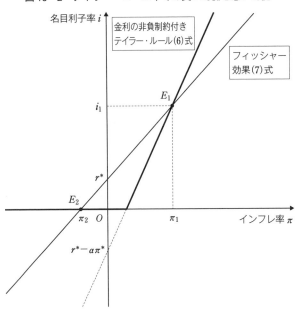

図15-2 テイラー・ルール下での良い均衡と悪い均衡

名目利子率 i

金利の非負制約付き
テイラー・ルール(6)式

フィッシャー
効果(7)式

i_1 —————— E_1

r^*

E_2

π_2 O π_1 インフレ率 π

$r^* - \alpha\pi^*$

ー・ルール(6)式とフィッシャー効果(7)式を同時に満たすものとして決定される。

図15-2は，そのような同時均衡を，名目利子率 i を縦軸，インフレ率 π を横軸として，$0 < r^* < \alpha\pi^*$ のケースに関して示したものである。図から，(6)式と(7)式は，i と π がいずれも正となる点 E_1 で同時に成立することを確認できる。この均衡は，プラスのインフレ率 π_1 のもとでテイラー・ルールを名目利子率の非負制約に直面することなく実行できるという意味で，良い均衡である。この均衡では，テイラー・ルールは経済を安定化するうえで望ましい金融政策のルールであるといえる。

しかし，図からはまた，(6)式と(7)式が，i がゼロ，π がマイナスとなる点 E_2 で同時に成立することも確認できる。この均衡では，テイラー・ルールが名目利子率の非負制約に直面することで経済を安定化できないだけでなく，それによってインフレ率がマイナスの値 π_2 となり，物価が継続的に下落する「デフレ」が発生する。第13章第9節でも論じたように，デフレ均衡は，借り手企業に悪影響を与えるなど，経済に悪循環をもたらす可能性がある。その意

味で，金利の非負制約が存在するもとでのテイラー・ルールは，望ましくない均衡が生まれる原因となることがある。

　ここで注意すべき点は，前節で議論した自然利子率がマイナスのケースとは異なり，本節の望ましくない均衡は，実体経済が悪くなくても発生することである。したがって，この望ましくない均衡から脱却するためには，構造改革ではなく，インフレ期待を高め，人々のデフレ・マインドを解消する非伝統的な金融政策が求められることになる。

5　4つの非伝統的な金融政策

　本章第1節でみたように，名目利子率がゼロまで下落すると「流動性のワナ」が発生し，伝統的な金融政策は，国民所得を増加させるうえで有効でなくなる。また，第2節でみたように，流動性のワナのもとでは，伝統的な金融政策は，物価を上昇させるうえでも効果がなく，デフレ解消の手段としても有効ではなくなる。したがって，流動性のワナが発生した経済では，一段の金融緩和を行うため，これまでの金融政策とは本質的に異なる非伝統的な金融政策が必要となる。

　名目利子率の非負制約のもとでも，政策金利である短期の名目利子率をできる限りゼロに近づける「ゼロ金利政策」を継続することは，そのような非伝統的な金融政策の一形態である。ゼロ金利政策を長期間継続することは，短期金融市場で本来働くべきマーケット・メカニズムを大きく減退させるという副作用がある。しかし，短期の名目利子率をできる限り引き下げることは，物価の下落や景気の悪化を食い止めることにつながる。

　もっとも，短期の名目利子率だけをゼロに近づける「ゼロ金利政策」では，その効果は限定的である。他方，短期の名目利子率がゼロとなっても，実質利子率，長期の名目利子率，およびリスク・プレミアムには，依然として下落の余地がある。また，金融政策によって，金利チャネル以外で国民所得や物価に影響を与える可能性もある。このため，ゼロ金利政策に加えて，一段の金融緩和を行うための「非伝統的な金融政策」がいくつか考案されている。

　以下では，そのような非伝統的な政策として，①将来の金融政策ないし短期金利についての予想をコントロールすることによる「フォワードガイダンス」，②中央銀行のバランスシートの規模を拡張させる「量的緩和政策」，③特

定資産の大量購入による「信用緩和政策」，④名目金利を負の値に誘導する「マイナス金利政策」，の４つを紹介する。

　日銀は，1990 年代末以降，世界に先駆けてこのような非伝統的な金融政策を実施した中央銀行である。また，2008 年のリーマン・ショック後は，米国や欧州の中央銀行でも，非伝統的な金融政策が実施された。以下では，そこで実施された非伝統的な金融政策について順を追って説明することにする。

6　フォーワードガイダンス

6.1　インフレ・ターゲット

　本節では，非伝統的金融政策のうち「フォーワードガイダンス」を考察する。この政策は，将来の金融政策について何らかのコミットメント（公約）をすることで，そうでない場合とは異なった水準に将来のインフレ率や短期金利の予想値を誘導し，その結果，現在のインフレ率や長期金利を誘導するという政策である。中央銀行が，コミットメントによって，人々の期待を誘導し，現在のインフレ率や長期金利を変化させる効果は，「時間軸効果」ともよばれる。

　フォーワードガイダンスのうち，将来のインフレ率の予想値を誘導する政策の有効性は，クルーグマン（P. Krugman）らによって主張された。クルーグマンは，中央銀行が将来のインフレ率に目標値（インフレ・ターゲット）を設定すれば，期待インフレ率が高まり，実質利子率が下落することで，金融政策は有効となると主張した。

　第 12 章第 7 節でみたように，名目利子率を縦軸とした IS-LM 分析では，期待インフレ率が上昇すると，IS 曲線は右方へシフトし，その結果，国民所得は増加する。ただ，本章第 2 節でみたように，現在の金融政策は，流動性のワナのもとでは無効なので，期待インフレ率に影響を与えることができない。このため，経済が流動性のワナから脱却し，金融政策が有効となる将来時点の金融政策にコミットメントを行うことが，現在の期待インフレ率を高めるうえで必要となる。

　足元では流動性のワナに陥った経済であっても，いずれかの時期には景気の好転によってそこから脱却すると考えることができる。そして，ひとたび，経済が流動性のワナから脱却すると，その時点で，金融政策は有効となる。したがって，流動性のワナから脱却した時点で，ある程度のインフレを許容する金

融緩和政策を行うことを中央銀行があらかじめ公約し，民間がそれによって将来物価が上昇すると予想すると，現在の期待インフレ率も上昇することになる。なぜなら，将来価格が上昇することがわかっていれば，それを見越して，消費の前倒しが発生し，それが現時点の需要増によるインフレという形で顕在化するからである。

第14章第8節でみたように，過大なインフレを防ぐために中央銀行がインフレ・ターゲットを設定する例は，これまでも少なくない。しかし，デフレ脱却のためにインフレ・ターゲットを設定した例は，戦前のスウェーデンなどごく例外を除けばほとんどなかった。しかし，デフレへの懸念が高まるなかで，中央銀行が将来のインフレ率に強力にコミットすることは，デフレ懸念を払拭し，インフレ期待を高める可能性のある政策手段である。ただし，中央銀行がそのコミットメントを人々に信じてもらうことは容易でないだけでなく，それによる副作用も懸念されており，その有効性に関しては議論が分かれている。

6.2 金利のフォーワードガイダンス

将来の金利へのコミットメントによって，将来の短期利子率の予想値を誘導し，現在の中長期金利を誘導するという政策が，もう1つのフォーワードガイダンスである。いま，現時点（時点 t）において，短期金利 r_t，N 年物の長期金利が年率 $R_t^{(N)}$ であるとすると，第4章第3節で示した利子の期間構造に関する純粋期待仮説のもとでは，近似的に

$$R_t^{(N)} = \frac{r_t + E_t r_{t+1} + E_t r_{t+2} + \cdots\cdots + E_t r_{t+N-1}}{N} \tag{8}$$

という関係が成立する。この式は，N 年物の長期金利 $R_t^{(N)}$ が，現在から N 年後までの短期金利の予想値 $\{r_t, E_t r_{t+1}, E_t r_{t+2}, \cdots\cdots, E_t r_{t+N-1}\}$ の平均として決定されることを示している。金利のフォーワードガイダンスは，このような長期金利と短期金利の予想値の関係から導かれる。

狭義の「ゼロ金利政策」は，中央銀行が現在の短期金利 r_t のみをゼロに誘導する政策である。しかし，この政策では，r_t はゼロとなるが，$E_t r_{t+i}$（$i=1$, $2, 3, \cdots, N-1$）はゼロとならないため，長期金利 $R_t^{(N)}$ の下落は限定的となる。これに対して，中央銀行が現在の短期金利 r_t だけでなく，将来の短期金利 $E_t r_{t+i}$（$i=1, 2, \cdots, k$）についてもゼロにすることをコミットメントする場合，$R_t^{(N)}$ の下落は大きくなる。しかも，k が長ければ長いほど，$R_t^{(N)}$ の下落は大き

くなる。ここで，k は短期金利をゼロにする期間の長さを表す。

　各国が非伝統的な金融政策を採用するなかで，その多くにおいて，「長期」にわたり「例外的に低い水準」に政策金利を維持するとコミットメントするフォーワードガイダンスが採用された。これらコミットメントは，流動性のワナから脱出したのちのインフレ率には明確なコミットメントしていない点で，クルーグマンらが主張したものよりは緩やかなものである。また，中央銀行が将来の金融政策に対してコミットメントする方法には，その期間 k を〇年△月までといった形で表明する「時間依存型のコミットメント」と，インフレ率が□％以上になるまでといった形で表明する「状態依存型のコミットメント」がある。しかし，これらのコミットメントは，買い入れ資産の期間の長期化とも相まって，将来の短期金利に対する期待を通じて長期金利を押し下げる「時間軸効果」があったことが確認されている。

6.3　動学的不整合性

　フォーワードガイダンスの1つの問題点は，現時点では望ましい将来の金融政策へのコミットメントが，将来時点で必ずしも実施されるとは限らないことである。たとえば，クルーグマンが提案したインフレ・ターゲットによるフォーワードガイダンスを考えてみよう。このフォーワードガイダンスでは，流動性のワナから脱却し，インフレが顕在化し始める状況において，中央銀行が一定のインフレ率を許容することが重要となる。そのような政策は，経済が流動性のワナにある「事前」の段階では望ましい政策かもしれない。しかし，ひとたび経済状況が好転し，流動性のワナから脱却した「事後」の段階ではもはや望ましい政策ではなくなる。なぜなら，経済状況が好転した段階では，金融緩和によって国民所得が増加する余地は小さい一方，物価上昇の顕在化によって今後のインフレを許容するコストが大きくなるからである。

　同様の問題は，金利のフォーワードガイダンスに関しても発生する。すなわち，中央銀行は流動性のワナにある「事前」の段階では将来にわたってゼロ金利を公約し，景気を刺激することが望ましい。しかし，景気が回復した将来時点（事後）では，その後景気が過熱してインフレになる恐れが高いため，予防的にいち早く金利の引き上げを行うことがむしろ望ましい政策となる。

　このように，フォーワードガイダンスでは，事前に望ましい政策が事後的には望ましくなくなるという第14章第6節でみた「動学的不整合性」の問題が

ある。仮に人々が流動性のワナから脱却した「事後」の段階で中央銀行が，事前に公約したとおりの政策を実行しないと予想してしまうと，フォーワードガイダンスの効果は失われてしまう。したがって，動学的不整合性が存在するもとでフォーワードガイダンスが有効であるには，現在の中央銀行の公約がいかに信認（クレディビリティー）のおけるものであるかを明らかにすることが重要となる。

7 量的緩和政策

7.1 ポートフォリオ・リバランス効果

量的緩和政策は，ゼロ金利を実現したあとも，中央銀行のバランスシートの規模を拡大し，市場に大量の資金を供給し続ける政策である。この政策の効果としては，①高水準のマネタリーベースが生み出す民間部門の「ポートフォリオ・リバランス効果」（拡大した当座預金を金融機関が貸し出しなど他の資産に代替する効果），②高水準のマネタリーベースによってフォーワードガイダンスの時間軸効果を強化する「シグナリング効果」が指摘されている。

このうち，ポートフォリオ・リバランス効果は，中央銀行が市場に潤沢な資金を供給することにより，金融機関の預金準備（中央銀行への当座預金）が超過準備として積み上がると，金融機関が，よりリスクはあるがリターンも期待できる有利な運用先を求めてポートフォリオ（資産の組み合わせ）の再構成を行う効果を期待するものである。そこでは，各資産の間に不完全な代替性しかなく，かつ金融機関が不完全代替の資産に関して最適な組み合わせ（ポートフォリオ）を保有することが前提となっている。仮に量的緩和政策で積み上がった当座預金が貸し出しなどリスク資産に向かえば，設備投資などが促進されることになり，景気が刺激されることになる。

第5章で議論したように，新古典派理論の理想的な資金貸借市場では，金利の低下は設備資金の需要を増やし，景気を刺激する金利チャネルが機能する。しかし，情報の非対称性が存在するなど不完全な資金貸借市場では，信用割当が発生し，金利が低下しても資金需要に応じて貸し出しが増加するとは限らない。このような不完全な資金貸借市場においては，金利チャネルとは別に貸出量自体を増やすことで設備投資を刺激する貸出チャネルが重要となる。

もっとも，標準的な公開市場操作では，金融機関の当座預金を増加させるに

は，金融機関が保有する国債を購入する買いオペを行うのが一般的である。したがって，中央銀行が国債を購入する限りにおいて，量的緩和政策下での金融機関の最適な資産選択は安全資産である国債を買い直すだけであり，リスク資産の増加には向かわないとし，ポートフォリオ・リバランス効果を疑問視する指摘がある。また，金融機関のリスク回避度が大きく上昇し，安全資産に対する選好も高くなっているときには，当座預金が必要準備額を大きく上回って超過準備として積み上がっても，平時のようにそれを金融機関が減らして貸し出しを増やそうとはしないという指摘もある。

7.2 シグナリング効果

　ただし，量的緩和政策は，シグナリング効果（中央銀行が量的緩和というシグナルを発して，人々に中央銀行の超金利政策継続の意思を伝える効果）を通じて，中央銀行の超金利政策継続に関するコミットメントの信頼性を高める可能性がある。たとえば，量的緩和政策は金融緩和の本気度を示すので，コミットメントの信頼性の向上につながりやすい。また，大量の国債を短期間に市場で売却することは容易でないため，大規模な量的緩和であればあるほど，そこからの「出口」が難しくなる。このため，中央銀行が大規模な量的緩和政策を行えば行うほど，人々は超金利政策を継続するというコミットメントを信じやすくなる。実際，過去の経験でも，中央銀行による量的緩和政策が強化され，超金融緩和の政策姿勢が明確化されることで，フォワードガイダンスによる時間軸効果がより強く働くようになったことが示されている。

　もっとも，中央銀行のコミットメントの信認を高めるうえでは，中央銀行の「市場との対話」がより重要で，資金の大量供給だけがシグナリング効果を生み出す最適な方法ではない点には注意が必要である。このため，量的緩和政策を行う中央銀行は，政策の透明性と市場との対話という観点から，今後の金融政策に関するコミットメントの明確化をすると同時に，経済・物価情勢に関する判断・見通しについての説明の充実を図ってきた。

　たとえば，日銀は，金融政策運営についての基本的な考え方やその前提となる経済・物価情勢に関する判断を，適時適切にわかりやすく説明していくため，「経済・物価の将来展望とリスク評価」（「展望レポート」ともよばれる）で示した標準的な見通しに比べ，上振れまたは下振れが生じていないか，政策決定会合で検討し，「金融経済月報」の「基本的見解」のなかで公表している。また，

総裁は，記者会見をすべての政策決定会合後に行うことになった。フォーワードガイダンスの時間軸効果は，バランスシートの量的な拡大によるシグナリング効果に加えて，これら「市場との対話」によって強化された可能性は高い。

8　信用緩和政策

8.1　信用緩和政策とは？

ゼロ金利下での非伝統的金融政策のうち，「信用緩和政策」は，短期国債以外の資産を大量に購入することで，それら資産の価格を引き上げ（あるいは，金利や利回りを引き下げ），金融システムの安定化を図る政策である。短期金利がゼロになってしまったあとでも，金利や期待収益率がプラスのリスク資産は数多く存在する。

たとえば，長期金利には，純粋期待仮説のもとで成立する本章第6節の(8)式の関係に加えて，以下の式のように，第4章第3節で説明した流動性プレミアムに影響を受ける部分がある。

$$長期利子率＝長期リスク・フリー・レート＋流動性プレミアム \qquad (9)$$

このうち，長期リスク・フリー・レート（長期の安全資産が生むリターン）は，フォーワードガイダンスによって引き下げることが可能である。しかし，信用緩和政策は，それに加えて長期国債など長期資産を中央銀行が大量に購入することで，短期国債と長期国債の相対価格を変化させ，流動性プレミアムを引き下げる政策である。

また，リスク資産の収益率には，第3章第5節で説明したように，その分散不可能なリスクに応じて，リスク・プレミアムが以下のように上乗せされる。

$$リスク資産の収益率$$
$$＝リスク・フリー・レート＋リスク・プレミアム \qquad (10)$$

信用緩和政策は，リスク資産を中央銀行が購入することで，オペ対象資産やそれと代替性の高い資産のリスク・プレミアムを引き下げる政策ということができる。

金融危機が深刻化した場合，市場参加者の間でパニックが発生し，金融商品の投げ売りが起こることで，金融市場の流動性プレミアムやリスク・プレミア

ムが過度に高まる傾向がある。このような状況のもとでは，これら信用緩和政策は，流動性プレミアムやリスク・プレミアムを引き下げるうえで，一定の効果があったことが報告されている。金融システムの安定は中央銀行の目的の1つであり，決済システムの円滑かつ安定的な運行を確保し，金融システムの安定に寄与することが中央銀行に求められる重要な役割である。信用緩和政策は，このような目的に沿ったものといえる。

ただし，中央銀行に求められるのは，システミック・リスクの軽減などを目的としたマクロ・プルーデンス政策であり，個別金融機関の救済や金融システムの構造的な改革ではない。信用緩和政策は，不良債権問題や過剰債務問題の解決をスムーズにする役割はあるが，信用緩和政策だけで金融機関の構造的な問題を解決できるわけではない。

また，信用緩和政策は，金融機関にさまざまなモラル・ハザードを生み出す可能性もある。このモラル・ハザードには，本来は市場で淘汰されるべき金融機関を存続させるという問題に加えて，本来は中央銀行のサポートが必要のない金融機関がそれによって利益を得る問題もある。このため，信用緩和政策は，金融危機でリスク・プレミアムが急上昇した際には有効であるが，金融危機が沈静化した平時に実施した場合，副作用も多いという指摘は少なくない。

8.2 フィナンシャル・アクセラレーター・モデル

もっとも，金融市場が不完全であることで，借り手が与えられた金利で借りたいだけ借りられない信用割当（＝借入制約）に直面している場合，信用緩和政策は金融危機が沈静化した平時においても有効となる可能性がある。なぜなら，信用緩和政策によって金融市場の不完全性を取り除くことができれば，信用割当が解消し，実体経済に好影響が及ぶ可能性があるからである。

このような考え方を示す代表的な考え方が，バーナンキ（B. Bernanke）とガートラー（M. Gertler）が提唱した「フィナンシャル・アクセラレーター・モデル」である。これは，資産価格の変化が借り手の担保価値に影響を与えることで，外部資金の調達コストを変化させ，投資など実体経済に影響を与えようとするものである。ここで，担保とは，融資を受けるときに，万が一，その債務の履行（支払い）が困難になった場合に備え，債権者（貸し手）があらかじめ弁済の確保のために，債務者（借り手）に提供させる対象のことである。

第5章第8節でみたように，情報の非対称性や不完備契約が存在する場合，

信用割当が発生する。しかし，借り手が不動産などの財産を担保として差し出せば，信用割当は小さくなる。なぜなら，債務の履行が困難になった場合でも，その履行に代えて担保による債務の弁済ができるので，貸し手は担保でカバーされる分に関しては貸し倒れを気にせず貸し出しを実行するからである。

　したがって，信用緩和政策によってリスク・プレミアムが低下し，株価や地価といった資産価格が上昇すれば，借り手の担保価値が増加することによって，外部資金の調達コストが下落し，その結果，投資など実体経済が活発になる効果が期待できる。すなわち，信用緩和政策は，「信用緩和⇒資産価格↑⇒担保価値↑⇒実体経済の改善⇒資産価格↑⇒担保価値↑⇒実体経済の改善⇒……」という好循環を通じて，実体経済を累積的に改善させる可能性がある。

9　マイナス金利政策

9.1　なぜマイナス金利が実現するのか？

　名目利子率には，マイナスの値になりにくいという「非負制約」が存在する。これは，借り手に報酬を払って貸し出しをすることを意味するマイナス金利のもとでは，貸し出しを行うインセンティブがなくなるからである。その際に重要となるのが，資金を貸し出さなかったときの代替的な運用手段である。もっともオーソドックスな代替的な運用手段は，名目利子率が常にゼロの現金通貨である。現金通貨が代替的な運用手段である限り，名目利子率はマイナスの値にならない「非負制約」が厳密に成立する。

　しかしながら，現金通貨は，実際には，代替的な運用手段にはなりにくい。なぜなら，高額の資金を現金で保有することは，保管費用や盗難などの危険が伴うからである。このため，高額な資金に関しては，現金通貨以外の運用手段が必要となる。銀行など金融機関にとって，そのような代替的な運用手段が，預金準備のために中央銀行に保有する当座預金である。金融機関は，余剰資金をいつでも中央銀行に当座預金として預けることができる。したがって，当座預金の金利がゼロであれば，金融機関はマイナスの名目利子率で貸し出すインセンティブをもたない。

　しかしながら，当座預金の金利は，中央銀行が自由に決定することができる。したがって，中央銀行が当座預金の金利をマイナスにすれば，金融機関はマイナスの名目利子率でも貸し出しを行うインセンティブが生まれる。「マイナス

金利政策」は，中央銀行が金融機関から受け入れる当座預金の金利をマイナスにすることによって，市場の名目利子率をマイナスに誘導する政策である。マイナス金利を実現することで，伝統的な金融政策が直面した名目利子率の非負制約を克服し，さらなる利下げを実現することによって，物価の下落や景気の悪化を食い止める政策の余地が高まる。

9.2 マイナス金利政策の弊害

マイナス金利政策は，非伝統的な金融政策による金融緩和の一環として行われるものである。しかし，他の非伝統的な金融政策とは異なり，マイナス金利政策では，政策金利である短期金利だけでなく，10年物国債利回りなど長期金利もマイナスとなる傾向があるため，金融機関の経営へ悪影響が及ぶことが懸念されている。

マイナス金利政策のもとでは，金融機関の貸出金利や資金運用の利回りは大幅に低下する。一方で，預金金利や保険の予定利回りには依然としてゼロ金利制約が存在する傾向にあるため，多くの金融機関はマイナス金利で巨額な資金を調達することは難しい。その結果，多くの銀行では，国内の貸出利鞘が大幅に縮小し，それによる業務純益が採算割れする可能性が高まる。また，他の金融機関でも，国内での運用利回りでは予定利回りが実現できず，十分な収益をあげにくくなる。

ブルネルマイヤー（M. K. Brunnermeier）は，利下げによる金融緩和が経済にプラスの影響を及ぼすための政策金利の下限を「リバーサル・レート」（reversal interest rate）とよび，その理論的枠組みを提示した。そこでは，リバーサル・レートは，それを下回る政策金利水準のもとでは，追加的な政策金利の引き下げが，銀行貸し出しの縮小や実体経済の落ち込みにつながる名目利子率の水準として定義される。

銀行など金融機関は，債券を保有しているため，政策金利の引き下げによる利回りの低下（＝債券価格の上昇）は，債券の含み益を生む。しかし，貸出金利が預金金利よりも低下することから，銀行の貸出利鞘は逆に大きく低下する傾向にある。このため，政策金利の引き下げによる貸出利鞘の低下幅が債券含み益の増加幅に比べて大きい限り，銀行の健全性は悪化し，その自己資本が大きく毀損することになる。第7章第5節でみたように，銀行の自己資本比率の低下は，その金融仲介機能に悪影響を及ぼすことから，経済全体にもダメージ

を与える。したがって，マイナス金利政策などで金融緩和を行った場合でも，リバーサル・レート以下に金利を下げ過ぎると，金融機関の仲介機能を損ない，むしろ引き締め効果が強まる可能性が生まれることになる。

ただし，最近の研究では，マイナス金利政策など行き過ぎた金融緩和は，金融機関のリスク回避度を低め，本来であれば貸し出すべきでないリスクの高い借り手への資金供給を増加させるとの見方が有力となっている。行き過ぎた金融緩和で収益が大きく減少した金融機関が，その収益を回復させるために，より高い金利を求めて信用リスクの高い借り手に資金を供給する傾向が強まるという指摘である。この見方は，行き過ぎた利下げが金融機関の収益を圧迫するという点でリバーサル・レートの考え方と同じだが，その結果として，信用収縮ではなく，行き過ぎた信用拡大が発生し，将来，不良債権が増加する危険性が高まるとする点で，リバーサル・レートの考え方とは大きく異なる。

10 わが国の非伝統的な金融政策

10.1 最初の非伝統的金融政策

日銀は，主要国の中央銀行のなかで，非伝統的な金融政策を世界に先駆けて実施した中央銀行である。表15-1は，1990年代末から2000年代半ばにかけて日銀が実施した最初の非伝統的金融政策の概要をまとめたものである。バブル崩壊後の相次ぐ金融緩和政策の結果，日銀の政策金利である無担保コールレートは1990年代半ばには歴史的な低水準に低下したが，その値はゼロではなかった。しかし，日銀が無担保コールレートを事実上ゼロ％に誘導する「ゼロ金利政策」を1999年2月に開始して以降，金融政策はそれまでの短期利子率を操作目標とする伝統的な政策から，非伝統的な金融政策へと移行した。

ゼロ金利政策は2000年8月にいったん解除されたが，01年3月からは金融市場調節の主たる操作目標を日銀当座預金残高とする「量的緩和政策」が開始された。その結果，無担保コールレートは再び事実上ゼロ％となり，その状態は06年まで継続した。

その間，1999年4月には，日銀は「デフレ懸念が払拭されるまで」ゼロ金利政策を継続することを表明した。これは，フォワードガイダンスの始まりである。その後，量的緩和政策が開始された2001年3月には「金融市場調節方式を消費者物価指数の前年比上昇率が安定的にゼロ％以上となるまで継続す

表 15‑1　日本銀行の金融政策（1998〜2006 年）

実施年月日	概　要
1998 年 4 月 1 日	新しい日本銀行法の施行
1999 年 2 月 12 日	ゼロ金利政策の開始
1999 年 4 月 13 日	「デフレ懸念が払拭されるまで」ゼロ金利政策を継続することを表明
2000 年 8 月 11 日	ゼロ金利政策の解除
2001 年 3 月 19 日	量的緩和政策の開始 ・金融市場調節の主たる操作目標を，日本銀行当座預金残高とする ・金融市場調節方式を消費者物価指数（全国，除く生鮮食品）の前年比上昇率が安定的にゼロ％以上となるまで継続する
2002 年 10 月 11 日	金融機関保有の株式買い入れ決定（11 月 29 日より買い入れ開始）
2003 年 4 月 8 日	資産担保証券の買い入れの検討（7 月より買い入れ開始）
2003 年 10 月 10 日	金融政策の透明性の強化 ①経済・物価情勢に関する日本銀行の判断についての説明の充実 ②量的緩和政策継続のコミットメントの明確化
2006 年 3 月 9 日	量的緩和政策の解除 ・金融市場調節の操作目標を当座預金残高から無担保コールレートに変更
2006 年 7 月 14 日	ゼロ金利政策の解除

る」ことを表明し，フォーワードガイダンスが推進された。とくに，03 年 10 月には，このコミットメントの明確化を行い，量的緩和政策を解除するには，消費者物価指数の前年比上昇率が基調的な動きとしてゼロ％以上であることが必要であることを明示化した。

　2001 年夏から 02 年以降，長期国債買い入れの増額や手形買い入れ期間の延長など「買い入れ資産の期間の長期化」が実施された。また，金額は限定的であったが，リスク資産である資産担保証券（ABCP や ABS）の買い入れが行われたのに加えて，金融機関の株式保有に伴う市場リスクを軽減させるため，金融機関保有株式の買い入れが実施された。これらは，信用緩和政策の始まりであった。

10.2　リーマン・ショック後

　2007 年夏以降，米国のサブプライム問題に端を発する信用不安が世界経済に広がった。とくに，08 年 9 月 15 日にリーマン・ブラザーズが破綻すると，信用不安は「百年に一度」といわれる深刻な世界同時不況へと発展した。そうしたなかで，米国や欧州など世界各国の中央銀行が，相次いで政策金利をゼロに近い水準に引き下げると同時に非伝統的な金融政策を採用した。

表 15 - 2　日本銀行の金融政策（2007〜10 年）

① 2008 年秋以降の金融危機局面において講じた政策

2007 年 2 月 21 日	無担保コールレートの誘導目標を引き上げ，0.5% 前後で推移するように促す
2008 年 10 月 31 日	無担保コールレートの誘導目標を 0.2% 引き下げ，0.3% 前後で推移するように促す
2008 年 12 月 2 日	民間企業債務の適格担保範囲の拡大（A 格以上から BBB 格相当以上へ）
2008 年 12 月 19 日	無担保コールレートの誘導目標を 0.2% 引き下げ，0.1% 前後で推移するように促す
	長期国債買い入れを年間 16.8 兆円ペースに増額
	企業金融支援特別オペレーションの決定（翌年 1 月 8 日より実施）
2009 年 1 月 22 日	CP 等の買い入れ決定（2009 年末をもって完了）
	残存期間 1 年以内の社債の買い入れを検討
2009 年 2 月 3 日	金融機関保有株式買い入れの再開（2010 年 4 月末をもって完了）
2009 年 2 月 19 日	企業金融支援特別オペレーションの拡充
	社債の買い入れを決定（A 格相当以上，残存期間 1 年以内）（2009 年末に完了）
2009 年 3 月 18 日	長期国債買い入れを年間 21.6 兆円ペースに増額
2010 年 3 月末	企業金融支援特別オペの完了

② 物価安定および持続的成長へ向けた政策運営

2009 年 12 月 1 日	固定金利方式の共通担保資金供給オペレーション〈固定金利オペ〉の導入
2010 年 6 月 15 日	成長基盤強化を支援するための資金供給の決定
2010 年 8 月 30 日	固定金利オペの拡充〈期間 6 カ月物の導入，資金供給を大幅に拡大〉
2010 年 10 月 5 日	「包括的な金融緩和政策」の実施： 　① 金利誘導目標の変更 　② 「中長期的な物価安定の理解」に基づく時間軸の明確化 　③ 資産買入等の基金の創設
2012 年 2 月 14 日	「中長期的な物価安定の目途」を新たに導入 消費者物価の前年比上昇率で 2% 以下のプラスの領域で，当面は 1% を目途

　このような状況に対応して，日銀は再び非伝統的な金融政策を実施した。その概要は，表 15 - 2 にまとめられている。この時期の非伝統的な金融政策は，① 2008 年秋以降の金融危機局面において講じた政策と，②物価安定および持続的成長へ向けた政策運営，の 2 つに大別できる。このうち，前者は，世界的な金融危機によって金融市場の流動性が大きく枯渇するなかで，日銀が他の主要国の中央銀行と足並みをそろえる形で行った非伝統的金融政策であった。

　この時期の非伝統的金融政策の大きな特徴は，無担保コールレートを 0.1% 前後まで引き下げたことに加えて，短期金融市場における信用リスクを大幅に縮小させるため，長期国債買い入れの増額，買入対象国債の拡大，CP や社債の買い入れ，民間企業債務の適格担保範囲の拡大，金融機関保有株式買い入れ

の再開などの信用緩和政策を行ったことである。これら信用緩和政策は，金融危機の沈静化に一定の寄与をしたと考えられている。

　しかし，金融危機から回復したにもかかわらず，日本経済の物価はむしろ下落幅を拡大した。それを受けて，日銀は，②物価安定および持続的成長へ向けた政策運営として，低めの固定金利で長期の貸し出しを対象金融機関に行う資金供給を決定した。

　また，2010年10月には，「包括的な金融緩和政策」の実施を決定した。これは，①金利誘導目標の変更，②「中長期的な物価安定の理解」に基づく時間軸の明確化，③資産買い入れなどの基金の創設，の3本柱からなる。とくに，資産買い入れなどの基金の創設は，リスク性資産を含む資産買い入れなどの基金の枠組みを整え，この活用を通じて長期の市場金利の低下と各種リスク・プレミアムの縮小を促進することを目標にした信用緩和政策である。買い入れ対象となる資産には，国債，CP，社債に加えて，指数連動型上場投資信託（ETF）と不動産投資信託（J-REIT）が加えられた。

　さらに，2012年2月，日銀は，わが国経済のデフレ脱却と物価安定のもとでの持続的な成長の実現に向けた姿勢をさらに明確化するため，「中長期的な物価安定の目途」を当面は消費者物価の前年比上昇率1％とすることを新たに表明した。この1％の「中長期的な物価安定の目途」は，日銀として，中長期的に持続可能な物価の安定と整合的と判断する物価上昇率を示したものである。

10.3　アベノミクスと異次元の金融緩和

　リーマン・ショック後のさまざまな非伝統的金融政策にもかかわらず，日本経済では低インフレの状態が続いた。そうしたなか，2012年12月に発足した第2次安倍内閣は，長引くデフレ経済からの脱却を目標にして，経済政策「アベノミクス」を打ち出した。アベノミクスは，大胆な金融緩和，機動的な財政出動，民間投資を喚起する成長戦略の「3本の矢」を柱とし，第1の矢である異次元の金融緩和がそのなかでもっとも注目を浴びた政策であった。**表15-3**は，その概要およびその後の推移をまとめたものである。

　13年1月，日銀は，「物価安定の目標」を消費者物価の前年比上昇率2％と定め，これをできるだけ早期に実現するとした。それまでも，1％を中長期的な物価安定の目途としていたが，インフレ・ターゲットとは位置付けられていなかった。目標水準を引き上げると同時に，インフレ・ターゲットであること

表 15‑3　日本銀行の金融政策（2013 年〜19 年）

2013 年 1 月 22 日	「物価安定の目標」（2% の消費者物価の前年比上昇率）の導入
	「期限を定めない資産買入れ方式」の導入
	・物価安定の目標の実現を目指し，ゼロ金利政策と金融資産の買い入れなどの措置を継続
	政府・日本銀行の共同声明（デフレ脱却と持続的な経済成長の実現のための政策連携）
2013 年 4 月 4 日	「量的・質的金融緩和」の導入
	・マネタリーベースが年間約 60〜70 兆円のペースで増加するよう調節
	・長期国債買い入れの拡大と年限長期化（3 年弱から 7 年程度に延長）
	・ETF，J‑REIT の買い入れの拡大（それぞれ年間約 1 兆円，年間約 300 億円の増加）
	・「量的・質的金融緩和」を 2% の物価安定の目標が実現するまで継続
2014 年 10 月 31 日	「量的・質的金融緩和」の拡大
	・マネタリーベースが年間約 80 兆円のペースで増加するよう金融市場調節
	・長期国債の買い入れの平均残存期間を 7 年〜10 年程度に延長
	・ETF および J‑REIT の買い入れを，それぞれ年間約 3 兆円，年間約 900 億円増加
2016 年 1 月 29 日	「マイナス金利付き量的・質的金融緩和」の導入を決定
2016 年 9 月 21 日	「長短金利操作付き量的・質的金融緩和」を導入
	「量的・質的金融緩和」導入以降の経済・物価動向と政策効果についての総括的な検証

を明確に表明することで，デフレ経済からの脱却を目指したといえる。同日には政府との共同声明が出され，デフレ脱却は政府・日銀の連帯責任となった。

　より抜本的な変化は，13 年 4 月 4 日，黒田新総裁のもとでの最初の金融政策決定会合で，2% の「物価安定の目標」を 2 年程度の期間で実現するため，「量的・質的金融緩和」（QQE: Quantitative and Qualitative Monetary Easing）を導入したことである。そこで使われた個々のオペレーションの仕組みは，これまでと大きな変更はなかった。しかし，資産の買い入れ規模はこれまでをはるかに上回る大規模なものであった。

　量的・質的金融緩和は，マネタリーベースを 2 年間で 2 倍とするフォーワードガイダンスを軸とする異次元の金融緩和であった。14 年 10 月 31 日には，その緩和ペースがさらに拡大された。この政策の特徴は，これまでとは違うという「レジームチェンジ」を印象付けることで，人々のインフレ期待に働きかけようとした点にある。インフレ期待の上昇に伴って現実のインフレ率がスムーズに上がっていくことで，2% のインフレ目標の達成を目指したものといえる。

また，ETF や J-REIT の買い入れの拡大によって信用緩和政策がより強力に推進されると同時に，長期国債買い入れの拡大によって買入資産の期間の長期化が図られた。信用緩和政策は，金融危機が深刻化した場合，流動性プレミアムやリスク・プレミアムを引き下げるうえで一定の効果があったことが報告されている。しかし，金融危機が沈静化した平時に，量的・質的金融緩和によって引き続き信用緩和政策を行うことが必要であるかは，その副作用も含めて議論が分かれている。

10.4　マイナス金利政策の導入

　日銀は，2016 年 1 月 29 日，「マイナス金利付き量的・質的金融緩和」を決定し，マイナス金利政策を導入した。金融機関の預金準備（＝日銀当座預金）に−0.1% のマイナス金利を適用することで，市場金利をマイナスに誘導することを目指した。とくに，政策金利をマイナスに誘導することに加えて，大規模な長期国債買い入れを併せて実施することで，金利全般により強い下押し圧力を加えていった。その結果，短期金利だけでなく，10 年物国債利回りなど長期金利においても，マイナス幅が広がった。マイナス金利政策は，名目利子率の非負制約を克服するうえで有効であったといえる。しかし，その副作用として，金融機関の経営への悪影響も顕在化するようになった。

　日銀のマイナス金利政策では，金融機関の経営への悪影響を緩和するため，当座預金に適用される金利は階層構造方式とし，すべてをマイナスとはしなかった。具体的には，金融機関が保有する当座預金を，3 つの階層に分けてそれぞれにプラス，ゼロ，マイナスの金利を適用した。しかし，3 つの階層に分けた金利設定にもかかわらず，マイナス金利政策が開始されたのち，多くの銀行では，国内の貸出利鞘が大幅に縮小し，それによる業務純益が大幅に悪化した。また，他の金融機関でも，国内での運用利回りが大幅に低下し，収益は低迷した。

　16 年 9 月 21 日，「総括的な検証」で量的・質的金融緩和導入以降の金融緩和政策の効果に関する検証結果を示すと同時に，新たな金融緩和の枠組みである「長短金利操作付き量的・質的金融緩和」を導入した。この政策の枠組みは，マイナス金利政策を維持しつつ，イールドカーブ（利回り曲線）の形状を日銀が望ましいと考える水準に誘導しようとするものである。もっとも，新しい政策枠組みが始まって以降も，低インフレの状態は続いており，2% の物価目標

の達成は当面は困難な見通しである。そうしたなか，日銀が追加的にとりうる非伝統的な金融政策の手段はますます限られるようになっている。

■ 関連文献の紹介 ■

白川方明『現代の金融政策──理論と実際』日本経済新聞出版社，2008 年
　⇒第 VI 部で金融政策に関する日本銀行の考え方を詳細にまとめている。
早川英男『金融政策の「誤解」──"壮大な実験"の成果と限界』慶應義塾大学出版会，2016 年
　⇒日銀の「異次元緩和」政策など，非伝統的な金融政策に関する著者の考えをまとめている。
翁邦雄『金融政策のフロンティア──国際的潮流と非伝統的政策』日本評論社，2013 年
　⇒金融政策に関する国際的な潮流を，金融危機後の金融政策や非伝統的な金融政策を中心にまとめた解説書である。

索　引

事項索引

人名索引

❖ 著者紹介

福田　慎一（ふくだ　しんいち）

東京大学大学院経済学研究科教授

1960年石川県生まれ。イェール大学大学院博士課程修了（Ph.D.）

主著：『「失われた20年」を超えて』NTT出版，2015年；『金融システムの制度設計──停滞を乗り越える，歴史的，現代的，国際的視点からの考察』（編著）有斐閣，2017年；『21世紀の長期停滞論──日本の「実感なき景気回復」を探る』平凡社（平凡社新書），2018年；『技術進歩と日本経済──新時代の市場ルールと経済社会のゆくえ』（編著）東京大学出版会，2020年；『コロナ時代の日本経済──パンデミックが突きつけた構造的課題』（編著）東京大学出版会，2022年

金融論──市場と経済政策の有効性〔新版〕
Money and Banking: Financial Markets and Economic Policy〔2nd ed.〕

2013年　4月10日　初版第1刷発行
2020年　3月30日　新版第1刷発行
2022年11月30日　新版第3刷発行

著　者	福　田　慎　一	
発行者	江　草　貞　治	
発行所	株式会社　有　斐　閣	

郵便番号　101-0051
東京都千代田区神田神保町2-17
http://www.yuhikaku.co.jp/

印刷・株式会社三陽社／製本・牧製本印刷株式会社

ISBN 978-4-641-16560-1